PENTATEUCO PARA TODOS

PENTATEUCO PARA TODOS

GÊNESIS 1-16 PARTE 1

JOHN GOLDINGAY

Título original: *Genesis for everyone, Part 1, Chapters 1—16*

Edição original por Westminster John Knox Press, Louisville, Kentucky.

As citações bíblicas são traduções da versão do próprio autor, a menos que seja especificada outra versão da Bíblia Sagrada.

Publisher	*Samuel Coto*
Editor	*André Lodos Tangerino*
Tradutor	*Fernando Cristófalo*
Copidesque	*Josemar de Souza Pinto*
Revisão	*Carlos Augusto Pires Dias*
Diagramação	*Sonia Peticov*
Capa	*Rafael Brum*

DADOS INTERNACIONAIS DE CATALOGAÇÃO NA PUBLICAÇÃO (CIP)
(Benitez Catalogação Ass. Editorial, MS, Brasil))

G634p

Goldingay, John, 1942-

Pentateuco para todos: 17-50: parte 2 / John Gondingay; tradução de José Fernando Cristófalo. — 1.ed. — Rio de Janeiro: Thomas Nelson Brasil, 2021.
272 p.; 12 x 18 cm.
(Coleção O antigo testamento para todos, v. 1)

Tradução de *Genesis for everyone, part 1: chapters 1-16: the old testament for everyone.*
Bibliografia.
ISBN 978-65-56890-16-6

1. Antigo Testamento — Pentateuco. 2. Bíblia. A. T. Gênesis 1-16. 3. Bíblia. A. T. Pentateuco — comentários. 4. Bíblia. A. T. Pentetauco — Teologia. I. Cristófalo, José Fernando. II. Título.

06-2021/40 CDD: 221.95

Índice para catálogo sistemático:
1. Pentateuco: Antigo Testamento 221.95

Aline Graziele Benitez — Bibliotecária — CRB-1/3129

Thomas Nelson Brasil é uma marca licenciada à Vida Melhor Editora LTDA.

Rua da Quitanda, 86, sala 218 — Centro
Rio de Janeiro — RJ — CEP 20091-005
Tel.: (21) 3175-1030
www.thomasnelson.com.br

SUMÁRIO

AGRADECIMENTOS

A tradução no início de cada capítulo é de minha autoria. Tentei me manter o mais próximo do texto hebraico original do que, em geral, as traduções modernas, destinadas à leitura na igreja, para que você possa ver, com mais precisão, o que o texto diz. Embora prefira utilizar a linguagem inclusiva de gênero, deixei a tradução com o uso universal do gênero masculino caso esse uso inclusivo implicasse em considerável explicação do significado exato do texto.

Ao final do livro, há um glossário dos termos-chave recorrentes no texto (termos geográficos, históricos e teológicos, em sua maioria). Em cada capítulo (exceto na introdução), a ocorrência inicial desses termos é destacada em **negrito**.

Sou grato a Mark Goldingay, Steve Goldingay, Sue Goldingay, Bette Owen (nascida Goldingay) e Cheryl Lee (que é praticamente uma Goldingay honorária) por assegurarem uma leitura não teológica em grande extensão ou no todo desta obra e por me dizerem quais partes não faziam sentido. Se ainda houver trechos sem sentido, a culpa é minha. Igualmente, sou grato a Tom Bennett por conferir a prova de impressão.

A obra traz muitas histórias envolvendo amigos, assim como minha família. Todas elas ocorreram, de fato, mas foram fortemente dissimuladas para preservar as pessoas envolvidas, quando necessário. Por vezes, o disfarce utilizado foi tão eficiente que, ao relê-las, levo um tempo para identificar as pessoas descritas.

INTRODUÇÃO

No tocante a Jesus e aos autores do Novo Testamento, as Escrituras hebraicas, que os cristãos chamam de Antigo Testamento, *eram* as Escrituras. Ao fazer essa observação, lanço mão de alguns atalhos, já que o Novo Testamento jamais apresenta uma lista dessas Escrituras, mas o conjunto de textos aceito pelo povo judeu é o mais próximo que podemos ir na identificação da coletânea de livros que Jesus e os escritores neotestamentários tiveram à disposição. A igreja também veio a aceitar alguns livros adicionais, os denominados "apócrifos" ou "textos deuterocanônicos", mas, com o intuito de atender aos propósitos desta série, que busca expor "o Antigo Testamento para todos", restringimos a sua abrangência às Escrituras aceitas pela comunidade judaica.

Elas não são "antigas" no sentido de antiquadas ou ultrapassadas; por vezes, gosto de me referir a elas como o "Primeiro Testamento" em vez de "Antigo Testamento", para não deixar dúvidas. Para Jesus e os autores do Novo Testamento, as antigas Escrituras foram um recurso vívido na compreensão de Deus e dos caminhos divinos no mundo e conosco. Elas foram úteis "para o ensino, para a repreensão, para a correção e para a instrução na justiça" (2Timóteo 3:16-17). De fato, foram para todos, de modo que é estranho que os cristãos pouco se dediquem à sua leitura. Meu objetivo, com esses volumes, é auxiliar você a fazer isso.

Meu receio é que você leia a minha obra, não as Escrituras. Não faça isso. Aprecio o fato de esta série incluir a passagem bíblica em discussão, mas não ignore a leitura da Palavra de Deus. No fim, essa é a parte que realmente importa.

UM ESBOÇO DO ANTIGO TESTAMENTO

A comunidade judaica, em geral, refere-se a essas Escrituras como a Torá, os Profetas e os Escritos. Embora o Antigo Testamento contenha os mesmos livros, eles são apresentados em uma ordem diferente:

- Gênesis a Reis: Uma história que abrange desde a criação do mundo até o exílio dos judeus para a Babilônia.
- Crônicas a Ester: Uma segunda versão dessa história, prosseguindo até os anos posteriores ao exílio.
- Jó, Salmos, Provérbios, Eclesiastes, Cântico dos Cânticos: Alguns livros poéticos.
- Isaías a Malaquias: O ensino de alguns profetas.

A seguir, há um esboço da história subjacente a esses livros (não forneço datas para os eventos em Gênesis, o que envolve muito esforço de adivinhação).

1200 a.C. Moisés, o êxodo, Josué
1100 a.C. Os "juízes"
1000 a.C. Saul, Davi
900 a.C. Salomão; a divisão da nação em dois reinos: Efraim e Judá
800 a.C. Elias, Eliseu
700 a.C. Amós, Oseias, Isaías, Miqueias; Assíria, a superpotência; a queda de Efraim
600 a.C. Jeremias, Josias; Babilônia, a superpotência
500 a.C. Ezequiel; a queda de Judá; Pérsia, a superpotência
400 a.C. Esdras, Neemias

300 a.C. Grécia, a superpotência
200 a.C. Síria e Egito, os poderes regionais puxando Judá de uma forma ou de outra
100 a.C. Judá rebela-se contra o poder da Síria e obtém a independência
0 a.C. Roma, a superpotência

GÊNESIS

Assim como a maioria dos livros bíblicos, Gênesis é anônimo, ou seja, o texto não identifica a sua autoria. Algumas versões, como a King James Version (KJV), em inglês, ou algumas versões de Almeida (ARC, ACF), em português, o chamam de "O primeiro livro de Moisés, denominado Gênesis", porém não há nada no livro que sugira a autoria mosaica. Na verdade, há alguns poucos indícios que contrariam essa autoria. Por exemplo, o texto traz referências aos caldeus e filisteus, que ainda não estavam presentes ao tempo de Moisés.

A Bíblia na versão King James não inventou a ideia de ligar os primeiros cinco livros bíblicos a Moisés. Isso ocorreu no tempo de Jesus, e o Novo Testamento pressupõe essa ligação. Contudo, é duvidoso determinar se as pessoas pretendiam realmente implicar Moisés como o autor dos livros. Existem outros livros e tradições que as pessoas associam a Moisés mesmo sabendo que são contemporâneos a elas. Assim, chamar algo de "mosaico" talvez seja uma forma de dizer: "consideramos isso como o tipo de coisa que Moisés aprovaria".

Nenhum desses cinco livros inaugurais é, de fato, uma obra completa em si mesma, e isso se aplica ao texto de Gênesis. Grosso modo, eles são como as cinco temporadas de uma série televisiva, cada qual culminando com uma situação de suspense para garantir a sua audiência na próxima temporada. Por exemplo, as promessas feitas por Deus a Abraão foram parcialmente cumpridas dentro do próprio texto de Gênesis, porém o livro termina com a família de Jacó vivendo no país errado por causa de um período de fome. Somente no livro de Josué é que, no tempo devido, há o relato de como Deus cumpriu a promessa feita aos israelitas sobre a terra de Canaã. Na realidade, Gênesis é parte de uma história grandiosa que conduz diretamente aos livros de Samuel e Reis. Sabemos que o relato chegou a um epílogo porque, ao virar a página, somos levados a uma espécie de desmembramento, uma nova versão de toda a história, em 1Crônicas. Portanto, os livros de Gênesis a Reis nos contam uma história que começa na Criação, passa pela promessa aos ancestrais israelitas, pelo êxodo, pelo encontro com Deus no Sinai, pela chegada do povo em Canaã, pelos dramas do livro de Juízes, pelas conquistas de Saul, Davi e Salomão e, então, pela divisão e declínio que culmina com muitos do povo de Judá forçados ao exílio na Babilônia.

Então, essa extensa história, da forma que chegou até nós, pertence ao período posterior aos últimos acontecimentos que ela registra, ou seja, o exílio do povo judeu na Babilônia, em 587 a.C. Esses eventos constituem o fim da história iniciada em Gênesis. Partindo da presunção de que ela foi completada possivelmente logo após esses fatos, os seus autores finais e sua audiência inicial viviam na Babilônia ou sob o domínio babilônio. Essa percepção quanto à autoria, por vezes, ajuda a enxergar coisas em sua história.

Utilizo "completada" e "autores finais", com relação a essa história, porque não pressuponho que tenha sido escrita do zero, então; contudo, mesmo o árduo esforço para definir os estágios pelos quais ela atingiu a forma com que a vemos hoje não logrou produzir qualquer consenso sobre como esse processo ocorreu. Assim sendo, é melhor não nos desgastarmos com essa questão. Todavia, a maneira com que a história se desenrola, desde o princípio do mundo até o fim do Estado judeu, nos convida a ler o princípio à luz do fim, assim como ocorre com qualquer história. Essa perspectiva, por vezes, nos ajuda a perceber pontos no relato que, de outra sorte, seriam omitidos, além de evitar a má interpretação de fatos que, sem essa visão, seriam intrigantes. Ainda, com frequência, prova-se útil imaginar a história sendo contada ou lida a pessoas nos séculos precedentes.

A própria narrativa de Gênesis é, na realidade, uma obra constituída de duas partes, embora interligadas. A primeira parte, Gênesis 1 a 11, começa desenrolando a mais ampla tela para a pintura que o artista irá pintar. A narrativa concentra-se nas origens do mundo, da humanidade e na forma de Deus se relacionar com ela, desde o princípio. Então, o relato nos mostra como as coisas deram errado. A seguir, o livro estabelece o cenário para a narrativa de como Deus decidiu corrigir essa situação, a partir do capítulo 12 até o 50. Portanto, o livro nos fornece algum relato do que nós e o mundo fomos designados a ser, bem como revela o que o mundo e nós somos.

No entanto, se *Gênesis para todos* fosse constituído de dois volumes, um para os onze capítulos iniciais e outro para Gênesis 12—50, essa divisão seria desigual. Desse modo, o primeiro volume prossegue até o começo da história em que Deus corrige as coisas. Uma das vantagens de fazer essa divisão é nos lembrar que essas duas partes estão conectadas.

IMPÉRIO HITITA
(Hati)
lago de Van
mar Cáspio
lago Úrmia
HURRITAS
ANATÓLIA
(Turquia)
MITANI
Carquemis
Harã
Nínive
Ugarite
Assur
ASSÍRIA
CHIPRE
MESOPOTÂMIA
Nuzi
SÍRIA
(ARÃ)
MÉDIA
O GRANDE MAR
(mar Mediterrâneo)
Mari
rio Eufrates
rio Tigre
Damasco
Hazor
Siquém
rio Jordão
Babilônia
BABILÔNIA
Susã
CANAÃ
delta do Nilo
Jerusalém
SUMÉRIA
mar Morto
EGITO
Tânis
Ur
PÉRSIA
lagos Amargos
Mênfis
ARÁBIA
mar Inferior
(golfo Pérsico)
rio Nilo
SINAI
golfo de Ácaba
mar Vermelho

0
milhas
50
mar Mediterrâneo
monte Líbano
rio Leontes
CORDILHEIRA ANTILÍBANO
HARÃ
Sidom
Damasco
monte Hermon
Tiro
lago Hula
FENÍCIA
BASÃ
GALILEIA
mar da Galileia
rio Jarmuque
monte Carmelo
rio Quisom
VALE DE JEZREEL
Megido
GILEADE
Samaria
SAMARIA
Siquém
rio Jaboque
rio Jordão
Jericó
monte Nebo
Jerusalém
JUDEIA
AMOM
FILÍSTIA
Gaza
Hebrom
mar Morto
rio Arnom
SEFELÁ
deserto da Judeia
Berseba
MOABE
rio Zerede
NEGUEBE
ARABÁ
Cades-Barneia
EDOM
PLANÍCIE COSTEIRA
PLANALTO CENTRAL
VALE DO RIFT
MONTES TRANSJORDANIANOS

GÊNESIS 1:1

NO PRINCÍPIO

[1]No princípio, Deus criou os céus e a terra.

Nosso filho e nossa nora nos mostravam fotografias de nossos dois netos. Em uma delas, as duas crianças aparecem sentadas no banco de trás do carro com um semblante muito solene.

— Acho que tínhamos acabado de ter aquela conversa sobre abelhas e cegonhas — explicou nosso filho. De onde viemos?

Responder a essa pergunta, de algum modo, nos ajuda a saber quem somos. Assim, conhecer a nossa origem é uma questão importante que não se aplica apenas a nós como indivíduos. Nos Estados Unidos, um estrangeiro se vê às voltas com questões associadas à origem da humanidade e do próprio mundo em que vivemos. Evoluímos por meio de um processo puramente natural ou surgimos por um processo no qual Deus esteve envolvido?

Certa feita, ouvi que a primeira regra de uma escrita criativa é "começar com uma sentença de abertura cativante". O versículo inicial da Bíblia é uma dessas aberturas. Pode-se até permanecer algum tempo em reverência diante dela.

"No princípio..." Gênesis não está falando sobre o princípio absoluto, qualquer que tenha sido. Creio que não houve um, porque Deus não tem começo. O texto discorre sobre o princípio do mundo. A tradução judaica padrão desse versículo inaugural é: "Quando Deus começou a criar os céus e a terra"; isso evita dar a impressão de que o texto fala a respeito do princípio absoluto. Não há a pretensão de saber o que Deus estava fazendo antes do início do mundo. O antigo teólogo africano Agostinho suscita essa questão e transmite a jocosa resposta que ele próprio ouvira, certa vez, de que Deus estava preparando o inferno para as pessoas muito intrometidas. Para ele, essa ideia era um tanto exagerada, embora não o fosse para o teólogo reformista Martinho Lutero, que apreciava essa observação. No entanto, de algum modo, essa resposta anedótica conjuga-se ao comentário do próprio Agostinho: "Eu não sei o que não sei." Gênesis também não tem interesse em satisfazer a nossa curiosidade sobre o princípio de outros seres sobrenaturais, como os anjos ou mesmo quanto à "queda de Satanás". Gênesis não nos revela isso. O que não sabemos, não sabemos. O livro mantém o resoluto foco no princípio do mundo e da humanidade.

"No princípio, Deus..." Quem é esse Deus? A Bíblia presume que todos conheçam o básico sobre Deus, aquilo que Paulo chamou de "seu eterno poder e sua natureza divina" (Romanos 1:20). Ela nem conjectura em tentar provar a existência de Deus, pois considera que essa tentativa seria tão bizarra quanto tentar provar a nossa própria existência. A Bíblia considera Deus e seus atributos básicos como algo certo. Igualmente, Gênesis assume que os israelitas, a quem essa narrativa da Criação foi originariamente escrita, conhecem muito mais do que o básico porque têm consciência do envolvimento de Deus com eles, como povo. Eles conhecem sobre Abraão, o êxodo, a revelação de Deus no Sinai, e assim por diante. Ao mesmo tempo, introduzir Deus dessa maneira, no começo da história, sem dizer nada sobre quem ele é, assemelha-se a introduzir um personagem em um filme. A princípio, nada sabemos sobre o personagem quando ele entra na narrativa. O desenrolar da história é que irá revelar a sua identidade, assim como ocorre no capítulo inicial de Gênesis. Ao fim de Gênesis 1, obteremos um pouco de conhecimento sobre Deus e, quando finalizarmos toda a leitura de Gênesis, conheceremos um pouco mais.

"No princípio, Deus criou..." *Criar* é um verbo atraente nessa cativante frase inicial. No Antigo Testamento, somente Deus "cria". Caso os israelitas falassem sobre criatividade artística, talvez esse verbo fosse usado por eles, mas, em todo o Antigo Testamento, esse verbo não aparece com essa conotação. Apenas Deus cria. O ato de criar envolve exercer, sem qualquer esforço, uma soberania extraordinária a fim de trazer algo à existência. O verbo chama a atenção para a incrível natureza de Deus, ao trazer algo à existência contra todas as probabilidades.

Há um outro aspecto quanto à maneira de o Antigo Testamento discorrer sobre o ato criador de Deus. Pensamos na Criação essencialmente como algo que Deus fez lá no princípio, embora também possamos pensar em Deus na nossa criação, como indivíduos, assim como na criação de cada flor e árvore (o que, por vezes, é chamada de "criação contínua" de Deus). De igual modo, Israel vê a Criação como algo que Deus faz na própria vida da nação, assim como algo que ele fez no princípio, mas o povo vê a atividade criativa de Deus em sua própria vida distintamente da maneira que o fazemos. Israel enxerga essa atividade criativa em meio a uma situação como o **exílio**, quando os **babilônios** pareciam ter dado um fim à existência de Israel. No Antigo Testamento, a criatividade divina não é uma atividade regular e constante, como a criação contínua, mas surge como algo extraordinário, assim como a Criação, lá no princípio, foi extraordinária. No contexto do exílio, Deus estabeleceu o compromisso de transformar o povo e a terra, de modo que Israel vê isso como um ato de nova criação. Isaías 41:20, então, espera que o povo reconheça que "a mão de ***Yahweh*** fez isso, o Santo de Israel o *criou*". As ações extraordinárias, soberanas e recriadoras, na experiência da nação de Israel, são atos de criação. Assim, quando as pessoas ouviam esse relato da Criação, em Gênesis, ou sobre algo que Deus realizou no passado, isso lhes servia de confirmação de que Deus também podia ser o Criador deles, aqui e agora.

"No princípio, Deus criou os céus e a terra." Outros povos do Oriente Médio, nos dias de Israel, também possuíam relatos de criação próprios, que se sobrepõem ao relato de Gênesis (e ainda outros povos têm as suas histórias de criação), de modo que, um século atrás, havia pessoas que diziam que Gênesis 1 seria "baseado" nessas outras histórias do Oriente Médio. É como se os autores de Gênesis conhecessem uma ou outra dessas narrativas, mas as diferenças entre elas são mais notáveis que as suas similaridades. Quando muito, Gênesis está se colocando contra esses outros relatos da criação: "Vocês sabem o que os seus vizinhos dizem sobre a criação? Bem, agora eu lhes contarei a verdade." Os demais povos acreditavam que havia muitos outros deuses e, na prática, os próprios israelitas, com frequência, persistiram nesse mesmo modo de pensamento (povos de outras partes do mundo também compartilhavam dessa crença, e alguns ainda persistem nela). As demais histórias sobre a criação viam o mundo vindo à existência pela cooperação de vários deuses, ou por consequência do conflito entre eles; o mundo teria sido criado como resultado das discussões e lutas entre esses deuses. O capítulo inicial de Gênesis relata aos israelitas que o mundo passou a existir como resultado da ação determinada, planejada e sistemática de um único Deus, de modo que "os céus e a terra" constituem um "cosmos", um todo coerente. As narrativas da criação de outros povos começam com a vinda à existência dos próprios deuses, que emergiram de alguma matéria-prima já existente. Como observado antes, o livro de Gênesis não fala sobre Deus vindo a existir. Se isso tivesse ocorrido, o ser que veio a existir não seria, de fato, Deus.

Assim, o versículo 1 é a manchete da história da Criação. O restante do capítulo nos fornece os detalhes de como Deus realizou essa obra.

GÊNESIS 1:2-5
DOMINGO

[2]Ora, a terra era um resíduo vazio, com trevas sobre a face das profundezas, e o sopro de Deus varria a face das águas. [3]Mas Deus disse: "Luz!" E a luz veio a existir. [4]Deus viu que a luz era boa e separou a luz das trevas. [5]Deus chamou à luz "dia"; e às trevas ele chamou "noite". E houve tarde e manhã, o primeiro dia.

Já ouvi, de uma ou duas pessoas, a descrição de como elas gravam músicas e cheguei à compreensão de que existem duas abordagens distintas. Algumas trabalham o todo de modo sistemático, antes de chegar perto de um estúdio de gravação. Elas sabem a quantidade de canções necessárias; conhecem o tipo de música que desejam escrever; utilizam formatos regulares, tais como versos que contenham compassos quaternários (4/8), escrevem toda a letra e só depois compõem a melodia de acompanhamento. Então, vão a um estúdio e gravam todo o álbum em dois dias. Outras, reservam um estúdio por três meses, entram nele com quase nenhuma noção do que irão fazer e prosseguem aleatoriamente, tentando alguns *riffs* e acordes, experimentando mudanças de tom e inventando rimas à medida que compõem. Ambas as abordagens podem produzir grandes sucessos. Em Gênesis 2, descobriremos que Deus opera conforme a segunda abordagem, enquanto em Gênesis 1 Deus opera conforme a primeira. O processo da Criação é muito sistemático e ordenado.

Quando Gênesis passa a descrever os detalhes desse processo, fornecendo a manchete, o texto começa com o cenário; a terra era um resíduo vazio e disforme. Um artista não consegue criar do nada; a realização da criação envolve um contraste extraordinário entre a matéria-prima existente antes de o artista começar a trabalhar (por exemplo, uma massa de argila) e o que vem a existir. Em Gênesis, a introdução à história detalhada, com sua referência a um resíduo sem forma, não se preocupa em revelar como esse resíduo disforme veio a existir. Não é relevante se a "criação" implica "criação do nada". Quando a história da Criação começa, ela assume a existência de alguma matéria-prima. Se alguém fosse indagado sobre de onde surgiu essa matéria-prima, a resposta certamente seria "de Deus, claro". Todavia, esse não é o foco da narrativa. O interesse maior está na miraculosa transformação de um resíduo vazio em um cosmos formado.

Quando esse drama da Criação era lido, durante o **exílio**, certamente era recebido como boas-novas pelas pessoas na audiência, pois a própria vida delas se tornara vazia e disforme, envolta em trevas. Elas haviam caído no abismo, e a luz desaparecera de sua vida como comunidade. Os eventos pelos quais passaram pareciam mostrar que os **babilônios** estavam certos. Os deuses da Babilônia haviam derrotado o Deus de Israel. "A luz se foi", afirmou Pandit Nehru, o primeiro-ministro da Índia, por ocasião do assassinato de Mahatma Gandhi, logo após a visão desse pacifista se realizar com a independência da Índia. A mesma imagem pode ser aplicada à Europa durante as duas guerras mundiais. A luz se apagou. Assim, igualmente, pareceu aos israelitas que foram transportados para a Babilônia, bem como aos que foram deixados em Jerusalém. O livro de Gênesis retrata a Criação como trazer ordem ao caos e luz às trevas. Em uma situação como a do exílio, talvez o Deus criador poderia ser a esperança do povo? A destruição de Jerusalém e o exílio forçado de muitos pareceram ao povo como se o vento quente do sopro de Deus os houvesse ressequido (Isaías 40:7). O relato da Criação era um lembrete aos israelitas de que Deus podia transformar a situação na qual se encontravam.

Como Deus transformou um resíduo disforme na Criação? Talvez a referência de Gênesis ao sopro de Deus seja o princípio de uma resposta, porque o "sopro de Deus" podia também ser uma referência ao **espírito** de Deus, de uma forma positiva. A palavra para "espírito" é a mesma para "sopro" e para "vento", e, por vezes, o Antigo Testamento implica uma conexão entre elas. Espírito sugere um poder dinâmico; assim, o espírito de Deus sugere o poder dinâmico de Deus. O vento, em sua força e capacidade de derrubar árvores portentosas, é uma corporificação do poderoso espírito de Deus. O sopro é essencial à vida; onde não há sopro, não há vida. E a vida vem de Deus, de modo que o sopro humano, e mesmo o animal, é uma ramificação do sopro divino. E o sussurro do sopro divino poderia também ser o agente de uma vida nova.

Mais seguramente, a resposta à indagação de como Deus transformou um resíduo disforme no cosmos é que ele simplesmente falou. "Mas Deus disse: 'Luz!' E a luz veio à existir." Há um poder decisivo sobre a palavra de Deus, como aquele diretor de filme que ordena "Luz!", e o *set* de gravação é iluminado. Igualmente, Deus necessita apenas dizer uma palavra para algo acontecer. Ou Deus é como um mágico, que estala um dedo e algo extraordinário ocorre. Trazer coisas à existência, na Criação, não exigiu esforço algum ou encontrou qualquer resistência. Deus apenas verbalizou e algo surgiu.

Mesmo os países do Ocidente mais tecnologicamente sofisticados experimentam falhas de poder, de tempos em tempos, e, quando isso ocorre, pode ser algo assustador. Um antigo chefe era tão maluco que, certa vez, ao dirigir por um trecho reto de uma rodovia, à noite, decidiu desligar os faróis de seu carro quando não havia nenhum outro carro por perto só para ver quão escuro estava. Claro que a noite estava negra como breu. Quando você está em total escuridão e as luzes são acesas, a sensação de alívio e transformação é maravilhosa. No princípio, Deus disse "Luz!", e as luzes se acenderam.

Portanto, quando algo vem a existir, Deus é inclinado a dar um passo atrás e olhar, com grande satisfação e contentamento, para o que foi criado, como um ser humano ao fim de um bom dia de trabalho. "Isso ficou bom", diria Deus. Madre Teresa adotou como missão de vida fazer algo belo para Deus. Se buscarmos fazer o mesmo, estaremos reagindo ao fato de Deus, por meio da Criação, ter feito algo belo por direito próprio e por nós.

Assim, o primeiro dia, o primeiro domingo, chega ao fim (o hebraico não possui palavras especiais para os dias da semana, como domingo e segunda-feira, mas simplesmente refere-se a eles como "o primeiro dia", "o segundo dia", e assim por diante). Por que "tarde e manhã" aparecem nessa ordem, um tanto estranha para o pensamento ocidental? Talvez seja para corresponder à sequência de trevas e luz, no relato do capítulo. No Antigo Testamento, ocasiões festivas, como o sábado, começavam ao entardecer, o que ainda é observado pelos judeus atuais.

GÊNESIS **1:6-19**

SEGUNDA, TERÇA E QUARTA-FEIRAS

[6]Deus disse: "Uma cúpula no meio das águas para separar águas de águas!" [7]E Deus fez a cúpula e separou as águas que ficaram abaixo da cúpula das águas das que ficaram acima da

cúpula. Assim veio a ser. [8]Deus chamou a cúpula de "céus". E houve tarde e manhã, um segundo dia.

[9]Deus disse: "As águas debaixo dos céus se reúnam num só lugar a fim de que a parte seca apareça!" Assim veio a ser. [10]Deus chamou a parte seca de "terra"; ao ajuntamento das águas, ele chamou "mares". Deus viu que isso era bom. [11]Deus disse: "A terra é para florescer vegetação: plantas que produzam sementes, árvores frutíferas que deem frutos segundo as suas espécies, com suas sementes neles, sobre a terra!" Assim veio a ser. [12]A terra fez brotar vegetação, plantas que produzem sementes segundo as suas espécies, e árvores que dão frutos com suas sementes neles, segundo as suas espécies. Deus viu que isso era bom. [13]E houve tarde e manhã, um terceiro dia.

[14]Deus disse: "Luzes na cúpula dos céus para separar dia e noite! Elas serão para sinais e ocasiões, dias e anos, [15]e serão luzes na cúpula dos céus para trazer luz sobre a terra!" Assim veio a ser. [16]Deus fez as duas grandes luzes (a maior para governar o dia e a menor para governar a noite) e as estrelas. [17]Deus as colocou na cúpula dos céus para iluminar a terra, [18]governar o dia e a noite, e separar a luz das trevas. Deus viu que isso era bom. [19]E houve tarde e manhã, um quarto dia.

Nos fins de semana, minha esposa e eu gostamos de almoçar à beira-mar. E, enquanto almoçamos, ficamos observando o quebrar das ondas na praia. Independentemente da violência com que as ondas gigantes arrebentam na praia, elas jamais sobem as rochas onde estamos sentados, muito menos as montanhas que se elevam ao longo da rodovia costeira. Inundações em escalas relativamente pequenas podem colocar em perigo partes do continente, mas, em princípio, Deus estabeleceu limites firmes entre os mares e a terra. (Ressalve-se que a própria humanidade é capaz de destruir a obra divina aqui, assim como podemos frustrar a obra de Deus. O aquecimento global é uma forma de fazer isso, embora seja mais provável que a orla marítima seja destruída em consequência de incêndios florestais que provoquem o desmoronamento das montanhas do que um *tsunami* subir nelas.)

Gênesis reassegura a Israel que Deus, de fato, estabeleceu um limite entre as águas no céu e as águas abaixo dele, assim como entre o mar e a terra. O texto não descreve a cúpula vindo a existir como que por mágica, da maneira que ocorreu com a luz. Essa não é a única forma de descrever como Deus traz coisas à existência. Ele novamente faz uma declaração, mas, então, age para tornar em realidade aquela palavra. Deus "fez" a cúpula, como um engenheiro estrutural sobre-humano construindo a cobertura de uma grande arena esportiva, exceto pelo fato de essa construção não estar sujeita a anos de atraso e estouros de orçamento. A abóbada celeste surge no dia, tão instantaneamente quanto se viesse a existir por mágica. Imagine um filme acelerado de um grandioso projeto de construção.

A função de uma cúpula é preservar o clima. Ela divide as águas no céu (de onde vem a chuva) e as águas abaixo (os mares), com a atmosfera terrestre no meio. É como se o céu fosse o que parece, um invólucro sólido, como um escorredor dotado de um dispositivo deslizante, que tanto pode cobrir os furos (mantendo o clima bom) quanto expô-los (permitindo a chuva cair). À medida que Deus coloca a cúpula no lugar, a macroestrutura do mundo se estabelece. Claro que o céu não é realmente sólido, e talvez os israelitas soubessem disso. Não precisamos ser literais na interpretação de uma pintura.

Há muitas repetições nesse relato, tais como: "Deus disse" e "Assim veio a ser". Algumas chamam a atenção para fatos importantes sobre a maneira de Deus fazer o mundo, como, por exemplo, a criação de Deus pela verbalização e a facilidade com que as coisas surgiram em resposta à palavra de Deus. Todavia, o Antigo Testamento não é metódico no modo de utilizar as repetições. Portanto, em relação ao segundo dia, a ausência de referência à observação de Deus quanto à cúpula ser boa não implica Deus pensar que havia algo de errado com ela. Implica apenas que Gênesis gosta de variar as suas repetições. Talvez o objetivo seja manter a atenção da audiência.

Na terça-feira, uma vez mais Deus fala, então fala novamente, e, em cada vez — *puf* — a palavra se materializa. Imaginamos o mar cobrindo toda a massa terrestre e, então, se retraindo grandemente, para que a própria terra emerja. Deus fala novamente, e de sua palavra surge o mundo das plantas e das árvores frutíferas. Deus ordena que elas contenham os meios de produção dentro delas. Em outras passagens, o Antigo Testamento pode retratar Deus pessoalmente envolvido na criação de cada manga ou cabeça de alho, mas em Gênesis 1 o retrato é de Deus concedendo às plantas a capacidade de autorreprodução. Essa é outra indicação de que há alguma regularidade sobre a natureza da Criação. Suponha não ser possível saber se a árvore que produziu maçãs no ano passado irá produzir peras neste ano e pêssegos no próximo. Essa imprevisibilidade pode até ser pitoresca, embora também possa ser confusa e gerar alguma insegurança. Deus, porém, ordenou que as sementes de tomate devem produzir tomates e as sementes de alface devem produzir alface (e, assim, seres humanos devem gerar seres humanos, não outras espécies). Todos os organismos vivos se reproduzem segundo a sua espécie. O mundo é caracterizado por ordem e consistência.

Na quarta-feira, Deus fala novamente e, então, também age, dessa vez operando como um engenheiro sobrenatural da companhia de eletricidade, instalando duas enormes lâmpadas no céu. Mas há algo estranho aqui. Os israelitas sabiam que o sol e a lua eram as suas fontes de luz. Por que eles as retratam como não existentes até o quarto dia?

Paradoxalmente, isso reflete a importância dessas fontes naturais de luz. Quando não há iluminação artificial, mesmo a lua e as estrelas auxiliam as pessoas a encontrarem o seu caminho. Em muitas culturas, portanto, parece haver algo sobrenatural a respeito delas. Talvez o modo misterioso com que se deslocam no céu seja um fato a sugerir isso. Para muitos povos contemporâneos a Israel, as estrelas e os planetas que permeiam os céus representavam aqueles deuses cuja existência consideramos em relação a Gênesis 1:1. Então, o sol, a lua e as estrelas são as entidades pelas quais as decisões dos deuses são anunciadas e implementadas. Os seus movimentos indicam o que os deuses estão fazendo e o que irá suceder à terra. Assim, quando desejam saber o que irá acontecer, consultam os planetas e as estrelas. Os **babilônios** foram a primeira grande cultura astrológica; suas observações constituem o fundamento da astrologia ocidental.

Na contramão dessa crença, Isaías 40:25-26 assegurava aos israelitas no **exílio** que o Deus único deles estava no controle de todas as forças representadas pelas estrelas e os planetas. Os astros formam um tipo de exército celestial, e, quando Deus os convoca, nenhum deles permanece inativo no desfile. E, repetindo, essa narrativa da Criação, em Gênesis, existe não apenas para informar as pessoas sobre algo que ocorreu em um passado muito remoto, mas para oferecer boas-novas, aqui e agora. A forma com que o texto fala do sol, da lua e das estrelas fornece esse cenário. Tenho falado sobre o sol e a lua, porém Gênesis não os chama assim, mas fala apenas de Deus fazendo "duas grandes luzes" e, então, como um pensamento posterior, acrescenta "e as estrelas". Sabemos hoje algo sobre a extraordinária expansão do Universo, de quantas estrelas há. Para nós, "e as estrelas" é quase um pensamento adicional. Contudo, por uma razão diferente, esse também foi o caso para os israelitas, porque outros povos associavam as estrelas e os planetas aos deuses. Eles não eram deuses ou representantes divinos; o sol e a lua eram apenas luminares no céu. Gênesis sutilmente coloca o sol, a lua e as estrelas em seus devidos lugares.

O sol e a lua servem a Deus e às pessoas determinando ocasiões para festivais e similares, fornecendo modos de estruturar o tempo e permitir que as pessoas saibam quando celebrar a Páscoa ou o Pentecostes, quando oferecer sacrifícios (os sacrifícios regulares ocorrem ao amanhecer e entardecer), e quando o sábado começa e termina. Assim, a criação e a vida com Deus, a vida comum e a vida de adoração são indissolúveis; não constituem compartimentos separados.

GÊNESIS **1:20-25**

QUINTA-FEIRA E SEXTA-FEIRA, DE MANHÃ

[20]Deus disse: "As águas devem abundar de criaturas vivas, e aves devem voar sobre a terra, sobre a face da cúpula dos céus!" [21]Deus criou os grandes monstros marinhos e todas as criaturas viventes que se movem, com os quais as águas abundam, segundo as suas espécies, e todas as aves aladas, segundo a sua espécie. Deus viu que isso era bom. [22]Deus os abençoou, dizendo: "Sejam frutíferos, sejam numerosos, encham as águas dos mares; as aves devem ser numerosas na terra." [23]E houve tarde e manhã, um quinto dia.

[24]Deus disse: "A terra deve gerar criaturas vivas, segundo as suas espécies — rebanhos, coisas que se movem e animais da terra, de acordo com as suas espécies!" Assim veio a ser. [25]Deus fez os animais da terra, conforme as suas espécies, rebanhos, segundo as suas espécies, e todas as coisas que se movem sobre a terra, segundo as suas espécies. Deus viu que isso era bom.

Há pouco tempo, na área central de nossa cidade, um edifício de esquina foi totalmente reconstruído e remodelado. Para meu espanto, ali foi inaugurada uma loja que somente vende caixas. Uma amiga conseguiu um emprego lá e nos contou que também ficou surpresa, mas que a loja tinha muitos clientes. Muitas pessoas, quando desejam organizar a sua vida, consideram que a organização de seus "pertences" pode ser de grande ajuda na conquista desse objetivo. Uma pessoa que conheço não tem caixa alguma, mas possui montanhas de coisas espalhadas em todos os lugares; ela jamais encontra as coisas que procura. Essa necessidade de ter alguma estrutura em nossa vida e em nosso lar faz parte do instinto humano, embora muitas pessoas enfrentem dificuldades em conseguir essa organização. Um de meus filhos costumava manter um aviso, em sua escrivaninha, proclamando: "Uma mesa organizada é sinal de uma mente enferma"; pela bagunça em sua escrivaninha, era possível entender por que ele precisava dizer isso. (Ele mudou muito desde então.)

O capítulo inicial de Gênesis pressupõe essa necessidade, bem como as dinâmicas do ser humano. O mundo, em geral, pode parecer tão caótico quanto o apartamento da minha amiga ou a escrivaninha do meu filho. Era esse o caso de Israel quando ouviu Gênesis 1, em seu contexto de povo **exilado**. Gênesis assegurou-lhes, na ocasião, e nos assegura, hoje, que o mundo não é caótico, ainda que, por vezes, assim nos pareça. Deus criou o mundo de forma ordenada, com cada coisa em seu devido lugar. A maneira com que os dias da Criação se desenrolam mostra que Deus se dedica, nos três primeiros dias, a estabelecer a fundação de sua obra, como um todo, e, nos três dias seguintes, a construir sobre esse alicerce. Utilizando uma metáfora artística, Deus passa os três dias iniciais elaborando o esboço de uma pintura e, no segundo período de três dias, preenchendo os detalhes. Assim, no domingo, Deus separou a luz das trevas e, na quarta-feira, estabeleceu as entidades que realmente fazem brilhar a luz sobre a terra. Na segunda-feira, Deus erigiu a cúpula para fazer separação entre as águas acima e as águas abaixo e, na quinta-feira, encheu as águas inferiores de criaturas e ordenou a criação de aves para voarem por toda a abóbada celeste. Tudo foi muito bem organizado.

O texto de Gênesis já tinha descrito Deus trazendo coisas à existência pela palavra e, então, por sua ação. O quinto dia apresenta Deus "criando" coisas. Essa é a primeira ocorrência do verbo "criar" desde a frase inicial do livro. Embora o uso, em Gênesis, de diferentes expressões seja parte de sua preferência por repetição e variação, parece significativo que esse verbo seja usado em relação à incrível variedade de seres animados no mundo. O uso do verbo *criar* é especialmente notável em sua conexão com "monstros marinhos". Embora essa expressão pudesse denotar criaturas comuns, tais como baleias, essas criaturas também eram símbolos do poder dinâmico afirmado contra Deus. Ao dizer que Deus os criou, Gênesis aponta novamente para a absoluta soberania do Deus criador. Nenhuma entidade dentro do mundo está fora do domínio divino. Todas são criaturas de Deus. Não há nada a temer no mundo.

A bênção de Deus a todas essas criaturas é equivalente a fazer as plantas e árvores com suas respectivas sementes nelas, o que significou dotá-las com uma capacidade interna de autorreprodução. "Bênção" possui a mesma conotação para a vida animada (portanto, no Antigo Testamento, "bênção" possui um significado diferente daquele presente no Novo Testamento). Bênção concede a essas criaturas a capacidade de reprodução; por conseguinte, essa palavra é expressa em conexão com frutificação e a capacidade de encher o mundo.

Dessa maneira, o trabalho da quinta-feira finaliza o esboço elaborado na segunda-feira. Por sua vez, a sexta-feira preenche o esboço da terça-feira, quando a terra emergiu e as plantas e as árvores frutíferas começaram a brotar. Na sexta feira, surgem as criaturas da terra, às quais as plantas e os frutos são destinados como alimento. Inicialmente, Gênesis menciona três categorias de criaturas. Os rebanhos referem-se aos animais diretamente associados ao mundo do ser humano. Então, há outras criaturas que se movem sobre a terra (em oposição a estar no ar ou nos mares), talvez criaturas como insetos e roedores. Por fim, há os animais selvagens, como leões, cervos e jumentos selvagens. Uma vez mais, Gênesis enfatiza a natureza estruturada e consistente desse mundo; as criaturas pertencem a várias espécies.

GÊNESIS **1:26**
SEXTA-FEIRA, HORA DO ALMOÇO

[26]Deus disse: "Façamos seres humanos à nossa imagem, conforme a nossa semelhança, de modo que eles mantenham domínio sobre os peixes no mar, as aves nos céus, os rebanhos, toda a terra e sobre todas as coisas que se movem sobre a terra."

Nós, seres humanos, somos criaturas muito egocêntricas. Em sua leitura bíblica, algumas igrejas (como a minha) usam um lecionário, um conjunto de passagens da Escritura para ser lido a cada domingo. Quando lemos Gênesis 1, somos inclinados a desconsiderar a parte compreendida entre o versículo de abertura (a manchete) até o texto de criação dos seres humanos. Afinal, a partir daí é que a história da Criação fica realmente interessante, quando começa a falar sobre nós, não é mesmo? Entretanto, é um grande salto, do versículo 1 ao 26. Depois de avançar cinco sextos, o capítulo passa a falar da humanidade apenas no sexto final. Deus não pensou em nós até a hora do almoço, na sexta-feira (e você sabe sobre a qualidade dos produtos que são feitos na sexta-feira à tarde). Esse balanço, em Gênesis 1, sugere a real importância de todo o mundo criado — a luz e o céu, os luminares e as estrelas, o mar e a terra, a vegetação, as criaturas marinhas, as aves e os animais da terra. Eles não foram criados apenas para nós, mas existem em seu próprio direito.

Com efeito, discutivelmente, nós somos criados para eles, para levar a cabo o processo de trazer ordem à vida e aos inter-relacionamentos deles. Somos criados para "manter o domínio sobre" os peixes, as aves e os animais, para "governar" o mundo. Gênesis lança mão de palavras muito contundentes nessa conexão. O texto sugere que o mundo animado necessita de uma firme supervisão. Afinal, os animais atacam e comem uns aos outros. Gênesis pressupõe que dificilmente a intenção divina tenha sido essa. A visão do Antigo Testamento retrata leões se deitando com cordeiros (Isaías 11:6-7), mas eles ainda não são inclinados a fazer isso. Embora, ao fim de Gênesis 1, o trabalho da Criação esteja concluído, o mundo ainda não é o que Deus deseja que ele seja. Ainda está a caminho. A humanidade foi criada para exercer domínio sobre o mundo vivente a fim de alcançar o seu destino, para encher a terra a fim de completar aquele processo de ordenação. Em conexão com essa vocação para manter o mundo sob firme controle é que Gênesis fala sobre a humanidade ter sido feita à imagem e semelhança de Deus (o segundo termo sublinha o primeiro; não há um ponto sutil sendo feito pelo uso das duas palavras).

Nesse contexto, a humanidade é, de fato, o ápice da história até aqui. Por fim, Deus passa a pensar sobre o último ato criativo da semana. Longe de apenas imaginar o retorno para casa na sexta-feira, à hora do almoço, Deus realiza um ato especial de deliberação: "Façamos a humanidade à nossa imagem." Até aqui, na narrativa, quando Deus falava, era apenas para fazer mágica ou dar nomes ou abençoar, mas aqui Deus está falando para verbalizar um pensamento interior. O Antigo Testamento, em geral, alude aos pensamentos internos com a palavra "dizendo", porque, quando estamos pensando, falamos a nós mesmos. Assim é com Deus.

Sabendo que Deus é Pai, Filho e Espírito Santo, é possível que você questione se "Façamos" é dito pelas pessoas da Trindade, mas não é isso o que Gênesis quer dizer. Seus autores não sabiam sobre a Trindade, nem a sua audiência. Caso as pessoas se perguntassem o que Deus queria expressar com o verbo "fazer" no plural, talvez elas presumissem ser apropriado a Deus falar em um tipo de plural majestoso, assim como um monarca diria: "Decidimos" em vez de "Eu decidi". Contudo, o ponto principal dessa expressão é sinalizar a importância especial desse climático e final ato da Criação.

Em que sentido fomos criados conforme a ou à imagem de Deus? Ao longo dos séculos, as pessoas compreenderam essa expressão à luz do que era importante a elas. Às pessoas para as quais a ética é importante, a imagem divina sugere uma responsabilidade moral. Àquelas para as quais a espiritualidade é importante, a imagem de Deus remete a uma natureza espiritual. Às que consideram os relacionamentos essenciais, a imagem de Deus significa ser relacional. O que a imagem de Deus significaria para um israelita?

O povo de Israel era deveras familiarizado com imagens. Por definição, uma imagem é algo físico e visível. A maioria dos deuses possuía imagens; a imagem representava a deidade no mundo. O Deus verdadeiro não possui imagens desse tipo, mas a ideia da imagem possibilita uma forma de pensar na humanidade como a representação física e visível de Deus.

O Antigo Testamento assume que há uma diferença radical entre Deus e o ser humano. Uma vez mais, Gênesis toca um acorde muito diferente daquele tocado pelos relatos de criação contados por outros povos. Na perspectiva dos **babilônios**, o mundo, a humanidade e os deuses vieram todos a existir da mesma matéria-prima. Em um sentido prático, a humanidade era muito mais intimamente ligada aos deuses do que no caso da compreensão de Gênesis. No texto bíblico, há uma diferença absoluta entre Deus e os seres humanos. Deus é santo, sobrenatural, celestial, aquele que era, é e há de ser, que não tem começo nem fim. Os seres humanos são o oposto de tudo isso. Somos comuns, terrenos e limitados. Nascemos, vivemos e morremos. Gênesis 1 já faz um reconhecimento disso ao descrever Deus como o Criador. Não obstante, o livro também descreve Deus como bastante humano. Deus fala, age, faz, trabalha de forma organizada, contempla as coisas criadas e observa como elas são boas.

Deus é uma liga de pessoa diferente de nós, mas ele é uma pessoa como nós, não uma força abstrata ou um princípio. Assim, apesar da enorme diferença, Gênesis afirma que somos feitos à imagem divina. Os seres humanos são o tipo de entidade que Deus seria se fosse terreno. Dificilmente, Deus seria um cavalo, pois eles não foram feitos à imagem de Deus. Os seres humanos foram feitos à semelhança divina, de modo que não é tão antinatural para Deus se tornar um de nós. Esse é o fato que possibilita a Deus, por vezes, aparecer na forma humana no Antigo Testamento, e, no devido tempo, torna possível, até mesmo natural, a encarnação de Deus em Cristo. Em um sentido lógico, não foi difícil para Deus se tornar um ser humano, embora isso envolvesse algum sacrifício.

Assim como as imagens de divindades cultuadas por outros povos, ser feito à imagem de Deus pode ter levado os israelitas a pensarem no modo em que os reis do Oriente Médio erigiam estátuas em diferentes locais de seus reinos para representá-los no meio de seus súditos. Isso lembrava ao povo que o rei estava entre eles, assegurava a sua autoridade e exigia a obediência deles. Portanto, o fato de o ser humano ter sido criado à imagem de Deus estabelece uma nítida ligação com a declaração de que a humanidade deve governar a terra. Como imagem visível de Deus, o homem representa o Criador no mundo, em sua responsabilidade de manter o domínio sobre as criaturas da terra, em nome de Deus.

GÊNESIS **1:27-30**
SEXTA-FEIRA, À TARDE

[27]Assim, Deus criou os seres humanos à sua imagem. À imagem de Deus os criou. Ele os criou macho e fêmea. [28]Deus os abençoou e lhes disse: "Sejam frutíferos, sejam numerosos, encham e governem a terra, dominem sobre os peixes do mar, as aves dos céus e sobre toda criatura que se move na terra." [29]E Deus disse: "Agora, eu lhes dou todas as plantas que produzem sementes em toda a face da terra e todas as árvores com fruto que produz semente. Esses serão o seu alimento. [30]A todas as criaturas da terra, a todas as aves dos céus e a todas as coisas que se movem sobre a terra, que tenham em si fôlego de vida, dou todas as plantas verdes como alimento." Assim veio a ser.

Minha esposa e eu temos amigos que costumavam manter em sua casa um ou dois animais vivos. Ao passarmos um fim de semana com eles, fomos apresentados a um bezerro chamado Jeremy. Isso aconteceu num domingo, na hora do almoço. Nossos amigos levaram Jeremy para fora, o mataram, cortaram e guardaram os pedaços no congelador. Esse fato ocorreu trinta anos atrás, mas o seu nome ainda está vivo em minha memória. Pareceu-me horrível que o tenhamos comido. Gênesis sugere que há, de fato, algo bárbaro sobre uma criatura comer a outra. No Ocidente, em geral, somos blindados em relação ao fato de consumirmos criaturas que outrora eram cheias de vida como nós, pois compramos o nosso alimento já embalado e higienizado no supermercado. Isso também nos blinda das práticas bárbaras com que os animais são criados e mortos para o nosso consumo.

Isso não coaduna com a lógica da nossa criação à imagem de Deus. Quando Gênesis nos conta sobre a criação das plantas e das árvores, ao terceiro dia, o relato cita apenas as árvores que produzem fruto. Não há menção a faias ou sequoias. Aqui a razão vem à tona. Gênesis se referia a plantas e árvores como fontes de alimentação. Deus agora entrega as plantas e árvores frutíferas como alimento à humanidade e, de igual modo, concede ao restante do mundo animal as demais plantas, aquelas que os seres humanos não consomem. A surpreendente implicação é que tanto a humanidade quanto o restante dos animais viventes eram designados a serem vegetarianos. Foi somente após se tornar desobediente a Deus que o ser humano passou a consumir carne; ao tempo de Noé, então, Deus concorda com isso (Gênesis 9:1-3). Todavia, à época da Criação, a ideia de a humanidade comer carne não estava na mente de Deus. Assim como a ideia de que o ser humano é livre para fazer o que quiser com o mundo, para tratar a criação como posse, disponível à nossa exploração. Não éramos nem mesmo livres para comer os animais sob a nossa administração. Dessa forma, as pessoas que não consomem carne estão testemunhando um aspecto da real intenção de Deus na Criação, estejam cientes disso ou não.

Não obstante, falar em sermos "designados" a uma dieta vegetariana pode parecer inadequado, porque a fisiologia de criaturas como os leões não sugere que estes tenham sido designados a ser vegetarianos. Na realidade, eles morreriam se tentassem ser herbívoros. Portanto, é possível que algo mais esteja subjacente a esse elemento na história da Criação. O relato aponta para o fato de o mundo ter sido planejado para ser um lugar caracterizado pela harmonia entre as suas criaturas. Esse é o propósito divino, desde o começo, que Deus pretende cumprir.

Ambos, mulheres e homens, compartilham da vocação de levar o mundo a esse fim. Gênesis complementa a frase "criados à imagem de Deus" com a afirmação de que "Ele os criou macho e fêmea". Mulheres e homens, juntos, compõem essa imagem. Essa declaração, no capítulo inaugural de Gênesis, é deveras extraordinária, por ter sido escrita em uma cultura patriarcal. Pode-se questionar se o autor de Gênesis vislumbrou as implicações dessa declaração. Certamente, gerações de cristãos não viram isso. Em geral, falamos e agimos como se o masculino fosse a forma plena e normal de um ser humano, sendo a feminina uma forma distinta e ligeiramente inferior. Contudo, ambos são pertencentes à imagem. Assim, a imagem de Deus é corretamente representada na humanidade somente quando ambos os gêneros estão inseridos. Quando as mulheres não estão presentes e envolvidas na obra divina no mundo (e na igreja), a imagem de Deus não está presente. Além disso, por mais que entendamos a diferença entre homens e mulheres, a diferença física entre eles é um sinal de que essa distinção é marca elementar de diversidade na humanidade. Como indicado por Jesus, a criação da humanidade como macho e fêmea, "no princípio", tem inúmeras e diferentes implicações pela forma com que os relacionamentos se desenvolveram quando a humanidade se desviou da visão original de Deus (veja Marcos 10:1-9).

Como criaturas unidas na imagem de Deus é que mulheres e homens, juntos, detêm a tarefa de governar a terra.

Em Gênesis 1, há uma estrutura de autoridade, na qual Deus é a autoridade suprema. Ele, então, delega ao ser humano autoridade sobre a criação, e mulheres e homens, em conjunto, são os meios de exercê-la. Nos relatos da Criação não existe nenhuma sugestão de que Deus designou o mundo para ser um lugar onde seres humanos exercessem domínio sobre quaisquer outros. Não há autoridade a ser exercida pelos homens sobre as mulheres, ou maridos sobre as esposas; não existem senhores e servos ou escravos; inexistem reis e súditos, muito menos imperadores e subalternos (como escreveu Bob Dylan, em "Gates of Eden" [Portões do Éden], "Não há reis dentro dos Portões do Éden"). Não há escravo ou livre, nem homem ou mulher, judeu ou gentio (veja Gálatas 3:28). Na Criação, todos eram um.

Após criar macho e fêmea, Deus abençoa a humanidade, dando aos seres humanos a capacidade de reprodução, como os demais animais. E Deus lhes concede a mesma comissão dada ao resto das criaturas viventes, de encher a terra, e acrescenta a missão de afirmar a autoridade sobre a terra. Talvez a razão pela qual o texto de Gênesis menciona a humanidade como sendo masculina e feminina seja porque apenas a sua complementaridade sexual permite que os seres humanos se reproduzam e povoem a terra, assim como exerçam o domínio sobre ela. Uma forma crucial de as mulheres estarem envolvidas no povoamento e controle do mundo para Deus, juntamente com os homens, é gerando filhos. Por conta própria, nem homens nem mulheres seriam capazes de encher a terra e exercer autoridade aqui.

Assim como levanta questões com relação às culturas que não veem as mulheres como participantes igualitárias com os homens na imagem de Deus, Gênesis também suscita questionamentos para as culturas que diminuem a importância das mulheres em sua capacidade de gerar filhos. Há outros textos na Escritura, como Cântico dos Cânticos, que expressam claramente que esse não é o único olhar que o Antigo Testamento possui sobre o gênero feminino e o relacionamento entre homens e mulheres. Cântico dos Cânticos apresenta uma perspectiva muito mais próxima da cultura ocidental. Contudo, a Bíblia existe para nos confrontar, não apenas para confirmar o que já pensamos, e uma das características mais importantes da narrativa da Criação é o elevado valor que Deus atribui à maternidade. Ele não fez toda mulher capaz de gerar filhos; aparentemente, Deus não considera a mulher, de alguma forma, menos humana caso ela seja estéril. Há outras maneiras de frutificar, de contribuir para o florescimento do mundo. Gênesis está falando sobre a humanidade como um todo, não sobre como as coisas funcionam para cada casal. Apesar disso, a cultura ocidental determinou uma separação entre o mundo do trabalho e o mundo doméstico, atribuindo ao primeiro uma importância muito maior e, por consequência, desvalorizando a maternidade. O livro de Gênesis contesta tudo isso.

GÊNESIS **1:31–2:3**
SÁBADO

[31]Deus viu tudo o que havia feito e, de fato, era muito bom. E houve tarde e manhã, o sexto dia.

CAPÍTULO 2

[1]Assim, os céus e a terra foram concluídos, com todas as suas forças. [2]No sétimo dia, Deus terminou a obra que estivera fazendo; então, no sétimo dia, ele parou toda a sua obra que estivera fazendo. [3]Deus abençoou o sétimo dia e o santificou, porque nele Deus parou toda a sua obra que estivera fazendo.

Ao final de uma semana, muitas pessoas desejariam olhar para trás, contemplando o trabalho realizado durante aquele período, e sorrirem de satisfação por desfrutar de um sentimento recompensador pelo que fizeram. Contudo, em vez disso, simplesmente pensam, aliviadas: "Graças a Deus é sexta-feira!" ou desejam, como Mark Knopfler escreveu em sua canção "Industrial Disease" [Doença industrial], poder "abolir a manhã de segunda-feira e a tarde da sexta". T-Bone Walker foi ainda mais sombrio: "Eles chamam de segunda-feira tempestuosa, mas a terça-feira é tão ruim quanto". Quarta-feira é ainda pior, e não há melhora na quinta. Sexta-feira é dia de pagamento, de modo que, no sábado, ele pode sair para jogar. Então, no domingo, ele vai à igreja, ajoelha-se e ora: "Senhor, tem piedade; Senhor, tem piedade de mim." Então, é segunda-feira novamente, quando mais pessoas sofrem ataques de coração do que nos demais dias da semana. Claro que foi uma garota que tornou T-Bone tão sombrio, mas sua canção sugere um sentimento comum quanto à dinâmica do trabalho semanal na cultura do Ocidente.

A semana de trabalho de Deus pode gerar melancolia em nós ou pode oferecer inspiração. Ao término da semana da Criação, Deus está em posição de dar um passo atrás, analisar os seis dias de trabalho como um todo e sorrir de satisfação. O projeto ficara muito bom. Parece ótimo. Se houver possibilidade, o precedente divino sugere que você planeje a sua semana de trabalho, execute-a e, então, dê um passo atrás para admirá-la. A atriz Judi Dench afirmou que depois de concluir um trabalho no cinema, como *Iris*, ela jamais assiste ao filme porque verá todas as falhas em sua atuação e tudo o que poderia fazer melhor (enquanto no teatro ela sempre poderá tentar de novo na noite seguinte). Quando escrevo um livro e recebo a primeira cópia dos editores, comporto-me de um modo um pouco distante e inquieto, não sabendo direito como me relacionar com aquela obra. Então, dou de ombros, coloco o livro na prateleira e volto a trabalhar no próximo. Mas, se tiver sorte, um amigo dirá: "Que bom, vamos sair e celebrar com um jantar." Isso é mais parecido com Deus.

Por causa da maneira pela qual os capítulos são divididos em nossa Bíblia, o sétimo dia aparece enganosamente separado dos primeiros seis (as divisões foram inseridas no texto somente na Idade Média). O capítulo 2 de Gênesis começa nos contando como a semana de Criação de Deus terminou. É a conclusão do relato, iniciado em Gênesis 1. O texto discorre um pouco vagamente sobre Deus ter terminado a obra *no* sétimo dia; estritamente, Deus terminou a Criação no sexto dia. A referência a "forças" dos céus e da terra, em geral, envolve o uso da palavra para "exércitos"; isso sugere a ampla e complexa gama de entidades que Deus trouxe à existência.

Assim, Deus "parou" o trabalho. Claro que (como indicado por Jesus em João 5:17), num outro sentido, Deus continuou em ação, fazendo coisas e criando outras novas; mas o projeto de Criação inicial estava concluído. Embora outras passagens mencionem Deus descansando e encontrando refrigério nesse dia, Gênesis 1 fala simplesmente da parada de Deus. Não havia mais necessidade de trabalhar. A obra criativa fora concluída durante os seis primeiros dias. Isso tornou o sétimo dia especial, um dia a ser enfatizado, apenas pela pausa.

A história da Criação, portanto, chega ao seu segundo ápice ou clímax. O primeiro foi a criação da humanidade, e o segundo, a bênção sobre o sétimo dia. Abençoar o dia é uma coisa um pouco estranha de fazer. Deus usualmente abençoa pessoas e seres viventes, como relatado em Gênesis, e, nesse contexto, abençoá-los significa torná-los frutíferos. Não se abençoa objetos inanimados. Talvez a ideia em questão seja a de tornar o sábado frutífero, o que seria uma boa ideia judaica, já que o povo judeu encontrou tal deleite no sábado. Outra possibilidade é assumir o verbo "abençoar" de uma forma distinta. Quando um ser humano abençoa Deus, a palavra, com efeito, significa "louvar". Assim sendo, a ideia é de que Deus louva o sétimo dia porque ele marca a conclusão da obra da Criação.

Nada é dito sobre a humanidade seguir o exemplo de Deus pela parada do trabalho no sétimo dia, e o Antigo Testamento não faz qualquer menção a seres humanos, fora de Israel, guardando o sábado, ou a Israel fazendo isso antes do êxodo (veja Êxodo 16 e 20). Somente então é que a palavra referente ao *sábado* aparece. O termo deriva do verbo *parar*, de modo que o "dia de sábado" significa "dia de parada". Após abençoar o sétimo dia, Deus o santificou, tornando-o santo. Longe de implicar que o sábado é algo que os seres humanos compartilham, isso pode sugerir o contrário. Normalmente, quando Deus torna algo santo, assim como um santuário ou uma oferta, ele está fazendo uma reivindicação especial. Os seres humanos têm que se manter fora disso. Esse fato nos indica uma importância-chave do sábado, quando Israel passa a guardá-lo. Será um dia em que Israel se manterá afastado, ao não trabalhar.

A santificação divina do sétimo dia também indica uma outra ligação entre a história da Criação e a situação dos israelitas na **Babilônia**. Na verdade, o sábado distinguia Israel dos demais povos do Oriente Médio e entre as religiões mundiais. Outras culturas e religiões possuíam dias em que as pessoas não trabalhavam, mas não com base na divisão do tempo em períodos de sete dias, parando um dia semanalmente. Dessa forma, o **exílio** deve ter levantado questionamentos sobre essa prática dos israelitas. Trata-se apenas de uma particularidade israelita? Bem, sim, segundo a indicação de Gênesis 1, assim como outros costumes judaicos característicos, porém esse é ordenado por Deus. Como povo santo de Deus, Israel deve compartilhar o dia santificado por Deus. Ser criado à imagem de Deus significa trabalhar seis dias e, então, parar um dia, como o Criador. Assim, com o passar do tempo, a observação do sábado tornou-se marca característica de ser israelita e, portanto, de ser realmente comprometido com Deus.

No mundo ocidental, o sábado ganha um novo significado. A compulsão ao trabalho se tornou uma doença no Ocidente moderno, e o sábado é o seu antídoto. Muitos de meus alunos trabalham em excesso, cumprindo um programa de graduação e submetendo-se a um ou dois empregos a fim de pagar seus estudos. Eles jamais tiram um dia de folga, ficando cada vez mais cansados à medida que as semanas e meses passam. Por consequência, adoecem, ficam deprimidos e perdem o contato com Deus. Em contraste, uma aluna conhecida, ao obter sua graduação, decidiu trabalhar apenas trinta horas semanais, ainda que isso significasse adiar a compra da casa própria ou limitar sua vida social. Ela sabia que precisava fazer isso para recuperar a sua humanidade. Não era exatamente um sábado, mas era o mesmo princípio em ação. Deus escolheu um dia de descanso, ao final daquela semana da Criação, não porque estava cansado do esforço, mas para que fosse um padrão a ser seguido pelos seres humanos, evitando o nosso desgaste. Ao seguirmos o padrão divino, nos tornamos mais humanos.

Para mim, de modo pessoal, discorrer sobre a obra e o descanso de Deus, e sobre a humanidade ser feita à imagem do Criador, suscita uma outra questão. Minha esposa, Ann, sofre de esclerose múltipla. Ela teve filhos quando ainda era capaz, trabalhou como psiquiatra, mas, em determinado momento, foi obrigada a abandonar o trabalho. Hoje, ela quase não possui movimento algum, mal conseguindo levantar uma sobrancelha. Não é capaz de falar ou fazer qualquer coisa sem auxílio. Ela ainda é uma pessoa à imagem de Deus? Viver com Gênesis 1 e com a incapacidade crescente de Ann me leva a muitas reflexões. Porque pessoas deficientes são, de fato, seres humanos feitos à imagem de Deus, o resto do mundo tem a obrigação de assegurar que eles tenham o maior controle possível sobre a sua vida. Deveríamos auxiliá-los a governar o seu mundo na medida do possível em vez de assumir o controle e gerir a sua vida por eles. Contudo, um tipo de inversão é que pessoas com limitações físicas nos lembram que ser incapaz de trabalhar, ou mesmo de fazer muita coisa, não significa deixar de ser humano. Ann é obrigada a viver um sábado perpétuo, mas uma pessoa não é definida apenas pelo trabalho.

GÊNESIS **2:4A**

A HISTÓRIA DA CRIAÇÃO COMO UMA PARÁBOLA HISTÓRICA

[4a]Esta é a linhagem dos céus e da terra quando eles foram criados.

Certa ocasião, quando nossos filhos ainda eram jovens, viajávamos de carro pelo norte da França, por uma planície que apresentava, ao fundo, uma cadeia de montanhas. No banco de trás, nosso caçula (que tinha cerca de doze anos) começou a dar uma palestra sobre como aquelas montanhas surgiram pela movimentação de placas tectônicas (ou algo desse tipo), há bilhões de anos. Nosso filho mais velho, na época com quinze anos, passava por uma fase de rebelião contra a posição dos pais sobre religião, transferindo-se para uma igreja mais conservadora que a nossa (o que nos pareceu muito melhor do que abandonar a igreja). Ele replicou que aquilo, claro, era uma bobagem, que fora Deus quem criara o mundo e que isso ocorrera apenas alguns milhares de anos atrás. No banco da frente, minha esposa e eu sorrimos discretamente um para o outro e deixamos a discussão para eles.

Gênesis está realmente nos dizendo "a linhagem dos céus e da terra quando eles foram criados"? Deus, de fato, criou o mundo em uma semana como descrito?

Se você fosse Deus, como contaria às pessoas sobre a origem do mundo? Tenho tentado ler livros como *Uma breve história do tempo*, de Stephen Hawking, mas não consegui entender quase nada (acredito que este seja o livro-mais-comprado-e-menos-lido da história, com exceção da Bíblia). Se Gênesis tivesse nos dado um relato do processo histórico real pelo qual o mundo veio a existir, poucas pessoas, à parte de Hawking, entenderiam isso. Ler a Bíblia seria um esforço inútil para uma pessoa comum, em qualquer idade.

Em vez disso, Deus inspirou o autor de Gênesis a descrever um quadro que é um tipo de parábola. A inspiração diz, retrata Deus criando o mundo como alguém realizando um trabalho durante a semana, trabalhando por seis dias e, então, tendo um dia de descanso. Esse artífice elabora um plano para a execução da obra, gastando três dias na estrutura do projeto e outros três no preenchimento dos detalhes. Assim, no domingo, ele introduz a luz na escuridão natural e, na quarta-feira, coloca o sol, a lua e as estrelas no céu para mediar a luz ao mundo. Na segunda-feira, ele separa as águas por meio do ar e, na quinta-feira, cria as criaturas que habitam as águas (inferiores) e o ar. Na terça-feira, ele separa a terra do mar e cria coisas que irão crescer lá e, na sexta-feira, cria as criaturas terrestres que irão comer essa produção, incluindo os seres humanos que governarão o mundo. (O trabalho, portanto, envolve oito atos de criação, com dois na quinta-feira e dois na sexta. Um trabalhador moderno que pareça ter oito tarefas a serem cumpridas em seis dias pode sentir conforto ao saber que Deus, no princípio, teve que lidar com essa obrigação.) Apenas retrate dessa maneira e você obterá a ideia correta, diz Gênesis.

Descrever Gênesis 1 como um "mito" da Criação é equivocado. Uma das razões é que a palavra "mito" é utilizada de inúmeras maneiras diferentes, sendo, assim, um termo confuso. Todavia, outro motivo é que chamar algo de mito é expressar, em geral, um insulto, porque isso implica não ser verdadeiro. Prefiro chamar Gênesis 1 de uma parábola. Descrever esse capítulo como a "linhagem" do cosmos sugere algo desse tipo; essa expressão, em geral, refere-se a uma lista de descendentes de uma pessoa. Não constitui um termo que aponta para um relato da formação do mundo, mas uma metáfora.

Deus não designou Gênesis 1 para nos contar o que uma câmera teria filmado caso estivesse presente para registrar a Criação. A crítica ou a defesa desse relato por não fazer isso é sem proveito algum. É desnecessário tentar mostrar que a ciência está errada e que, de fato, o mundo foi criado em seis dias, apenas alguns milhares de anos atrás. Igualmente, não há a necessidade de tentar conciliar os "fatos" de Gênesis com a ciência, sugerindo, por exemplo, que um "dia" em Gênesis não precisa significar 24 horas, mas poderia cobrir um período mais longo. Ao fazermos isso, obscurecemos o próprio escopo do relato em retratar Deus realizando um trabalho por seis dias e, então, tendo um dia de descanso, no sétimo. Não há utilidade em tentar provar que a evolução é uma farsa ou, alternativamente, tentar mostrar que Gênesis pode ser conciliado com essa teoria. Tudo isso significa focar interesses distintos daqueles que Deus tinha ao inspirar a história. Gênesis 1 é um retrato, uma dramatização, uma parábola. Isso não implica que seja menos genuína, mas significa que a sua verdade é expressa sob a forma de uma parábola. Pintar esse quadro para as pessoas ajuda a sublinhar vários aspectos da natureza da Criação.

Ora, algumas das parábolas de Jesus são histórias que retratam algo sem implicar que, de fato, ocorreram. Provavelmente, a parábola do bom samaritano seria um exemplo; decerto, não há necessidade de essa história ter realmente ocorrido ou não para ela "funcionar". A existência, na vida real, de um bom samaritano não é crucial para que a parábola de Jesus expresse a verdade. Já outras parábolas contadas por ele relatam fatos que realmente ocorreram ou ocorrerão (por exemplo, as registradas em Mateus 25). Gênesis 1 é do segundo tipo e não constitui uma representação de como as coisas sempre foram no mundo ou na experiência humana. É o princípio de uma narrativa histórica, que faz declarações históricas, mas o faz sob a forma de uma parábola ou dramatização. Observamos inúmeras dessas declarações históricas. A Criação significa que Deus trouxe ordem para coisas disformes, claridade para a escuridão. Deus realizou isso por sua palavra e, por vezes, ele separou coisas, como a luz das trevas e as águas superiores das inferiores. Isso significa que Deus introduziu uma ordem no mundo que mesmo a posterior experiência de desordem das pessoas não pode desfazer. Esse ato de trazer coisas à existência não exigiu esforço algum nem encontrou qualquer resistência. Os seres humanos foram criados para atuar em nome de Deus e levar o mundo ao seu destino. Isso inclui harmonia entre as criaturas viventes em vez de uma criatura comendo a outra. Portanto, quando algo vinha a existir, Deus estava inclinado a olhar e ficar deveras satisfeito, de modo que, ao concluir a obra da Criação, Deus deu um passo atrás, analisou tudo e declarou: "Isso é muito bom."

Compreender que os capítulos iniciais de Gênesis são um tipo de parábola histórica auxilia em outra questão que eles suscitam. Ao ler Gênesis 1 e, então, prosseguir lendo Gênesis 2:4-25 sobre Deus moldando o primeiro ser humano antes de fazer qualquer vegetação, a sua reação pode bem ser: "Como assim? Eu pensei que Deus tinha criado as plantas primeiro. O que está acontecendo aqui?"

A resposta é que Gênesis 1 e 2 nos fornece duas parábolas complementares sobre a Criação. Se você os considerar como relatos históricos literais, decerto terá muito trabalho para conciliá-los, mas esse esforço é desnecessário se forem parábolas históricas. Parábolas não precisam ser reconciliáveis dessa forma.

Então, por que existem duas histórias? Em um sentido que não precisa de resposta. Com frequência, Jesus contou muitas parábolas com mensagens similares; diferentes histórias chegaram ao alvo por caminhos distintos. Há duas versões da história israelita, em Reis e em Crônicas; quatro versões da história do Evangelho, e assim por diante. É assim por causa de algo que notamos ao discutir Gênesis 1. Os escritores da Bíblia não estavam preocupados apenas em relatar alguns fatos objetivos, embora, claro, tenham incluído inúmeros fatos. Antes, eles estavam preocupados em contar a sua história de uma forma que trouxesse à tona as suas implicações para o seu público. No entanto, isso significava que a história precisava ser contada e recontada de novas maneiras para que seu sentido fosse compreendido em diferentes contextos. Gênesis 1 e 2 representam dois desses relatos.

A diferença de Gênesis 1 e 2, em relação a Reis, Crônicas e os quatro Evangelhos, é que as duas parábolas sobre a Criação estão reunidas em um único livro. No século posterior a Cristo, um bispo sírio, chamado Taciano, similarmente, combinou os quatro Evangelhos em um só, constituindo-o como texto-padrão dos Evangelhos na igreja síria por alguns séculos. Alguém pode considerar mais conveniente ter apenas uma versão da história. Todavia, assim como Israel manteve separados os livros de Reis e Crônicas, a igreja, no longo prazo, manteve os quatro Evangelhos. No caso de Gênesis, Israel combinou as duas histórias em uma. Não sabemos por que os israelitas agiram de modos diversos com esses diferentes livros. Eles apenas fizeram assim.

GÊNESIS **2:4B–7**
EXPRESSANDO DE OUTRA FORMA

[4b]Quando *Yahweh* Deus fez a terra e os céus, [5]e arbustos silvestres não estavam na terra ainda, nem plantas silvestres tinham ainda brotado (porque *Yahweh* Deus ainda não havia enviado chuva sobre a terra, e não havia nenhum ser humano para cultivar o solo, [6]embora fontes de água surgissem do solo e regassem toda a superfície da terra), [7]*Yahweh* Deus modelou uma pessoa humana com barro do solo e soprou em suas narinas o fôlego de vida, e a pessoa humana se tornou um ser vivente.

Todos conhecem a história infantil de Pinóquio, um boneco de madeira entalhado em um pedaço de pinho e que deseja ser um garoto de verdade. Após uma série de aventuras que culmina com Pinóquio fazendo um grande sacrifício, esse desejo se cumpre, e todos vivem felizes para sempre. Trata-se de um conto infantil tipicamente moralista e, portanto, usualmente contestado pelo Antigo Testamento. No relato bíblico, o primeiro ser humano é moldado por Deus com o barro, mas somente a generosidade divina é que leva Deus a transformar aquele boneco em um ser humano vivente; o desafio de viver o tipo de vida correto advém desse fato, e todos não vivem felizes para sempre.

O quadro da Criação, em Gênesis 2, complementa aquele em Gênesis 1. O começo é similar; já observamos que uma tradução judaica padrão de Gênesis 1:1 é: "Quando Deus começou a criar os céus e a terra." Mas, então, o segundo capítulo nos introduz a um modo diferente de descrever o Criador, que agora é chamado de ***Yahweh*** Deus. Enquanto Gênesis 1 simplesmente usa a palavra geral "Deus", Gênesis 2 acrescenta o nome específico do Deus de Israel. Ambas as palavras são comuns em todo o Antigo Testamento, embora a combinação "*Yahweh* Deus" seja incomum fora de Gênesis 2 e 3.

O segundo capítulo de Gênesis explicita que o Deus que criou o mundo é o Deus que se envolveu com Israel; assim, o Deus envolvido com Israel era o Deus criador. Na igreja primitiva, algumas pessoas acreditavam que o criador do mundo fosse um subordinado do Deus real que não tinha cumprido muito bem a sua tarefa. Isso explicava por que há uma condição fundamentalmente falha no mundo e na vida terrena, da qual Cristo nos possibilita escapar. E cristãos, ao longo dos tempos, têm sido "negadores do mundo", num sentido mais geral. O pensamento que os norteia é que o mundo não tem muito a ver com Deus e o melhor a fazer é focar o reino espiritual em vez de o mundo físico. Por antecipação, Gênesis opõe-se a essa concepção. O texto declara que a Criação é muito boa; agora, conecta a obra divina na Criação com o envolvimento de Deus na história que irá conduzir ao cumprimento do propósito supremo divino (a história que levará a Cristo), em lugar de assumir uma tensão entre os dois.

O relato de Gênesis 1 tinha o mais amplo dos horizontes. O interesse era com relação a todo o cosmos. O seu início, quem sabe, lembre você da cena de abertura do filme, *2001: uma odisseia no espaço*, com a música *Also Sprach Zarathustra* [Assim falou Zaratustra], ironicamente tocando ao fundo e toda a cena provocando um arrepio em sua coluna. Gênesis 2 é direcionado à terra, como a abertura de um filme muito mais despretensioso, com a história de uma família comum tentando fazer a sua fazenda funcionar. O filme começa com uma simples paisagem desértica. Nada está brotando, nem frutos ou outras plantas silvestres, em parte por não ter chovido ainda, embora haja uma corrente ou fonte de água emergindo da terra, fornecendo algum potencial para fazer as plantas germinarem. Mas, nesse contexto, um fazendeiro ainda será necessário.

O ponto sobre haver seres humanos é expressamente revelado. A humanidade é criada para cultivar o solo. Novamente, a descrição é comparativa e contrastante com Gênesis 1. No capítulo inicial, a humanidade fora criada para governar o mundo animado, para levá-lo ao destino imaginado por Deus; aqui o ser humano é criado para cultivar o solo, para auxiliar o crescimento. A humanidade tanto é mestra quanto serva da criação, mantendo um relacionamento simbiótico com ela, de mútua dependência. Não podemos prescindir da natureza, nem esta, de nós. Num sentido amplo, pode-se dizer que estamos em um relacionamento de **aliança**, embora o próprio Antigo Testamento não use a palavra “aliança” dessa forma.

Esse ponto também é sugerido pela maneira com que Deus fez o ser humano. O que Deus faz primeiramente é apanhar um pouco de resíduo do solo e modelar um corpo humano. Somos feitos da mesma matéria que o resto do mundo (e nosso corpo se dissolverá de volta ao solo, após ser enterrado). Até mesmo as palavras enfatizam essa questão, pois o ser humano é *adam*, e o solo é *adamah*. O *adam* é feito de *adamah* para servir *adamah*. Como em Gênesis 1, na humanidade não há senhores e servos, mas, como um todo, ela possui um relacionamento servil com o solo. Na igreja, fala-se sobre a liderança servil, que pode servir a si mesma. Assim, se os líderes reivindicam ser servos, como as pessoas podem resistir à liderança deles ou refutem ser servidas? O teste de nosso governo sobre a terra é se estamos servindo aos interesses dela.

Enquanto em Gênesis 1 Deus é o soberano e transcendente criador, em geral simplesmente agindo pela palavra, em Gênesis 2 Deus é mais como um oleiro. Fazer utensílios de barro era uma atividade importante em uma vila israelita, sendo o oleiro, portanto, figura-chave em uma cidade de Israel. *Modelar* é o verbo usado para descrever a atividade de um oleiro; assim, um oleiro é literalmente um "modelador". Fazer o primeiro ser humano significa que Deus cavou o solo e sujou as mãos.

Todavia, isso não é tudo; essa modelagem produziria apenas um Pinóquio. Deus se inclina novamente e realiza uma respiração boca a boca no corpo, soprando ar em seu interior. Isso tornou aquela pessoa humana inanimada em um ser vivente.

Algumas versões da Bíblia, como a KVJ ou a ARC, dizem que a pessoa humana se tornou "uma alma vivente", e a palavra é mais usualmente traduzida por "alma" em outras passagens bíblicas. A "alma", portanto, é a pessoa integral. Isso resulta em um modo de pensar sobre a pessoa humana diferente daquele usual dentre os ocidentais. A Escritura não divide a pessoa em corpo e alma como enfaticamente fazemos. A Bíblia reconhece que há uma diferença entre eles, mas os enxerga como integralmente relacionados. Quando estou em sala de aula, sei que alguns de meus alunos estão presentes de corpo e alma, porém outros estão somente em corpo; sua mente, alma ou espírito estão em um lugar totalmente diferente. No entanto, sei que é mais natural que corpo e alma estejam no mesmo lugar e que ambos, corpo e alma, constituem a pessoa. Fomos criados como uma pessoa total, e assim seremos levantados para a vida da ressurreição.

Portanto, no princípio, Deus não soprou uma alma no ser humano. Deus, primeiro, criou uma pessoa humana completa (não simplesmente um corpo) e, então, soprou o fôlego de vida em seu interior. De fato, o que Deus diz sobre o primeiro ser humano aplica-se também ao restante do mundo animado. Nesse sentido, os animais são igualmente "seres viventes"; Gênesis utiliza a mesma frase para descrevê-los. Soprar vida no interior do ser humano significa que, doravante, essa pessoa total servirá e se relacionará com Deus (ou será capaz de fazer isso). Quando a morte vem (isso não está em questão, no momento, mas a audiência do relato conhece muito bem esse tema), isso envolve Deus retirando o sopro vivente ou fôlego de vida.

A primeira pessoa que vi morrer foi a minha sogra. Ela deitou-se na cama, após um ataque cardíaco, respirando com dificuldade cada vez maior. Então, em dado momento, ela simplesmente parou de respirar. Recordo-me de ter pensado: "É isso? Isso é a morte?" Sim, a morte é isso. No princípio, Deus sopra o fôlego em nós; no fim, devolvemos o fôlego a Deus.

GÊNESIS **2:8-14**
SERES HUMANOS COMO JARDINEIROS

[8]*Yahweh* Deus plantou um jardim no Éden, no Oriente, e ali colocou o homem que tinha modelado. [9]*Yahweh* Deus fez crescer do solo toda árvore agradável aos olhos e boa para alimento, e a árvore da vida, no meio do jardim, e a árvore do conhecimento do bem e do mal. [10]Havia um rio, saindo do Éden para irrigar o jardim, e dali se dividindo e se tornando quatro nascentes de rio. [11]O nome do primeiro é Pisom; era o que circundava a terra de Havilá, onde o ouro está. ([12]O ouro daquela área é bom; ali há pérola e pedra de ônix.) [13]O nome do segundo rio é Giom, era o que circundava toda a área da Etiópia. [14]O nome do terceiro rio é Tigre; era o que seguia pelo leste da Assíria. O quarto rio era o Eufrates.

Quando era criança, morando em Birmingham, Inglaterra, meu pai cultivava tomates. Então, quando estava no ensino fundamental, tínhamos uma ameixeira e, depois, já no ensino médio, tínhamos três macieiras. Mais tarde, ao lecionar no seminário em Nottingham, cultivei tomates, alface e couve-flor em nossa primeira casa e, então, morangos e framboesas em nossa segunda casa. Na terceira casa, havia uma pereira, um pessegueiro e variados arbustos frutíferos. Já em Pasadena, Califórnia, assim como muitas pessoas, possuíamos apenas um pátio, onde não plantei nada. (Bem, na verdade, temos um pé de toranja e outro de laranja em vasos, mas eles pouco produziram em onze anos.) Isso significa que sou um pouco menos que humano, porque fomos feitos para ser jardineiros. Esse é outro aspecto de ser criado à imagem de Deus. O primeiro ato de Deus, após modelar o ser humano, é plantar o primeiro pomar e a primeira horta.

O jardim é o Éden, que é o nome de uma região na **Mesopotâmia** (mencionado em Ezequiel 27:23 e outros lugares), distante a leste da Palestina. Para um israelita comum, isso pode sugerir, portanto, algum lugar concreto e real, porém muito longe e inacessível. Contudo, *éden* também é uma palavra que significa "opulência" ou "deleite". A descrição de Gênesis é compatível com esse significado. A visão de um pessegueiro ou de uma macieira carregados de frutos nos faz refletir sobre tamanha grandeza e quanto desejamos apanhar o fruto e comê-lo. Assim era no jardim ou pomar de Deus, independentemente de como o retratarmos.

Ali havia duas outras árvores, um pouco estranhas. Nenhuma explicação é dada sobre elas aqui, embora os parágrafos seguintes ajudem a elucidar o significado delas. A árvore da vida não será mais mencionada até a expulsão dos seres humanos do jardim, sendo que Deus observa que se eles comessem de seu fruto, viveriam para sempre. A implicação é que, embora o fôlego de Deus tenha sido soprado nos seres humanos, isso em si não significava que eles viveriam eternamente, mas comer o fruto dessa árvore teria esse efeito. Agora, em geral, embora o Antigo Testamento se coloque contra a morte prematura e imerecida, ele é condescendente com a ideia da morte no tempo adequado. Idealmente, você vive a sua vida ao máximo, passando pela infância, adolescência, maioridade e a velhice e, então, morre, juntando-se aos seus ancestrais, no túmulo. No Antigo Testamento, não há medo da morte. (A seguir, não há inferno; isso surge apenas no Novo Testamento.) Não obstante, essa narrativa da Criação pressupõe a melancolia humana normal em relação à morte, sugerindo que a morte jamais foi intencionada para ser o fim. Embora os primeiros seres humanos não tenham sido criados inerentemente imortais, e o corpo humano pareça designado a passar pela sequência descrita, a eles foram concedidos o que podemos chamar de os meios de receber uma vida ressurreta, transformada. Comer da árvore da vida teria um efeito sacramental. É como o batismo, a santa ceia ou o lava-pés. É um meio que Deus usaria para fazer algo miraculoso e transformador para as pessoas.

A outra árvore é a que pode transmitir o conhecimento do bem e do mal. Ser capaz de distinguir entre o bem e o mal, ou entre o certo e o errado, é uma habilidade importante na vida. Essa é uma outra maneira de descrever a sabedoria. Os seres humanos precisarão ser capazes de discernir o que será bom ou mau para eles e o que será certo ou errado. Essa capacidade é adquirida à medida que as pessoas crescem (veja Deuteronômio 1:39; Isaías 7:15-16; Hebreus 5:14); pelos menos, é o que esperamos que façam. Os primeiros seres humanos são como crianças; eles precisarão amadurecer rapidamente. Mais tarde, no Antigo Testamento, essa capacidade será necessária, em particular aos reis. Davi a tinha; Salomão orou por ela, e Deus o elogiou por orar pedindo essa capacidade em vez de riqueza e honra (2Samuel 24:17; 1Reis 3). Os primeiros seres humanos também eram como reis sobre a terra; eles necessitavam desse dom. Como a árvore da vida, a árvore do conhecimento do bem e do mal é um meio sacramental de Deus transmitir algo que os seres humanos precisarão.

Diferentes áreas do planeta são mais dependentes de rios ou das chuvas para obter a água necessária ao cultivo de alimentos. Como outros 30 milhões de pessoas, eu não seria capaz de viver no sul da Califórnia, caso não houvesse água proveniente de rios de outras regiões. Sem esse suprimento, o sul da Califórnia seria uma região desértica. Em contraste, grande parte da Palestina depende largamente das chuvas. Gênesis 2 menciona a chuva (ou, antes, a ausência dela) e uma corrente brotando do solo. Agora, o texto menciona quatro rios, sendo os dois últimos o Tigre e o Eufrates, recursos fundamentais na Mesopotâmia. Isso coaduna com o fato de que, se há um lugar no qual podemos localizar o Éden, esse lugar é a Mesopotâmia. O Giom também era bem conhecido, mas como uma fonte associada a uma corrente que supre de água a cidade de Jerusalém, de modo que ele não circunda a Etiópia. Pisom não é mais citado em nenhum outro lugar do Antigo Testamento, mas Havilá fica ao sul de Israel, associada a ismaelitas e amalequitas (Gênesis 25:18; 1Samuel 15:7). Tudo isso sugere que não podemos reconstruir um pedaço literal da geografia com base nessas referências; os quatro rios, na realidade, não procedem de uma única fonte, e não podemos localizar o Éden com base neles. Não obstante, como o próprio nome Éden, essas notas imaginativas e/ou imaginárias transmitem o fato de a história estar falando de lugares reais, detalhando com nomes e localizações. Tudo isso advém de os relatos serem parábolas históricas. Eles estão falando sobre eventos reais, um ato real de criação, mas não de uma forma passível de investigação, independentemente de como a história funciona.

Para uma audiência na Palestina, os quatro rios indicam lugares de grande diversidade. Os grandes rios da Mesopotâmia, para o norte e para o leste, a corrente que supre a própria Jerusalém e um rio distante ao sul, em conjunto, traçam a sua origem de volta ao jardim de Deus. Ouro, pérola e ônix (um tipo de quartzo), como as árvores frutíferas, sugerem o esplendor do mundo divinamente criado. O significado das palavras para pérola e ônix é, na verdade, incerto, mas isso não altera essa sugestão. Talvez a audiência não soubesse o que elas significam, assim como não soubesse o que "ônix" é. O próprio desconhecimento e exotismo das palavras, como de alguns nomes, aumentaria a sensação de o jardim ser algo deste mundo, mas também fora dele.

GÊNESIS **2:15-20**

UMA PROIBIÇÃO ESTRANHA E UMA EXPERIÊNCIA SURPREENDENTE

15 *Yahweh* Deus tomou o ser humano e o colocou no jardim do Éden para cultivá-lo e cuidar dele. **16** *Yahweh* Deus ordenou ao ser humano: "De toda a árvore no jardim você pode definitivamente comer. **17** Contudo, da árvore do conhecimento do bem e do mal você não deve comer, porque, no dia em que comer dela, certamente você morrerá."

18 *Yahweh* Deus disse: "Não é bom que o ser humano esteja só. Farei para ele uma auxiliadora que lhe seja adequada." **19** *Yahweh* Deus modelou do solo cada criatura selvagem e cada ave dos céus e os trouxe ao ser humano para ver como este os chamaria. Qualquer nome que o ser humano desse a um ser vivente, esse seria o seu nome. **20** O ser humano deu nome a todos os rebanhos domésticos, às aves dos céus e a todas as criaturas selvagens. Mas, para um ser humano, ele não encontrou uma auxiliadora que lhe fosse adequada.

Um de nossos amigos, há anos, tem buscado e esperado encontrar a garota de seus sonhos, mas ele está envelhecendo e a possibilidade de isso acontecer fica cada vez mais improvável. Dessa forma, recentemente ele comprou um cachorro. Agora, pelo menos, há na sua casa alguém para recebê-lo com entusiasmo quando ele volta do trabalho. Com um cachorro é possível conversar e, em certo sentido, receber uma resposta. Embora seja necessário pagar pelos cuidados veterinários, de alguma forma um cachorro dá muito menos trabalho que outro ser humano... Todavia, no princípio, com relação à humanidade como um todo, Deus e o primeiro ser humano perceberam que isso não seria bom.

O pano de fundo para essa percepção é uma comissão e, então, uma estranha proibição. O ser humano é devidamente encarregado de cultivar o jardim e, portanto, de cuidar dele. É o jardim de Deus; os seres humanos são apenas seus jardineiros. Eles recebem pagamento, ou melhor, são providos, como os servos em qualquer residência, e não precisam se preocupar acerca de onde virá a próxima refeição. Uma vez mais, Gênesis assume que, no princípio, a humanidade consumia apenas o que brotava e nenhum ser vivente. Uma vez mais, a história aponta para a sua natureza parabólica; os seres humanos não podem, na verdade, sobreviver com o que cresce nas árvores. No entanto, dentro desse quadro e desses limites, eles eram bem providos, e havia todos aqueles frutos magníficos!

A estranha proibição é que eles não podiam comer da árvore do conhecimento do bem e do mal. (Não há uma indicação específica de que eles pudessem comer da árvore da vida, mas talvez a implicação de Gênesis 3:22 seja a de que essa questão ainda não surgira, já que estavam no auge da vida.) Isso é estranho porque parece ser um meio de receber uma capacidade de vida que será importante no cumprimento da tarefa que Deus lhes designara. Assim, por que são proibidos de ter acesso aquela árvore?

Talvez haja uma pista no modo em que a oração de Salomão faz referência a esse dom. Discernir entre o bem e o mal é uma capacidade que pertence a Deus. Assim, o Criador reivindica para si o direito de decidir se e quando concedê-lo. Trata-se de uma prerrogativa e um dom divinos, e a humanidade não pode insistir na posse de tal conhecimento. Decerto, a intenção de Deus é que a humanidade a tenha; mas, paradoxalmente, apenas pode obtê-la se aceitar a disciplina de não simplesmente tomá-la para si. Insistir em sua posse é forçar o seu caminho ao reino de Deus, tentar ser como Deus. Há também um ponto ainda mais paradoxal: a reverência a Deus, aceitando o que Deus diz e vivendo por isso, é o primeiro princípio da sabedoria, o meio de conhecer a diferença entre o bem e o mal. Desse modo, a árvore seria o meio de a humanidade obter esse discernimento, por *não* comer de seu fruto. Essa restrição seria uma expressão de uma atitude sábia com relação a Deus.

Não surpreende que a ação na direção oposta tenha consequências mortais imediatas. De todas as outras árvores você pode "definitivamente comer"; se desobedecer à única restrição, você "certamente morrerá". O problema é que, ao ser informado da proibição de fazer algo, é provável que você seja tentado a fazê-lo.

Enquanto isso, há um único ser humano com a tarefa de cuidar do jardim. Claro que isso é demasiado para uma só pessoa. Então, aí é que entra o cachorro, juntamente com as demais criaturas que você possa encontrar nesse jardim ou fora dele, na natureza. Deus faz as demais criaturas porque o ser humano está só.

Numa sociedade urbanizada, estar sozinho sugeriria estar solitário, mas Gênesis não diz que o ser humano está solitário. Na realidade, a Bíblia não fala sobre solidão. Esse é um problema da sociedade urbana; em sociedades tradicionais, o problema seria o oposto. Estar só significa não ser capaz de cumprir a tarefa para a qual o ser humano foi feito. Ele precisa de auxílio. Até que tenha ajuda, a criação não será "boa" (a ideia da "bondade" da criação é outro tema compartilhado com Gênesis 1, mas usado de uma forma distinta e complementar).

Assim, Deus modela todos os animais do solo, como havia feito com o ser humano. Gênesis não diz exatamente que Deus questionou se qualquer dos animais atenderia às demandas do ser humano. O que o texto faz aqui é intensificar o suspense dramático. Sabemos que há um problema que Deus precisa resolver, e somos mantidos em compasso de espera pela solução divina.

Gênesis indica que Deus quer saber como o ser humano irá chamar os animais. Claro que Deus pode sondar a mente de alguém e descobrir o que a pessoa está pensando, ou ver o futuro para descobrir o que ela fará, mas aqui, como em outros lugares, o Antigo Testamento subentende que nem sempre Deus faz isso. Ele espera ver o que sucederá. Talvez isso insinue um tipo de respeito pelos seres humanos, o desejo de permitir que eles tomem as suas próprias decisões e de não influenciá-las, bem como o desejo por um relacionamento em tempo real. Se Deus sempre soubesse por antecipação o que iríamos fazer, isso introduziria um elemento de falsidade ao relacionamento. Contudo, essa é apenas a minha suposição; a Bíblia deixa claro apenas o fato de Deus não saber as coisas antes do tempo, não o racional. Aqui Deus espera para ver o que o ser humano irá fazer.

Conceder o poder de nomear os animais (não apenas aqueles no jardim, mas também as criaturas selvagens) é em si uma expressão da generosidade divina. Esse ato confere autoridade sobre eles, porque dar nomes implica autoridade, o que leva de volta a um tema de Gênesis 1, ou seja, o da humanidade manter o domínio sobre a criação. A similaridade contrasta com a diferença superficial de que, em Gênesis 1, Deus cria os animais antes de criar os seres humanos, enquanto no capítulo 2 os cria depois. Evidentemente, os israelitas podiam aceitar, de bom grado, ambos os relatos e não entrar em pânico por causa das contradições entre eles. As parábolas não precisam ser consistentes assim.

O ser humano dá nome a todas as criaturas, mas sabe que nenhuma delas será uma auxiliadora adequada. Por que isso? Talvez Gênesis 1 nos coloque no caminho da resposta. Após fazer a humanidade como macho e fêmea, Deus os abençoou e os comissionou a serem frutíferos e numerosos, para povoarem e governarem a terra. Mesmo que coma da árvore da vida e viva para sempre, um ser humano, por sua conta, jamais será capaz de cuidar do jardim e cultivá-lo. Ele necessita de uma força de trabalho; um ajudante adequado o capacitará a produzir.

Algumas versões (KVJ, ARC) falam de uma ajudadora idônea para ele. E, em geral, isso tem levado à dedução de que essa parceira estaria sujeita a ele. Essa conclusão, em particular, não é lógica. Em contrapartida, podemos observar que a pessoa mais descrita como ajudador ou auxiliador, na Escritura, é Deus; o auxiliador é alguém forte e capaz o suficiente para livrar você de um problema. Ser um ajudador não significa ser subordinado. Ainda, as frases "que lhe corresponda" ou "que lhe seja adequada" apontam para outra direção. De modo mais literal, isso sugere alguém que está em frente a você, em sua visão ou oposto a você. Seja como for, isso aponta para a condição complementar entre a mulher e o homem. Como em Gênesis 1, essa não é uma condição que torna um sujeito ao outro, nem que um tenha autoridade sobre o outro ou que um seja inerentemente o líder e o outro, o liderado. De modo concreto, a imagem coloca o ponto feito em Gênesis 1, ou seja, de que homens e mulheres, juntos, compõem a representação de Deus no mundo.

É possível retratar um quadro até mesmo romântico do primeiro casal, com base em Gênesis 2, como se esse relato tivesse um escopo relacional. Há o homem que está sozinho; há a mulher que pode vir e ser uma companheira e auxiliadora para ele em um relacionamento mútuo. Uma vez mais, estamos lendo preocupações ocidentais no texto, que discorre sobre os aspectos práticos da vida no jardim, na fazenda, no trabalho. (Já comentamos que o Antigo Testamento fornece Cântico dos Cânticos para atender a essa nossa preocupação relacional romântica.)

GÊNESIS **2:21-25**

É ISSO!

[21]Então, *Yahweh* Deus fez cair uma inconsciência sobre o ser humano de modo que ele adormeceu, tirou uma de suas costelas e fechou o seu lugar com carne. [22]*Yahweh* Deus, da costela que havia tirado do homem, formou uma mulher e a levou ao ser humano. [23]O ser humano disse: "Bom! Esta é osso dos meus ossos e carne da minha carne! Ela será chamada 'mulher', porque de um homem foi tirada." [24]Por isso, um homem deixa seu pai e sua mãe e se une à sua mulher, e eles se tornam uma só carne. [25]Os dois estavam nus, o homem e sua mulher, mas não sentiam vergonha.

Certa ocasião, participei de um simpósio no qual estudantes produziram versões modernas das histórias em Gênesis. A que mais ficou gravada em minha memória foi uma releitura de Gênesis 1 por Julia Bolden. Havia inúmeros aspectos adaptados para a história, como ser situada em uma casa em vez de uma fazenda, o que ajudava uma pessoa urbana como eu a se identificar com a narrativa. Em lugar de trazer animais ao homem, Deus cria alguns aparelhos, como uma máquina de lavar; mas o homem quer alguém que possa reunir as habilidades de todos os equipamentos (!). Então, quando o homem vê a mulher, ele exclama: "É isso!"

Ao longo de Gênesis 1 e 2, traduzi a palavra *adam* como "ser humano", não como "homem", porque esse é o significado exato do termo; em Gênesis 1:27, ele é expresso como "macho e fêmea". A palavra será usada sem o artigo, pela primeira vez, em Gênesis 3, já como Adão. Em Gênesis 2, claro, o primeiro ser humano é um homem, não uma mulher, mas num sentido que ainda não conhecemos, nem ele. Nós e ele estamos prestes a descobrir. Ele se torna macho, em oposição a fêmea, somente quando há uma outra pessoa que é oposta a ele (um significado mais literal de "adequada para ele"), que seja diferente dele em gênero. Quando o homem vê a mulher, ele reconhece, imediata e instintivamente: "É isso! Ela é tão diferente dos animais! Esta é a pessoa adequada para mim!" E, agora, Gênesis passa a referir-se a ele com a palavra "homem", e a ela com a palavra "mulher". Ele é um *ish*, e ela é uma *ishah*. As palavras são similares, como em inglês: *man* [homem] e *woman* [mulher].

Outro aspecto útil da moderna versão de Julia Bolden é o de nos ajudar a ver como a narrativa funcionava como parábola histórica. Deus não colocou literalmente o primeiro ser humano em uma casa, criou as máquinas e as levou a ele; essa imagem retrata o que Deus fez para expressar o seu significado em um contexto adequado ao público de nossos dias. É isso o que Gênesis faz. Deus não formou literalmente a primeira mulher pela reciclagem de uma parte do primeiro homem (teria o homem originariamente 25 costelas?). Ao descrever Deus "formando" a mulher dessa maneira, Gênesis acrescenta outra imagem àquelas que já usou. Trazer o mundo à existência era semelhante a um artista criando, a um engenheiro estrutural erigindo uma cúpula, a um oleiro moldando um vaso e a um operário de fábrica manufaturando algo.

Na parábola, Deus não formou a mulher mediante a modelagem do barro, como ele fez com os animais. Em vez disso, Deus usou uma parte do primeiro ser humano para fazer o segundo. Isso chama a atenção para o relacionamento mais íntimo entre o homem e a mulher. Poderíamos dizer que eles possuem a mesma composição, exceto pelos elementos que fazem a diferenciação de gênero entre eles. Isso explica a atração natural do homem e da mulher um pelo outro. Na mulher com quem se casa, o homem encontra uma parte que lhe falta, algo que o complementa. E Adão não nomeia a mulher da mesma forma que nomeou os animais (veja Gênesis 3:20). A sua observação sobre como ela será chamada é mais como uma profecia ou como um ato de reconhecimento da mulher como ela é.

Embora a ideia de uma ajuda adequada para o primeiro ser humano comece com a sua necessidade de alguém com quem possa ter filhos, há outras coisas que ocorrem nesse relacionamento. A procriação não demanda um compromisso mútuo. Relacionar-se ou unir-se não se refere apenas à união sexual do casal, mas ao comprometimento recíproco: Rute une-se a Noemi quando esta retorna a Belém; o povo judeu permanece ao lado de Davi quando há uma guerra civil. Isso está em sintonia com a frase do homem "osso dos meus ossos e carne da minha carne". É uma frase como "sangue do meu sangue". Labão usa uma expressão similar com respeito a Jacó, como também Davi quanto aos **judeus**, no contexto da guerra civil. Isso indica um compromisso resultante da consciência do relacionamento. Gênesis está reconhecendo a natureza extraordinária do processo pelo qual um homem deixa seus pais e começa um novo compromisso com uma mulher.

Na realidade, no Antigo Testamento, um homem normalmente não faz isso. A mulher é que deixa a sua família e se une à de seu marido. Talvez seja esse o ponto do comentário. Num sentido literal, o homem não deixa a sua casa, ao casar-se, mas traz sua esposa para a casa de seus pais ou, pelo menos, para uma casa no conjunto ocupado pela família estendida dele. Isso significa que o marido deve transferir suas afeições e compromissos à sua esposa. Agora, ela vem em primeiro lugar.

Quando Gênesis fala de eles se tornarem um, dessa forma, isso expressa o que ocorre quando as pessoas se casam, e as traduções usam os termos "marido" e "esposa" para descrevê-los. Não obstante, Gênesis prossegue mencionando o casal como "o homem" e "a mulher", bem como "sua mulher" e "seu homem". As palavras em hebraico para "marido" e "esposa" descrevem, literalmente, o marido como "senhor" ou "proprietário", e a esposa como alguém que é "propriedade", mas o Antigo Testamento, em geral, não faz uso dessas palavras. Uma vez mais, o texto bíblico não corrobora as ideias que sugerem um entendimento hierárquico no relacionamento homem—mulher, ou uma visão de propriedade no casamento. Antes, ele sugere uma visão de propriedade distinta, que é mútua: a esposa pertence ao seu marido, e o marido pertence à sua esposa (assim, agora, nenhum dos dois está livre para entregar-se a outra pessoa).

Igualmente, seria ilógico assumir que a mulher era inferior em importância ou subordinada ao homem por ter sido criada em segundo lugar. Em Gênesis 1, os seres humanos são criados após os animais, o que dificilmente sugere que sejamos inferiores a eles. Assim, o lógico seria assumir que a mulher é superior ao homem por ter sido criada depois dele; quem deseja a primeira versão de um programa quando a segunda versão já foi desenvolvida? (O texto de 1Timóteo 2:13 vincula a submissão da mulher ao homem à ordem da Criação, mas as referências do Novo Testamento ao Antigo não têm o propósito de explicar o significado do próprio texto do Antigo Testamento. Com frequência, essas referências são meios de o Espírito Santo guiar os escritores neotestamentários no uso do texto em relação ao contexto deles, mas elas têm pouco a ver com o significado do próprio texto.)

Gênesis 2 apresenta mais um comentário sobre as origens humanas. A descrição de Adão e Eva andando pelo jardim totalmente nus tem estimulado a imaginação e as artes humanas, bem como suscitado observações sobre a necessidade de o casal ser totalmente aberto um com o outro. Contudo, a implicação dessa nota talvez esteja em outro lugar. Nenhuma outra referência do Antigo Testamento a pessoas "nuas" preocupa-se com as implicações sexuais da nudez. Estar nu sugere pobreza, infortúnio e opressão. Deus espera que compartilhemos a nossa comida com os famintos, nossa casa com os desabrigados, bem como nossas roupas com os despidos (Isaías 58:7). Adão e Eva nada tinham para se cobrir, mas não sentiam vergonha, como se essa nudez significasse pobreza. Aliás, isso irá mudar.

Jesus usa Gênesis 2:24, juntamente com Gênesis 1:27, quando questionado sobre o que pensava sobre o divórcio (veja Mateus 19:1-12). Ele deduz que o casamento duradouro, entre um homem e uma mulher, é a norma ideal, embora reconheça que nem todos conseguem viver com esse ensino. Como Moisés, Jesus reconhece a necessidade de fazer concessões dada a dureza do coração do homem. A falha humana significará a ruína dos casamentos.

GÊNESIS 3:1-3
A CRIAÇÃO SE ESTABELECE

[1]Ora, a serpente era a mais astuta de todas as criaturas selvagens que *Yahweh* Deus tinha feito. Ela disse à mulher: "Deus realmente disse: 'Vocês não devem comer de nenhuma árvore no jardim'?" [2]A mulher disse à serpente: "Podemos comer do fruto das árvores do jardim, [3]mas, do fruto da árvore que está no meio do jardim, Deus disse: 'Vocês não devem comer ou tocar, ou morrerão'."

Uma serpente falante? Mas, lembre-se, isso é uma parábola. Na versão de Julia Bolden, o tentador é um papagaio, e a proibição de Deus diz respeito à televisão; Adão e Eva não devem assistir ao canal do conhecimento do bem e do mal. Um papagaio entra voando pela janela; ele prossegue falando consigo mesmo, enquanto se admira no espelho. Então, ele grasna para Eva: "Não pode assistir à telinha, hein?" (É um papagaio com sotaque britânico, descendente daquele do esquete do grupo Monty Python). Em seguida, Eva se desloca da cozinha para a sala de estar, onde Adão está preguiçosamente acomodado em frente ao aparelho de TV, agarra o controle remoto e muda para o canal proibido. Uma voz, vinda do aparelho, diz aos dois para não se contentarem apenas com o que possuem e começarem a pensar em ter uma casa maior e mais aparelhos domésticos. Uma luz na tela começa a brilhar cada vez mais até quase cegá-los.

Usar o papagaio como tentador é uma jogada inteligente. Primeiro, o papagaio é uma criatura, como a serpente. Gênesis enfatiza o caráter terreno, não sobrenatural, do tentador, uma das criaturas selvagens (em oposição aos domésticos, como ovelhas e vacas) feitas por Deus. Gênesis 3 ilustra um ponto sugerido em Gênesis 1. As criaturas feitas por Deus não eram necessariamente inclinadas a viver o tipo de vida desejado pelo Criador. Era necessário que a humanidade exercesse o domínio sobre elas. Um aspecto da tragédia, em Gênesis 3, é que a serpente logra reverter a relação de liderança e governança entre a humanidade e a criação. A humanidade deveria exercer uma liderança benevolente sobre a criação. Em vez disso, a natureza está exercendo uma liderança maléfica sobre a humanidade.

Deus criou essa criatura, em particular, extremamente sagaz, uma qualidade que pode ser usada para atingir finalidades boas ou más. Pessoas astutas percebem o perigo e se protegem, enquanto as ingênuas seguem adiante e sofrem as consequências (Provérbios 22:3). Em sua grande astúcia, a serpente é capaz de tirar proveito da ingenuidade de Adão e Eva.

Então, Deus é culpado por criar a serpente tão astuta assim? Evidentemente, Deus não tem essa visão, já que a sua reação à cena em questão não será dizer: "Oh, queridos, sinto muito, eu cometi um erro." O Antigo Testamento, todavia, descreve Deus como disposto a aproveitar os atos de desobediência para o cumprimento de um propósito positivo. Este, talvez, seja o primeiro exemplo: a proibição quanto à árvore do conhecimento do bem e do mal é um teste para Adão e Eva, e a serpente se torna parte integrante do teste. Se eles passarem no teste, mantendo distância da árvore, talvez Deus lhes garanta o acesso a ela ou lhes conceda, por outros meios, o conhecimento necessário para cuidarem do jardim. A tentação da serpente também é um meio de Deus prová-los. (Em nosso idioma, há diferentes palavras, sendo a tentação algo com o sentido de derrubar, e a provação algo com o objetivo de edificar, mas tanto o Antigo quanto o Novo Testamentos usam a mesma palavra para ambos os casos.)

Gênesis enfatiza o caráter mundano da tentação; mais aparelhos e uma casa maior são os desejos que nos tentam. Na imaginação cristã, com base em Apocalipse 12:9, o tentador é Satanás. O livro de Apocalipse, portanto, nos convida também a ver a atividade de Satanás por trás da serpente. Esse é um movimento lógico, já que a ideia de Satanás está presente, embora ele realmente não apareça no Antigo Testamento; quando um ser aparece descrito pela palavra "satanás", ele não tem o perfil de um príncipe das trevas. Quando o Antigo Testamento quer se referir a uma criatura que é uma personificação de poder declarado contra Deus, o texto não usa a palavra "satanás", mas utiliza palavras que sugerem uma criatura perigosa e selvagem, como um monstro marinho, dragão ou uma serpente. A palavra para uma serpente aparece nessa conexão com Jó 26:13 e Isaías 27:1. Portanto, assim como Julia Bolden acerta o alvo ao retratar o agente de tentação como um papagaio (ele fala consigo mesmo e se autoadmira) em vez de um cachorro ou gato, igualmente Gênesis marca um ponto ao descrever o tentador como uma serpente. Esse animal não é uma criatura antiga qualquer e pode sugerir desordem e caos, anarquia e confusão, tumulto e loucura. Mas é uma serpente.

Retratar o tentador como uma serpente pode incluir significados adicionais. Freud considerava a serpente um símbolo sexual, embora para ele a maioria das coisas tivesse essa simbologia. A serpente pode ser um símbolo de cura; Hipócrates, o médico grego, adotou a serpente como seu símbolo. Talvez tenha ligação com a serpente de bronze feita por Moisés para que as pessoas picadas por cobras no deserto olhassem (Números 21). É, pelo menos, significativo que essa serpente de bronze, mais tarde, tenha se tornado um objeto de devoção religiosa e, por essa razão, sido destruída (2Reis 18:4). Aqui o cenário inclui a serpente por ser um símbolo religioso nas culturas do Oriente Médio, de modo que as pessoas, ao ouvirem sobre uma serpente tentando Eva, pudessem ser lembradas de como as religiões dos povos vizinhos eram uma tentação à qual elas, com frequência, cediam.

"Posso resistir a tudo, exceto à tentação", dizia um dos personagens de *O leque de lady Windermere*, de Oscar Wilde. Até onde sabemos, Adão e Eva jamais tiveram a chance de descobrir se isso é verdadeiro também para eles. Por vezes, as pessoas os imaginam vivendo em íntimo relacionamento com Deus e, somente então, falhando. Talvez tenha sido assim, mas Gênesis salta diretamente da criação dos primeiros seres humanos para a desobediência, sugerindo não haver nada entre as duas situações. Não houve um período de lua de mel.

Em sua astúcia, a serpente começa por mostrar o Criador muito mais restritivo e muito menos generoso do que Deus era. A história enfatiza a natureza abundante da provisão divina e aquela única restrição. A serpente torna tudo proibido.

O relato não insinua nenhuma fraqueza inerente em Eva e, portanto, na feminilidade que a levou a ser facilmente convencida pela serpente, nem os demais livros do Antigo Testamento indicam isso. A passagem de 1Timóteo 2:13-14, de fato, usa o engano de Eva pela serpente, não de Adão (pelo menos, não a princípio!) como parte de seu argumento contra mulheres pretensiosas, mas esse é outro aspecto de usar o texto como apoio ao seu próprio ponto em vez de usar o argumento do próprio texto. Abordar Eva, não Adão, pode, na verdade, ser outra expressão da sagacidade da serpente. Eva não havia sido formada quando Deus falou a Adão sobre a liberdade e a proibição. Talvez fosse mais fácil para a serpente enganá-la?

Na verdade, não tão facilmente. Eva sabe o que Deus disse. Talvez ele tenha falado a ela posteriormente ou, quem sabe,

Adão mesmo lhe tenha falado. Eva tem ciência da generosidade, da proibição e do perigo de ignorar o que Deus ordenara. Ela confirma que não somente estão proibidos de comer da árvore do conhecimento do bem e do mal, como nem mesmo podem tocá-la. Deus adicionou essa restrição à proibição original, ou teria sido Adão que a acrescentou ao transmitir a restrição original, ou mesmo Eva fez esse acréscimo? Alguém está jogando pela segurança, mas não está claro quem. No entanto, ponto para Eva.

GÊNESIS **3:4-13**
ONDE ESTÁ VOCÊ?

[4]A serpente disse à mulher: "De modo algum vocês morrerão, [5]porque Deus sabe que, no dia em que comerem dele, seus olhos se abrirão e vocês serão como Deus, conhecendo o bem e o mal." [6]A mulher viu que a árvore era boa de se comer e um deleite para os olhos, bem como desejável para dar discernimento. Então, ela tomou do seu fruto e comeu e também deu para o seu homem, e ele comeu. [7]Os olhos dos dois se abriram, e eles perceberam que estavam nus, de modo que costuraram folhas de figueira e fizeram tangas para si.

[8]Eles ouviram o som de *Yahweh* Deus andando pelo jardim na hora da brisa do dia. Então, o homem e sua mulher se esconderam de *Yahweh* Deus em meio às árvores do jardim. [9]*Yahweh* Deus chamou o homem e disse: "Onde está você?" [10]Ele disse: "Ouvi o seu som no jardim e fiquei com medo porque estava nu, de modo que me escondi." [11][*Yahweh* Deus] disse: "Quem lhe contou que você estava nu? Você comeu da árvore que lhe ordenei para não comer? [12]O homem disse: "A mulher que colocou ao meu lado — ela me deu da árvore, e eu comi." [13]*Yahweh* Deus perguntou à mulher: "O que é que você fez?" A mulher respondeu: "A serpente — ela me enganou, e eu comi."

"Posso resistir a tudo, exceto à tentação." Estou escrevendo na Black Friday, ou seja, no dia seguinte ao Dia de Ação de Graças, nos Estados Unidos. É o maior dia de compras do ano, popularmente chamado por esse nome pela esperança que os lojistas têm de contabilizar lucros. As pessoas passam a noite toda em filas, aguardando o momento de entrar nos corredores e se engalfinharem umas com as outras pelas ofertas (na verdade, após digitar essa sentença, li que o funcionário de um hipermercado foi pisoteado e morto pelos consumidores). Mesmo as publicações mais intelectuais têm trazido artigos discorrendo sobre a estratégia de compra para esse dia. As pessoas olham, fantasiam e compram.

A serpente retorna imediatamente para o segundo assalto, questionando a boa vontade e a generosidade de Deus de um modo mais radical, simplesmente contradizendo o que Deus alertou que aconteceria com a desobediência, acrescentando que a inveja é que tinha levado Deus a negar o acesso à árvore do conhecimento do bem e do mal. Esse conhecimento os tornaria como Deus.

A serpente conta uma meia verdade. Eles não morrerão quando comerem daquela árvore e serão como Deus. A serpente expressa as implicações da proibição, mas reage a elas diferentemente. Diz-se que a diferença entre nós e Deus reside no fato de ele jamais pensar que é como nós. Gênesis sugere algumas nuances dessa reflexão. Deus não se importa em compartilhar conosco a vida e a imagem divinas e, portanto, a responsabilidade divina pelo mundo. Além disso, no devido tempo, Deus se tornará um de nós. A canção de Joan Osborne perguntava: "What If God Was One of Us?" [E se Deus fosse um de nós?], apenas um estranho no ônibus, tentando chegar em casa. Eis o que Deus se tornou. Não obstante, a distinção entre Deus e o ser humano ainda precisa ser preservada.

Deus não é o nosso "mano". O relacionamento entre nós e Deus não é igualitário, mas hierárquico. Bem, Deus é Deus e Senhor, ele é quem manda. Quando Deus decide fazer algo, ele dá as ordens. Manter distância da árvore do conhecimento do bem e do mal será um sinal do reconhecimento de Adão e Eva dessa distinção. "Você não gostaria de deixar isso de lado e ser como Deus?", pergunta a serpente.

Como uma consumidora compulsiva, Eva agora usa os próprios olhos e a imaginação. Pela segunda vez, em sua conversa com a serpente, ela é presa fácil, embora não tenha sido apenas o argumento da serpente que a convenceu. Tendo provado o fruto, ela deu um pouco para Adão. Todavia, o que Adão estava fazendo enquanto Eva conversava com a serpente? Estava tirando um cochilo? Não tinha ele nada a dizer, considerando que, como sabemos, foi a Adão que Deus dirigiu a palavra com respeito àquela árvore? Se Eva é culpada por sua ação, Adão é culpado por sua omissão e cooperação.

Quando ambos comem o fruto, os seus olhos, de fato, se abrem, mas isso não traz o resultado prometido pela serpente. Eles ganham a experiência de decidir entre o bem e o mal, mas isso envolve fazer o oposto do que Deus disse, de modo que eles não ganham nada como verdadeira sabedoria. Adão e Eva começam como pessoas simples e ingênuas, mas, quando se recusam a viver pela única restrição imposta por Deus, eles não se tornam pessoas sábias e maduras, mas tolas e estúpidas. Ambos sabem que estão expostos e tentam se esconder de duas maneiras, mas nenhuma delas será bem-sucedida. Estamos familiarizados com a ideia de que uma ou duas folhas de figueira não representam muito como meios de cobertura (embora folhas de figueira sejam bem grandes, podendo atingir cerca de vinte centímetros de comprimento e de largura, de modo que eles fizeram a melhor escolha que podiam). Quando Adão e Eva ouviram Deus se aproximando, eles também tentaram se esconder entre as árvores.

É fim de tarde e, no Oriente Médio, é possível, nesse período, soprar uma brisa do oceano. Assim, após o calor do dia, é mais agradável estar ao ar livre. Gênesis falará de Enoque e Noé caminhando com Deus, o que sugere uma amizade descontraída. De modo similar, parece que Deus espera desfrutar de uma relaxante caminhada com Adão e Eva.

Isso pode parecer um antropomorfismo cândido. Gênesis 3 retrata Deus com o formato humano, como um ser humano real saindo para uma caminhada ao entardecer. Essa descrição pode contrastar com a imagem mais sofisticada de Gênesis 1, em que Deus é mais transcendente. Contudo, é ingênuo pensar que podemos falar de Deus sem antropomorfismo. Não há muita coisa que possamos dizer sobre Deus literalmente, exceto que ele é santo. Ao falarmos sobre Deus, somos reféns do uso de imagens da nossa experiência. Por sermos feitos à imagem divina, podemos, então, correr o risco de utilizar imagens humanas para descrevê-lo. Gênesis 1 emprega imagens humanas ao retratar Deus falando, vendo e nomeando; Gênesis 3 o faz mais vividamente ao descrever Deus caminhando e desejando que Adão e Eva estivessem lá.

Contudo, eles estão escondidos. Deus pergunta: “Onde está você?” É possível que Deus saiba, mas queira lhes dar uma chance de sair do esconderijo voluntariamente. Ou, quem sabe, Deus deseja não saber, permitindo que eles permaneçam escondidos, caso queiram. As perguntas subsequentes sobre se eles haviam comido da árvore parecem genuínas. A versão de Julia Bolden mostra Eva se escondendo na cozinha, enquanto Adão se esconde no andar superior, debaixo da cama, e Deus subindo a escada, degrau por degrau. Essa imagem faz as crianças na plateia entrarem em pânico com a ideia de serem descobertas pelo pai ou pela mãe... Nesse momento é que o medo entra no relacionamento entre a humanidade e Deus. Existe um tipo certo de medo nessa relação; a diferença entre nós e Deus nos faz temer em razão do senso de reverência, que é um aspecto apropriado de nossa relação com o Criador. Mas jamais deveríamos ter medo de alguém que deseja caminhar conosco.

"Você comeu da árvore que lhe ordenei para não comer?" Adão evita responder diretamente e começa dando uma desculpa. Acusar outra pessoa — esse é o instinto humano. Se possível, jogue a culpa na pessoa que o está acusando *e* culpe alguém mais. Adão faz isso: a culpa é de Deus e de Eva. O relacionamento da humanidade com Deus não é a única relação afetada por apanhar a fruta em desobediência à proibição divina. Embora tenha exclamado "É isso!", Adão, agora, fala sobre Eva de um modo muito diferente. Na minha Bíblia, a frase "A mulher que colocou ao meu lado" encontra-se exatamente na página oposta à primeira exclamação. É um contraste doloroso. Claro que o momento em que a relação ficou confusa não é quando Adão se justifica. Isso ocorreu quando Eva estava falando com a serpente e Adão tirava uma soneca.

Deus faz outra dolorosa pergunta, dessa vez a Eva: "O que é que você fez?" A resposta completa tem duradouras implicações sobre a Criação. Resumindo, enquanto Adão culpa Eva, esta culpa a serpente. O relacionamento da humanidade com o mundo natural também é negativamente afetado. Isso, igualmente, já tinha ocorrido quando a serpente falou e Eva lhe deu ouvidos. Ela se deixou ser enganada; mas não foi isso o que ela alegou.

GÊNESIS 3:14-16A
A DOR DA MATERNIDADE

[14]*Yahweh* Deus disse à serpente: "Por ter feito isso, és amaldiçoada dentre todos os rebanhos domésticos e criaturas selvagens. Sobre seu estômago se moverá e poeira comerá todos os dias de sua vida. [15]Porei inimizade entre você e a mulher, e entre a sua descendência e a dela. Ele atingirá você na cabeça; você o atingirá no calcanhar." [16a]À mulher, disse: "Multiplicarei o seu sofrimento em conexão com a gravidez. Em dor você terá filhos."

Enviei um *e-mail* a alguém nesta semana, e recebi uma resposta surpreendente que, após a principal parte da mensagem, dizia: "A propósito..." Na verdade, as palavras não eram literalmente essas, mas é como me pareceu, porque o que estava escrito naquele parágrafo adicional não tinha qualquer relação com o que eu escrevera: "Estamos tentando fertilização *in vitro*; os embriões foram inseridos nesta manhã. Oramos para que eles implantem e para que os testes de gravidez em onze e quinze dias corram bem." Eu sabia que o casal não podia ter filhos, mas desconhecia o que iriam fazer quanto a essa questão. "OH, UAU!", respondi.

Nesta semana também concluí a leitura de um romance intitulado *Slam*, de Nick Hornby, no qual ele escreve como se fosse um adolescente de dezesseis anos que, inesperadamente, engravida a sua namorada e relata a angústia e os problemas subsequentes. De uma forma ou de outra, a gravidez tende a ser quase um trauma. Tudo é muito diferente daquilo que Deus tinha em mente ao criar macho e fêmea para que ambos pudessem governar a terra e cultivar o jardim. E, aparentemente, tudo isso decorre de Adão e Eva seguirem maus conselhos e ignorar a restrição de Deus.

No entanto, Deus primeiro fala à serpente. Ele, ao que tudo indica, aceita o testemunho de Eva e nada pergunta à serpente. As palavras de Deus constituem uma terrível reversão das palavras expressas anteriormente. Em Gênesis 1, Deus abençoa as primeiras criaturas criadas (as serpentes não são mencionadas lá, assim como os animais domésticos e selvagens também não, de modo que esse detalhe não é importante — era sexta-feira, quando o foco do relato estava na humanidade). Agora, uma dessas criaturas é amaldiçoada. Enquanto a bênção significa ser frutífero, experimentar satisfação e conhecer a plenitude da vida, a maldição significa ser infrutífero, experimentar desapontamento e encontrar-se no reino da morte. Está Deus simplesmente afirmando o que *irá* acontecer, declarando o que *deveria* ocorrer ou *fazendo* isso acontecer? Em contextos distintos, qualquer uma dessas conotações pode ser aplicada para descrever algo ou alguém como "amaldiçoado". Deus prosseguirá falando na primeira pessoa ("Porei"; "Multiplicarei"), de maneira que Gênesis não está preocupado em dissociar Deus dos resultados punitivos da desobediência humana. "Eu [...] promovo a **paz** e causo a desgraça" (Isaías 45:7). A Bíblia é intransigente na forma de pensar sobre Deus e sua soberania. Assim, talvez Deus esteja dizendo ambos, o que irá acontecer e fazendo acontecer. Por outro lado, é notável que Deus não diga "Eu amaldiçoo você", sendo típico da Bíblia falar mais prontamente da bênção de Deus do que da maldição divina.

As traduções, em geral, têm a serpente amaldiçoada "mais que" qualquer outra criatura, mas isso sugere que as demais criaturas também são atingidas pela maldição. Isso parece estranho e não condizente com a atitude do Antigo Testamento em outras passagens. Quando aplicada a Caim, em Gênesis 4, a expressão significa "amaldiçoado [e afastado para longe]", e isso faz sentido aqui. Pode-se perguntar por que as serpentes do Oriente Médio vivem longe das áreas onde vivem outros animais, em lugares secos e desérticos, rastejantes, como se comessem o pó da terra? Aqui está a resposta (lembre-se, esta é uma parábola; na versão de Julia Bolden, a história explica por que os papagaios vivem em gaiolas).

Igualmente, você pode se perguntar por que existe essa animosidade mútua entre as serpentes e os seres humanos, de modo que esses seres rastejantes estejam entre as criaturas mais temidas? Eis a resposta. Uma vez que a serpente é associada a Satanás, é natural considerar o descendente de Eva, que, no fim, atingirá a serpente na cabeça (e será mordido no calcanhar), como Jesus. Ireneu, bispo de Lyon, por volta de 150 d.C., ligou os pontos, e essa intepretação se tornou padrão na compreensão dessa passagem. Lutero, portanto, chamou essa passagem de "a primeira proclamação do evangelho". Parece uma ideia clara, mas ninguém interpretou a passagem dessa forma até muito tempo depois de Cristo, e essa demora reflete o fato de essa interpretação não ter nenhuma relação com o que Gênesis significa. O texto em Gênesis fala sobre o conflito e o perigo que as serpentes e os seres humanos representam uns para os outros, um exemplo concreto do conturbado relacionamento entre a humanidade e o mundo animado. Deveríamos estar no comando desse mundo vivente, para manter o equilíbrio, fazê-lo funcionar, e, por essa razão, Adão foi aquele que deu nome às criaturas. No entanto, em vez de exercer autoridade sobre o mundo, Adão e Eva deixaram o mundo dominá-los. Por consequência, em lugar de as criaturas do sexto dia viverem juntas em harmonia, elas passaram a viver em discordância.

Gênesis prossegue falando sobre outro tipo de gemido e angústia, o sofrimento pelo qual nossos amigos que não podem ter filhos têm enfrentado (a fertilização não deu certo). Quando Deus se dirige a Eva, não há dúvida de que o texto está falando sobre algo que Deus deseja e não simplesmente prediz: "Multiplicarei [...]."A maternidade era a função ímpar para a qual a mulher fora criada, mas não para ser a única função; a maternidade não descartava o trabalho ou outras atividades, mas dar à luz filhos era a única coisa que Adão não seria capaz de fazer. Apenas Eva poderia ser uma auxiliadora nisso. Agora, aquela vocação singular deve ser uma fonte de dor.

As palavras para "dor" e "sofrimento", bem como os termos relacionados, não são as únicas usadas em outras passagens do Antigo Testamento para a dor física do nascimento. E, talvez, um israelita pudesse imaginar, como nós, que a dilatação envolvida em dar à luz jamais poderia ser alcançada sem haver uma considerável dor física (exceto se presumirmos que a anatomia e a fisiologia da mulher fossem originariamente muito diferentes). Em outras passagens, essas palavras para dor, em geral, denotam não apenas dor física, mas também emocional. O significado de "sentir dor, foi afligido" é usado pela primeira vez para descrever os sentimentos de Deus com relação à transformação do mundo (Gênesis 6:6). Há muitos outros exemplos, em Gênesis, de como a gravidez é dolorosa às mulheres, como Sara, Hagar, Rebeca e Raquel, assim como tem sido para aquele casal amigo. E a própria história de Eva ilustrará a dor envolvida na geração de filhos. Logo, veremos o relato do assassinato de seu segundo filho pelo primeiro. Na versão King James (KJV), o texto de Gênesis 3:16 traduz essas duas palavras por *sorrow* [tristeza, pesar]. Pode haver pesar maior do que ver um filho matar o outro?

GÊNESIS 3:16B

AMAR E CUIDAR, DESEJAR E DOMINAR

[16b] "Para o seu homem será o seu desejo, mas ele — ele deve governar sobre você."

Há uma história judaica sobre o primeiro casal. Em geral, um comentário judaico ou *midrash* considera um aspecto intrigante do texto bíblico e procura explicá-lo ou imaginar alguma implicação possível, valendo-se de passagens da Escritura, bem como de outros materiais. No caso em questão, a investigação considera o estranho fato de Gênesis 1 nos contar sobre a origem do primeiro casal e, então, à primeira vista, Gênesis 2 parece relatar a origem de outro casal. No *Midrash*, a esposa original de Adão (Gênesis 1) era chamada Lilith (o nome advém de outra enigmática passagem, em Isaías 34:14; algumas versões traduzem por "criatura noturna" ou "demônio da noite", e fora da Bíblia existem diversas histórias sobre tal criatura). Como Adão e com Adão, Lilith foi feita diretamente do pó da terra. Por ser, de todas as formas, igual a Adão, por Deus tê-la feito da mesma matéria-prima e no mesmo dia que seu marido, ela insistiu em desfrutar do jardim em pé de igualdade com ele. Ela compartilhava o trabalho e a sua recompensa, atuando lado a lado com ele no cuidado do jardim. Ela também esperava ser igual a ele nas relações sexuais, por vezes ficando por cima dele e, em outras, debaixo: afinal, eles não eram parceiros iguais? Todavia, tudo isso foi demasiado para Adão, que reclamou a Deus: "Foi para isso que fui criado — para compartilhar *tudo* com ela? Quando pedi por uma companheira, eu não quis dizer isso!" Ao ouvir as queixas de Adão, Lilith decidiu deixar o jardim e estabelecer um novo lar longe dali. Imediatamente, Adão se entristeceu por tê-la afastado e, uma vez mais, queixou-se a Deus: "Minha esposa me abandonou! Estou sozinho novamente!" Todavia, Lilith não retornaria sob os termos de Adão, de modo que Deus, por compaixão pela solidão de Adão, fez-lhe uma nova esposa, criando-a de uma de suas costelas. E essa era Eva.

"Para o seu homem será o seu desejo, mas ele — ele deve governar sobre você." Essas constituem algumas das palavras mais pungentes e tristes da Escritura. Aqui está um relacionamento no qual duas pessoas foram designadas a permanecerem juntas e cumprir um chamado de Deus no domínio da terra e cuidado do jardim. Contudo, eles acabaram envolvidos em uma discussão sobre quem era o culpado pelas coisas terem dado errado; e sempre será assim, Deus diz.

Existem inúmeras maneiras de interpretar as palavras sobre desejo e governo, todas contendo alguma verdade. A história de Lilith subentende que Deus está se referindo à parceria sexual entre o homem e a mulher, que agora será desigual. Ou as palavras podem implicar que a esposa terá desejos de fazer amor com seu marido, mas que ele apenas desejará impor-se sexualmente a ela, o que é realidade em muitos casamentos. Ou, ainda, que o próprio desejo da mulher será algo mais parecido com volúpia; ela estará interessada principalmente em sexo, enquanto ele estará mais interessado em impor-se a ela.

No entanto, a referência em Gênesis para "governar" soa mais genérico do que meramente assumir a iniciativa sexual ou impor as demandas sexuais. Como expressado por Derek Kidner, em seu comentário *Genesis* (InterVarsity Press, 1975), "'Amar e cuidar' torna-se 'desejar e dominar'". Observamos que as duas histórias da Criação não continham indicadores quanto à "liderança" masculina no sentido de que os homens ou maridos devam exercer autoridade ou liderança sobre a mulher ou esposa. No entanto, o público-alvo sabia que o patriarcado era uma realidade da vida. Gênesis, aqui, revela como isso veio a ser. A autoridade ou dominação masculina não era o plano de Deus, mas ocorreu em consequência de uma ruptura na relação entre a humanidade e o Criador, entre a humanidade e o mundo animal, e entre um ser humano e outro. A partir de então, a Bíblia irá assumir a realidade do patriarcado e a ascendência masculina, mas isso principia-se com a observação de que ocorreu apenas como resultado dessas diversas rupturas de relacionamento. Trata-se de uma expressão particular de um ponto mais genérico. Não havia o desígnio de uma estrutura de autoridade entre os seres humanos, porém a ausência dessa estrutura não funcionou e funcionará menos ainda de agora em diante. A ironia é que estruturas de autoridade podem trazer ordem, mas usualmente também acarretam corrupção e opressão. Basta ver como os governos funcionam.

Embora Gênesis não diga que Deus queira a introdução do patriarcado, essa afirmação aparece no contexto das declarações divinas ("Porei"; "Multiplicarei"). Por outro lado, isso dificilmente implica que devemos apenas conviver com esse estado de coisas. Do mesmo modo, o fato de Gênesis nos contar sobre a intenção de Deus em tornar a gravidez e a maternidade um processo doloroso não significa que devemos ficar de braços cruzados e não tentar amenizar as dificuldades da gestação e do parto, ou as consequências das rupturas da relação entre mães e filhos. Presumo que, igualmente, somos livres para trabalhar contra o patriarcado em nome da intenção original de Deus quanto à Criação. Todavia, também devemos ser realistas quanto às profundas raízes dos instintos patriarcais, corroboradas pela experiência.

Há dois ou três anos, uma aluna que se casara com outro aluno veio me ver. Lembro-me de ser uma quinta-feira, véspera da Sexta-feira Santa, dia da última ceia e do lava-pés de Jesus. Ambos almejavam ser pastores. A aluna veio me ver porque precisava falar com alguém sobre como seu marido a maltratava. Embora, em teoria, o marido apoiasse a ideia de ela ser ordenada e, portanto, a ideia de ela ter um chamado para exercer liderança na igreja, no contexto do casamento, porém, ele não conseguia lidar com o desejo de autoafirmação dela e por ela não aceitar tudo o que ele dizia. As mulheres querem ser elas mesmas, e os homens querem controlar; essa é uma realidade na igreja e no ministério, assim como em todos os lugares.

GÊNESIS 3:17-22
O TRABALHO SE TORNA FADIGA

[17]Para Adão, disse: "Por ter ouvido a voz de sua mulher e comido da árvore que lhe ordenei: 'Você não deve comer dela', o solo é amaldiçoado por sua causa. Em sofrimento comerás dele todos os dias de sua vida. [18]Espinhos e cardos crescerão para você e comerá plantas silvestres. [19]Com o suor da sua testa, você comerá o pão, até retornar ao solo, porque dele foi tirado. Pois você era pó e retornará ao pó."

[20]O homem deu à sua mulher o nome de "Eva", pois ela era a mãe de todos os viventes. [21]*Yahweh* Deus fez para Adão e sua mulher roupas de couro e os vestiu. [22]Mas *Yahweh* Deus disse: "Bem, o homem se tornou como um de nós no conhecimento do bem e do mal. Agora, ele não deve estender a mão e também tomar da árvore da vida, comer e viver para sempre."

Quando vou de bicicleta ao seminário para uma aula noturna, passo em frente a um ponto de ônibus onde sempre há pessoas esperando a condução que as levará para casa. Em geral, fico impressionado com a aparência de cansaço delas. Seja qual for a natureza da atividade que exerçam durante o dia, evidentemente o trabalho (e talvez os estágios anteriores de sua volta para casa) tem extraído o vigor de suas vidas. Decerto, chegarão em casa e se jogarão em frente à televisão, ou talvez ainda tenham que preparar o jantar para a família e, só então, poderão desfrutar de algum entretenimento.

O trabalho jamais foi planejado para ser algo desgastante, como o é para muitas pessoas. Não apenas aquelas que realizam um trabalho manual e árduo é que sofrem de exaustão. O livro de Eclesiastes deixa claro que os israelitas tinham ciência do aspecto fatigante mais amplo do trabalho. A ideia de que o trabalho pudesse levar a uma vida satisfatória para, então, perceber que o resultado não é esse, ou a noção de realizar um bom trabalho e ganhar muito dinheiro para, então, perder tudo.

Em ambos os relatos da Criação, o homem e a mulher, juntos, foram comissionados a manter domínio sobre a terra e cuidar do jardim. Não havia sugestão de que o mundo do trabalho era o negócio do homem e o mundo do lar era o da mulher. No Ocidente, como resultado da industrialização, essa divisão ocorreu de maneira enfática. Haveria um pouco dessa divisão em Israel também, com os homens realizando o seu trabalho nos campos, enquanto as mulheres se ocupavam dos afazeres no ambiente doméstico. Contudo, mesmo o envolvimento da mulher nessa atividade seria afetado por gravidez, parto e amamentação. Assim, enquanto a mulher sentiria os efeitos da desobediência humana, de modo mais intenso, no âmbito da família e dos relacionamentos, o homem os sentiria, especialmente, em sua conexão com o plantio e a produção.

Homens e mulheres foram criados para trabalhar, de modo que o trabalho não é resultante do pecado no mundo. Governar a terra e cuidar do jardim teria envolvido trabalho e esforço. Ao fim de um dia de trabalho nesse mundo ideal, imagino que as pessoas sentiriam cansaço. Estranhamente, isso faz parte da satisfação após um dia de labuta. Todavia, agora o trabalho se torna fatigante e árduo de uma forma que Deus não intencionava no princípio. Em Gênesis 1, Deus não abençoa, de modo explícito, o mundo vegetal, mas declara que ele seria frutífero, o que equivale a uma bênção. Agora, como um ato de punição sobre Adão, o solo é explicitamente amaldiçoado. O resultado é muito menos terrível do que o esperado pela maldição. Poder-se-ia esperar que uma maldição sobre o solo significasse improdutividade, mas o que Deus faz é antecipar o resultado de expulsar Adão e Eva do Éden. Fora do jardim, que é dotado de um abundante suprimento de água, a terra produzirá plantas desérticas inúteis, impróprias ao consumo, assim como comestíveis, e o cultivo do solo para encorajar o crescimento de outras plantas consumíveis se tornará um esforço árduo, como jamais pretendido. A terrível verdade é que, mesmo quando tiver trabalhado duro e comido o suficiente, ou mesmo comido fartamente, essa labuta continuará até retornarmos ao solo do qual originariamente fomos moldados. A pessoa humana é submetida a um ciclo natural que envolve o nascimento, o crescimento à maturidade, a senilidade e a morte. A não ser que Deus realize algum milagre, essa é a história embutida na pessoa humana.

Duas breves notas de rodapé à narrativa iluminam um pouco o tom e, então, há uma nota mais longa que, de novo, é sombria. Primeiramente, Adão dá nome a Eva. Esse ato, em si, prossegue a nota sombria, porque dar nome a algo ou alguém é sinal de autoridade sobre o nomeado. Pais dão nome aos filhos. Adão nomeou os animais assim que os viu pela primeira vez; quando Adão pôs os olhos sobre Eva, ele não lhe deu um nome, mas simplesmente a reconheceu: "É isso!" Agora, ele a nomeia. Essa é a primeira expressão de seu governo sobre ela. É possível ter várias reações ao nome que Adão deu a ela. Como o próprio nome de Adão poderia lembrar as pessoas da palavra para solo ou terra, assim também o nome de Eva é similar à palavra para "vivente", o que poderia lembrar as pessoas de que ela devia ser a mãe de todas as pessoas viventes.

É assim mesmo? Toda a humanidade descende de um único casal? Entendo que alguns cientistas não têm qualquer objeção a essa ideia, enquanto há outros que sim. Uma vez mais, devo lembrar que isso é uma parábola. Fora dela poderia não haver a necessidade de toda a humanidade descender de um casal original. Em Romanos 5, Paulo faz uma comparação entre o pecado de Adão, que afeta a todos nós como pecadores, e a morte de Cristo, que afeta a todos como beneficiários da graça de Deus, e as pessoas, por vezes, avaliam que toda a humanidade precisa ser fisicamente dependente de Adão para que esse argumento funcione. Todavia, nem todos descendem fisicamente de Cristo e, dessa forma, o paralelo não exigiria que toda a humanidade fosse descendente de um casal original.

Para Gênesis, o nome de Eva faz soar uma nota positiva e empolgante, ao sugerir o extraordinário privilégio de ser a mãe suprema. Isso, novamente, sugere que, para Gênesis, o ponto importante sobre ser uma mulher é ter filhos, uma ideia refutada por muitas pessoas no Ocidente moderno. Assim, uma vez mais, Gênesis nos força a pensar sobre as nossas atitudes.

Na segunda nota breve, o texto de Gênesis apresenta Deus saindo da máquina de costura. Adão e Eva tinham improvisado, às pressas, algum tipo de vestimenta que apenas cobria as suas partes íntimas. Então, Deus lhes fez "vestes de pele", os primeiros casacos de couro do mundo (presumivelmente de um animal que fora morto para esse fim — talvez até mesmo pele de cobra). Esse é o primeiro exemplo do encontro de Deus com pessoas em seus instintos humanos naturais, nesse caso o desejo de não estarem nus diante do mundo.

A nota de rodapé mais longa retoma o ponto de Deus sobre voltar ao solo. Adão e Eva se tornaram pessoas que tomaram as suas próprias decisões sobre o bom e o mau, o certo e o errado, a fim de ignorar as instruções divinas. Eles têm autonomia humana; ao tomarem do fruto da árvore do conhecimento do bem e do mal, eles declararam a sua independência do Criador. Mas e quanto à outra árvore? Ao que parece, eles não comeram daquela árvore, talvez porque deveriam comer dela apenas quando estivessem prestes a morrer. Supõe-se que eles, agora, comam daquela árvore quando a hora chegar. Surpreende que Deus sinta a necessidade de agir para evitar que façam isso? Ele está apenas sendo mau? Na verdade, haveria algo profundamente perturbador se as pessoas que declararam independência de Deus e insistiram em andar por caminhos próprios pudessem viver eternamente no reino de Deus. Isso comprometeria o mundo. Há um excelente filme, intitulado *Dogma* (também é um filme com cenas fortes, caso tenha um estômago sensível). Dois anjos banidos do céu anseiam retornar. Eles descobrem um portal no dogma da Igreja Católica que lhes permitiria obter o perdão. Contudo, se isso ocorresse sem haver arrependimento, a estrutura do Universo seria destruída e traria um fim a toda a vida, de modo que eles deviam ser impedidos. No fim, a própria morte de Deus e, então, a aparição a um dos anjos conseguem levá-los ao arrependimento.

GÊNESIS **3:23-24**

A EXPULSÃO E SUAS CONSEQUÊNCIAS

[23]Por isso, *Yahweh* Deus o expulsou do jardim do Éden para cultivar o solo do qual havia sido tirado. [24]*Yahweh* Deus baniu o homem e colocou a leste do jardim do Éden querubins e uma espada flamejante, que girava de um lado a outro, para guardar o caminho à arvore da vida.

Certa ocasião, ao caminhar pelo *campus* do seminário, vi um antigo e conhecido aluno, sentado em uma área do pátio com uma expressão de desconsolo. Quando lhe perguntei se estava bem, ele respondeu: "Minha vida descarrilhou." Por causa de uma traição, sua esposa o abandonara, levando os filhos, e não queria mais saber dele.

Logo depois, em sala de aula, discutíamos sobre Gênesis 3, e me ocorreu que a imagem de um descarrilhamento de trem era adequada para descrever as consequências da ação de Adão e Eva. Em tempos recentes, o maquinista de um trem, em Los Angeles, avançou um sinal vermelho, aparentemente enquanto enviava uma mensagem de texto, chocando-se com um trem de carga que vinha na direção oposta. O maquinista morreu, bem como inúmeras pessoas. Um erro pode resultar em consequências desastrosas e irreparáveis para muitas pessoas, além da pessoa que o cometeu.

Adão e Eva precisavam ser expulsos do jardim para garantir que não comessem da árvore da vida na condição em que se encontravam. Na versão de Julia Bolden, Deus expulsa os dois da "casa do Éden", trava as portas, joga fora a chave e coloca barras nas janelas para que eles não possam retornar. Em outras passagens do Antigo Testamento, o querubim é um ser alado, parte animal e parte humano em aparência, tendo como tarefa usual carregar o trono no qual Deus se assenta, a fim de transportar Deus pelo Universo. Havia inúmeras representações de querubins no santuário no deserto e no templo, talvez, pelo menos parcialmente, porque a sua representação era aceitável, enquanto representar Deus era proibido. Somente aqui, no jardim, é que os querubins têm um papel ativo, mas, em outro sentido, também representam Deus. Eles indicam que Deus, em pessoa, bloqueou o acesso ao jardim, guardando-o em nome do Criador.

Assim, a parte final da parábola representa a consciência de que vivemos num mundo que não é paradisíaco. Isso não se deve diretamente à nossa falha individual, mas não podemos descobrir nosso caminho até lá, exceto se Deus nos permitir.

Ainda, isso representa a consciência de que iremos morrer. Na Califórnia, as pessoas gostam de pensar que a morte é voluntária; não é. Felizmente, Deus também iniciará um processo por meio do qual o caminho à vida será reaberto. (Pode-se perguntar por que Deus não enviou Jesus ao fim do capítulo 3 de Gênesis, mas essa é outra daquelas questões para as quais a Bíblia não fornece respostas. Quem sabe era necessário haver um tempo a fim de expor a profundidade do problema e a ausência de outras soluções?)

O evento de Gênesis 3, em geral, é citado como a "Queda". Trata-se de uma expressão estranha. Para começar, eles caíram ou saltaram? Cair é algo que, geralmente, acontece de modo imprevisto; a serpente atravessou o caminho deles para fazê-los tropeçar, mas a decisão de agir daquela maneira coube aos dois.

O Antigo e o Novo Testamentos não usam a palavra "queda" para descrever o que aconteceu. O termo deriva de um livro judaico, do período do Novo Testamento, chamado 2Esdras, que aparece nos textos apócrifos ou deuterocanônicos aceitos por algumas igrejas. *Esdras* é o equivalente latino de Ezra, que aparece no Antigo Testamento. Esdras comenta sobre o fato de que, apesar de ter pecado sozinho, sua "queda" da possibilidade de imortalidade afetou a todos nós (2Esdras 7:118). Isso representa uma implicação-chave de Gênesis 2 e 3. As pessoas precisavam comer da árvore da vida para viver eternamente; a desobediência do primeiro casal significou a perda da possibilidade à imortalidade, e esse ato afetou a todos que vieram posteriormente. Um pouco antes de 2Esdras ser escrito, Paulo, em Romanos 5, expressa o mesmo ponto sem utilizar a palavra "queda".

No entanto, no pensamento cristão, a ideia de uma queda se tornou um tipo de mito que possui um significado mais amplo; por vezes, se coloca do lado da Escritura; em outras, porém, a contraria. Por exemplo, a ideia da queda usualmente implica que os seres humanos foram criados imortais, o que contradiz Gênesis. Isso, em geral, sugere que Adão e Eva originariamente viviam em felicidade e intimidade com Deus e que, como consequência da queda, esse relacionamento com Deus foi quebrado. Contudo, vimos que Gênesis não diz nada específico sobre a vida deles antes de a serpente aparecer em cena, enquanto Gênesis 4 descreve os primeiros seres humanos, após a desobediência, trabalhando juntos, adorando e conversando com Deus. O relacionamento do ser humano com Deus foi afetado pela desobediência, porém não foi descontinuado. Eles não caíram de um estado de êxtase, mas falharam na percepção dessa possibilidade. Os seres humanos foram "destituídos da glória de Deus" (Romanos 3:23).

Ainda, outra ideia da queda subentende que, embora se esperasse que os seres humanos originariamente pudessem obedecer a Deus, após a queda isso já não era mais viável; nascemos em pecado. A implicação é que a queda, de alguma forma, trouxe uma mudança à natureza humana. É verdade que precisamos ser redimidos pela graça de Deus, mas, por um lado, ao lermos Gênesis 3, encontramos as mesmas dinâmicas de tentação e desobediência que nós mesmos vivenciamos. Por outro lado, Gênesis assume que Caim podia obedecer a Deus.

A ideia da queda vem junto com a noção de que vivemos num mundo decaído, e que o mundo original funcionava de forma harmoniosa, sem a ocorrência de terremotos e com leões deitados ao lado de cordeiros. O pecado humano, então, destruiu essa harmonia. Entretanto, Gênesis 3 diz apenas que Deus amaldiçoou a serpente e que o solo, fora daquele jardim abundantemente irrigado, doravante produziria espinhos e cardos, bem como plantas comestíveis.

A desobediência humana (dar ouvidos à serpente em lugar de exercer autoridade sobre ela) significou sujeitar a Criação à futilidade, de modo que ela anseia e geme por sua redenção (Romanos 8:19-22). Gênesis 1, todavia, com sua comissão à humanidade, sugere que isso não significou a ruína de sua perfeição. Considerando que a humanidade foi criada para atingir determinado objetivo, a sua falha significou que ela se desviou desse alvo. Não vivemos num mundo decaído; vivemos num mundo que ainda não alcançou o seu destino.

Falar em termos de queda, portanto, conduz a implicações equivocadas. O problema é que não possuímos nenhuma expressão concisa e conveniente para usar em seu lugar, embora ainda considere ser melhor evitar o seu uso. Não se trata de questionar se algo terrível aconteceu no jardim. De fato, ocorreu. Os primeiros seres humanos decidiram agir de modo oposto ao dito por Deus, um ato que teve um efeito devastador sobre todos os que vieram a seguir. Daí a expressão "pecado original". A ideia da queda pode ser uma boa doutrina, mas a palavra em si não é uma boa maneira de expressá-la.

Fui informado de que há leitores de Gênesis que argumentam o seguinte: "Se a evolução for verdade, não houve Adão e Eva. Se não houve Adão e Eva, não houve queda. Se não houve queda, não precisamos de Jesus para nos salvar." Contudo, esse argumento inverteu as coisas. Na realidade, sabemos que precisamos da salvação por meio de Jesus e reconhecemos a maneira em que Gênesis descreve o nosso dilema como seres humanos. Temos consciência de que não cumprimos a nossa vocação de levar o mundo ao seu destino e servir à terra; reconhecemos que há algo errado com o mundo em sua violência; compreendemos que há algo errado com nossos relacionamentos mútuos, em especial envolvendo homens e mulheres, bem como pais e filhos. Ainda, sabemos que há algo errado com a nossa relação com Deus. Também temos consciência da morte e, assim, sabemos que necessitamos de Jesus para nos salvar. A questão que Gênesis suscita é: Toda essa série de problemas foi embutida na humanidade quando ela veio a existir? A resposta é negativa. Deus não nos criou assim. Houve um ponto em que a humanidade teve que escolher se queria seguir o caminho de Deus e optou por não segui-lo. A história de Adão e Eva nos fornece um relato dessa escolha, em forma de parábola. Eles ignoraram o sinal vermelho e descarrilharam o trem. Deus trouxe os primeiros seres humanos à existência com sua vocação, e eles se afastaram dela. Isso é verdadeiro, quer você acredite quer não que a teoria da evolução nos ajuda a compreender como Deus os trouxe à vida.

GÊNESIS **4:1-5A**

A PRIMEIRA FAMÍLIA, O PRIMEIRO CULTO, E A PRIMEIRA ACEITAÇÃO E A PRIMEIRA REJEIÇÃO

[1]Então, o homem dormiu com sua mulher, Eva; ela ficou grávida e deu à luz Caim. Ela disse: "Adquiri alguém com *Yahweh*." [2]Ela voltou a dar à luz ao seu irmão, Abel. Abel se tornou alguém que cuidava de ovelhas, enquanto Caim se tornou alguém que cultivava a terra. [3]Passado algum tempo, Caim trouxe alguns frutos da terra como oferta a *Yahweh*, [4]enquanto Abel também trouxe alguns dos primogênitos de suas ovelhas e algumas partes gordas. *Yahweh* teve consideração com Abel e sua oferta, [5a]mas com Caim e sua oferta *Yahweh* não teve consideração.

Certa época, passei por um longo período de tempo (muitos anos, creio) no qual Deus não parecia muito real. Eu não duvidava exatamente de que Deus estivesse lá; apenas não *sentia* a presença dele. Na maior parte do tempo, não dei muita importância; era apenas uma daquelas fases, e talvez considerasse que não iria durar muito (e não durou). O mais difícil era lidar com esse sentimento durante o culto, em particular durante o nosso principal culto semanal na capela do seminário. Lá parecia que outras pessoas estavam vivenciando grandes experiências religiosas. Elas sabiam que Deus estava lá, tudo bem. O que eu sentia? Nada. Seria um exagero chamar esse período de "a noite escura da alma", a frase cunhada pelo escritor espiritual espanhol João da Cruz. Mas havia algumas dinâmicas dessa experiência, em especial na maneira com que ela testa você e revela se a sua relação com Deus é apenas em prol daquilo que pode obter dela.

A primeira narrativa, após o relato da desobediência de Adão e Eva, levanta essas questões. Primeiro, ela relata como Adão e Eva começaram a cumprir a comissão de povoar a terra. Não há grande ênfase na relação sexual que levou a isso; Gênesis a descreve de uma forma muito prática: literalmente, Adão "conheceu" Eva. Não há nada profundo com respeito a essa expressão; ela é usada tanto para encontros sexuais casuais quanto para momentos que evocam sentimentos românticos. O interesse da história não reside nesse ato, mas no que resultou dele, a gravidez e o nascimento, bem como o que Eva tinha a dizer sobre isso. Como o seu próprio nome e o de Adão, o nome de "Caim" é sugestivo, pois lembraria as pessoas de um verbo que significa "obter" ou "produzir". Desse modo, Eva comenta o fato de ela ter "adquirido Caim"; aliás, ela o adquiriu "com" Deus.

Num sentido, todo bebê é nascido "com Deus", porque ele está envolvido na concepção de uma mulher. Gênesis apresenta muitas histórias de mulheres com dificuldades de engravidar, e esse processo não é automático. Deus também está presente com Eva no nascimento de seu filho;

um parto em segurança não pode ser assegurado. O Antigo Testamento, por exemplo, fala de Raquel morrendo no parto. Apenas alguns versículos antes Deus afirmou: "Multiplicarei o seu sofrimento em conexão com a gravidez. Em dor você terá filhos." Até aqui, as coisas têm se revelado muito menos sombrias do que Deus disse. Como quase sempre acontece, as ameaças divinas são piores que as suas ações, como aquela sobre os pais humanos. Além disso, as palavras de Eva sugerem uma consciência de que a desobediência, que trouxe um cataclisma sobre ela e Adão, não os separou de Deus. Ambos estão fora do jardim do Éden agora, mas Deus está ativo fora do jardim tanto quanto dentro dele.

Eva tem um segundo filho, de nome Abel. Até agora, todos os nomes em Gênesis são significantes: Adão vem de *adamah*; Eva é a mãe de todos os "viventes"; Caim é alguém "adquirido" por Eva com Deus. E Eva comentará sobre o nome de seu terceiro filho, em Gênesis 4:25. Assim, chama a atenção o fato de ela não tecer qualquer comentário sobre o segundo filho. Seu silêncio é eloquente. Ao ouvirem a história, as pessoas identificariam esse nome como uma palavra comum, pois significa uma lufada de vento e, portanto, algo inconsistente, frágil. O termo aparece, mais amiúde, no livro de Eclesiastes, a fim de descrever a vaidade de toda empreitada e realização humanas. Não há nada nisso, e o vento leva. Talvez exista uma explicação lógica para dar um nome como esse a alguém (uma das línguas irmãs do hebraico possui uma palavra similar cujo significado é "filho" e, talvez para Eva e os ouvintes da história, esse não seria um nome estranho). Mas Abel, decerto, acaba por ser tão evanescente quanto uma lufada de vento.

Ao crescerem, Caim e Abel assumem duas funções fundamentais na vida de uma pequena propriedade rural, que precisa de alguém para pastorear os animais e de outro para cuidar das colheitas. Como adultos e de modo instintivo, ambos querem prestar culto; Gênesis simplesmente assume isso como algo natural a ser feito pelo ser humano. Assim, eles trazem ofertas a Deus. Não precisamos ser instruídos a dar presentes uns aos outros como expressão de nosso amor, apreciação e gratidão, e os primeiros humanos também não precisaram de instrução para ofertar a Deus nessa conexão. Era algo óbvio.

Os leitores cristãos tendem a presumir que a questão crucial sobre ofertas é fazer expiação por alguma transgressão, por ser esta a ênfase dominante com relação ao sacrifício no Novo Testamento. Mas o texto neotestamentário também utiliza outros aspectos do significado de sacrifício: por exemplo, é uma expressão de entrega a Deus (Romanos 12:1-2; 15:15-16). No Antigo Testamento, o sacrifício pode ter inúmeros significados como forma de entregar algo a Deus. Pode ser expressão de penitência, mas, com mais frequência, expressa adoração, compromisso ou gratidão. Em todas essas conexões, o sacrifício torna a adoração concreta e exterior, não apenas como algo em nosso coração. Além disso, o sacrifício assegura que a adoração tenha um custo pessoal (2Samuel 24:24). Por isso, Caim e Abel apresentaram ofertas a Deus. Talvez, fossem expressões de gratidão por Deus frutificar o trabalho de ambos.

Cada jovem, como presumimos que era, oferece algo do fruto de seu próprio esforço. Caim oferece produtos do que ele cultivou, os resultados de ser um servo do solo. Por seu turno, Abel oferece algumas das primícias de seus rebanhos, o que é arriscado, se ele o faz não muito tempo depois das crias terem nascido. Ao final do ano, não há problema em contabilizar como foi o período e, então, ver se pode dizimar, assim como não há em verificar quantos cordeiros as suas ovelhas produziram ao longo de alguns anos e, então, decidir se é possível dar uma das crias a Deus. Abel deu as primícias, tal como *mais tarde* será exigido de Israel pela **Torá**. Ao que parece, ele o faz de modo instintivo, pois é o óbvio a ser feito. Além do mais, Abel dá as partes gordas dos animais, o que, novamente, corresponde às demandas da Torá quanto ao sacrifício israelita.

Deus olha com favor para a oferta de Abel, mas não para a de Caim. Não sabemos como eles souberam disso (apenas aqui é que essa expressão é usada com relação a Deus em todo o Antigo Testamento). Talvez Deus tenha, na sequência, abençoado com crescimento os rebanhos de Abel, enquanto a colheita de Caim foi ruim. O fato é que, de alguma forma, eles sabiam. Igualmente, não sabemos por que Deus favoreceu a Abel, não a Caim. Supõe-se que, como a Torá irá exigir de um pastor como Abel os primogênitos de seus rebanhos, também exigirá de um lavrador, como Caim, as primícias de suas colheitas. Gênesis não diz que Caim ofereceu das suas primícias, mas isso não implica que a oferta de Abel era melhor que a de Caim. Qual a razão do ocorrido? Era Abel mais comprometido com Deus? Ou ele estava tentando superar o seu irmão mais velho? Hebreus 11 declara que Abel fez a sua oferta pela fé porque preocupava-se em dar às pessoas exemplos de fé; uma vez mais, o Novo Testamento enfatiza o seu próprio ponto em vez de (necessariamente) refletir o significado do Antigo. Considerando os fatos posteriores, parte do ponto dessa história é que Deus não indica o que estava errado com a oferta de Caim ou o que estava certo na de Abel. Isso é o que suscita questões para Caim e para nós, que temos experiências similares de não conseguir entender por que Deus abençoa outras pessoas em detrimento de nós, ou a razão de Deus parecer mais real a outras pessoas do que a nós.

GÊNESIS 4:5B-9
POR QUE ISSO ACONTECEU COMIGO?

[5b]Caim ficou muito irritado e teve um acesso de raiva. [6]*Yahweh* disse a Caim: “Por que isso irritou você? Por que teve um acesso de raiva? [7]Acaso, se você agir bem, não haverá exaltação? Todavia, se não agir bem, o pecado espreita à porta. Sobre você será o desejo dele, mas você — você deve dominá-lo.”

[8]Caim disse a seu irmão, Abel: “Vamos caminhar no campo.” E, quando lá estavam, Caim atacou seu irmão, Abel, e o matou. [9]*Yahweh* perguntou a Caim: “Onde está seu irmão, Abel?” Ele respondeu, “Não sei — sou eu quem cuida de meu irmão?”

Eu conversava com uma mulher que estava muito zangada com Deus, e sua ira era estranhamente desfocada. Ela era uma dona de casa à moda antiga, fiel a seu marido. Por seu turno, até onde ela sabia, ele também lhe era fiel, mas o marido tinha interesse apenas no trabalho ou, quem sabe, o trabalho é que consumia toda a sua energia. Ele chegava em casa sem nada para oferecer a ela. Os dois filhos do casal já tinham saído de casa para estudar, sendo jovens excelentes, mas também demonstravam pouco interesse pela mãe. Ela tinha um emprego de meio período, mas o considerava entediante. Sua vida parecia não ter sentido algum. Havia feito o melhor possível, mas tudo parecia vazio (como o nome de Abel, na verdade). Por isso, ela estava com raiva de Deus, sem vontade de olhar para Deus ou falar com ele.

Pode parecer que Caim tivesse uma boa e concreta razão para ficar zangado, para se enfurecer e não querer olhar para Deus. Literalmente, o “seu semblante caiu”, mas essa expressão idiomática sugere que ele se entristeceu, enquanto o contexto indica algo como virar deliberadamente o rosto por não querer se relacionar com Deus (é a única vez que a Escritura usa essa expressão). Contudo, Deus não aceitará isso e começa a fazer perguntas, como fizera com Adão e Eva. Nessa ocasião, entretanto, Deus não parece dar a Caim a chance de articular a sua resposta. É o tipo de "Por quê?" que significa "Pare!"

Se Caim tivesse escolhido falar, ele próprio, certamente, teria desejado saber a razão, assim como nós, quando algo perturbador acontece. Contudo, Deus também antecipou a razão. Quando as pessoas querem saber o motivo, desse modo, quase sempre não obtêm resposta, mesmo quando há uma. Por trás do sofrimento de Jó, havia uma história que podia ter explicado a razão, mas Deus nada lhe revela; Deus faz que ele aprenda a viver sem saber por quê. Quando perguntaram a Jesus por que um homem havia nascido cego, ou por que uma torre tinha desmoronado e matado alguns homens, ele não oferece uma opinião. Ele está interessado apenas no que acontece agora. O homem ser cego de nascença significa que Deus será glorificado por meio de sua cura; a queda da torre significa que seria melhor para os ouvintes de Jesus se arrependerem antes que algo semelhante lhes ocorra.

Aqui também Deus não está interessado no que aconteceu para o sacrifício de Abel ser aceito e o de Caim ser rejeitado. O interesse divino está no que Caim faz agora, como ele lida com a experiência de ver seu irmão mais novo ser abençoado e ele não. Talvez Deus queira dizer que Caim não "agiu bem", não "fez o bem", mas, se for assim, o fato de Deus não explicar o que "agir bem" ou "fazer o bem" envolve o torna ainda mais notável. Pode ser que Deus esteja falando sobre Caim "agir bem" em reação à sua experiência de decepção. Seja qual for o caso, quando Caim agir bem, haverá "exaltação" em vez de "queda"; ele será capaz e desejoso de elevar o semblante e olhar Deus de frente, como pessoas em um relacionamento saudável.

Por outro lado, se agir mal, "o pecado espreita à porta". De novo, ele está na mesma posição que sua mãe. Uma serpente estava à espera de Eva quando ela nada tinha feito para merecer isso. Se Caim não souber lidar com a frustração e a ira, decerto encontrará uma serpente metafórica, deitada à porta, aguardando por sua saída. É estranho que a palavra "pecado" não seja usada em Gênesis 3, quando presumimos que o pecado entrou na história humana. No relato de Gênesis, o pecado faz a sua entrada no capítulo 4, após Caim vivenciar a rejeição de seu sacrifício por Deus. Eis como Gênesis nos introduz ao primeiro dos termos-chave do Antigo Testamento para transgressão. Em seus ocasionais usos não religiosos, no Antigo Testamento o verbo "pecar" representa errar um alvo que deveria ser atingido, mas no qual, talvez, nem mesmo se tenha mirado. Isso sugere uma falha deliberada, para a qual não há desculpas.

Deus prossegue falando para gerar irônicas ligações com a história da mãe de Caim. "Sobre você será o desejo dele, mas você — você deve dominá-lo." Essas palavras traçam um paralelo com as palavras ditas por Deus a Eva após a sua desobediência, embora sejam diferentes em significado. Por implicação, a serpente nutria um desejo por Adão e Eva, um estranho desejo de fazê-los tropeçar. Mesmo dentro do jardim, eles tiveram que enfrentar a tentação e falharam. Quais as chances de Caim fora do jardim? Não obstante, Deus dá a entender que tanto faz estar dentro ou fora do jardim. Isso não significa estar fora do alcance de Deus; ele está lá, em contato com Caim, encorajando-o. "Vamos", Deus diz. "Você consegue. Você tem que fazer." No entanto, assim como sua mãe e seu pai, Caim não está escutando.

Minha sogra costumava falar com os personagens na televisão. Ela percebia quando alguém estava prestes a fazer algo estúpido e gritava: "Não faça isso!" Claro que eles nunca deram ouvidos a ela. O roteiro já predeterminava o que deveriam fazer. Com os seres humanos, parece haver uma inevitável similaridade com algumas coisas que fazemos, apesar de saber que somos os agentes; nós tomamos as decisões. Certa ocasião, eu descrevia a um terapeuta como havia cometido um erro, dizendo-lhe: "Eu sabia que isso iria acontecer; então, permiti que acontecesse." O terapeuta interveio e me pediu para decifrar o significado daquilo. Não estou certo se havia algo mais que pudesse ter dito; foi como me pareceu na época. Por vezes, não conseguimos entender as nossas próprias ações. Pensando nisso agora, me pergunto se quis dizer que, em meu inconsciente, já tinha decidido fazer aquilo. Fazemos coisas que, num mundo ideal, não queremos fazer e falhamos em fazer as coisas que queremos. É como se o pecado não estivesse apenas à espreita, do lado de fora da porta, mas vivendo dentro de nós. Podemos ter o desejo de agir bem, mas não o poder de fazê-lo (veja Romanos 7). Não obstante, sabemos que não há desculpa. Assim sucedeu com Caim. Deus disse que ele devia ter controle sobre isso, mas algo o impediu disso.

Caim pergunta a Abel se ele gostaria de sair para uma caminhada no campo. É o tipo de coisa que irmãos fazem, e Abel não suspeita de nada. Talvez Caim tenha escondido a sua ira e inveja, ou Abel não as tenha percebido, ou, ainda, haja visto na caminhada uma oportunidade de eles conversarem a respeito. Ocorre que a caminhada passa a ser longe, no campo. A conversa se transforma em discussão; a discussão, em luta; a luta, em assassinato. Creio que Caim, conscientemente, jamais teve a intenção de matar o irmão, mas o pecado estava à espreita, enquanto eles se distanciavam de casa.

Dois jovens saem para uma caminhada, mas somente um deles retorna. "Onde está o seu irmão?" Esta é uma pergunta diferente daquela feita por Deus aos pais de Caim, mas igualmente pesarosa, em comparação com: "Onde está você?" e

"O que é que você fez?" Como essas, a pergunta a Caim pode ser retórica ou pode indicar que Deus deixou os jovens saírem por conta própria. De todo modo, Deus está novamente procurando dialogar, buscando trabalhar dentro do contexto de um relacionamento pessoal, como o de um pai e seus filhos.

"Onde está o seu irmão?" Por quatro vezes em quatro versículos, Abel é descrito como "seu irmão" ou "meu irmão". Isso enfatiza a natureza horrível da transgressão, embora também seja um lembrete de que a família é um lugar regular de violência (estatísticas recentes mostraram que 22% dos assassinatos, nos Estados Unidos, foram cometidos contra familiares). Caim deu uma resposta inteligente: "Desculpe-me. Mas você falou sobre cuidar do solo. Eu tenho feito isso, não tenho? Eu lhe trouxe o fruto da colheita, não trouxe? Você não disse nada sobre cuidar de meu irmão. Eu pensei que *você* fosse o responsável por cuidar das pessoas." Trata-se de uma resposta atrevida, mais que a de sua mãe. Por um lado, não poderia haver transgressão mais devastadora que a de Eva, pois envolveu ignorar a única restrição imposta por Deus, mas, por outro, a transgressão de Caim é mais terrível. A mãe tomara um fruto que não lhe pertencia; o filho havia matado outro ser humano. O pecado deu um grande salto à frente.

GÊNESIS **4:10-13**
O CLAMOR DO SANGUE

[10]Ele disse: "O que você fez? Ouça! O sangue derramado de seu irmão clama a mim da terra. [11]Agora, você é amaldiçoado, distante da terra que abriu a boca para receber, da sua mão, o sangue derramado de seu irmão. [12]Quando cultivar o solo, este não lhe dará mais da sua força. Um nômade errante será na terra." [13]Caim disse a *Yahweh*: "Minha inconstância é grande demais para suportar."

Escrevo na semana seguinte aos ataques e bombardeios em Mumbai, que vitimaram centenas de pessoas. "Este é o nosso Onze de Setembro", repetiam os indianos. Eles não queriam meramente dizer que esses ataques foram em escala ampla e selvagem, perpetrados com uma sofisticação sem precedentes, focando um alvo icônico, símbolo da riqueza e importância financeira do país, ameaçando a paz entre a Índia e outros povos com os quais o país necessita manter relações pacíficas. O que os indianos queriam dizer é que desejavam ver uma reação similar à resposta norte-americana aos ataques do Onze de Setembro. Alguns dias após esse episódio terrível, o presidente George W. Bush, em discurso ao Congresso dos Estados Unidos, declarou: "Seja trazendo nossos inimigos à justiça, seja levando justiça aos nossos inimigos, a justiça será feita." Nesse contexto, justiça significava vingança. E os indianos desejavam que houvesse justiça. Eles pareciam não se intimidar com problemas similares que eventualmente poderiam surgir com respeito à justiça resultante daquela ação decisiva após o Onze de Setembro, no Iraque e na baía de Guantânamo. Eles não se sentiam intimidados porque o solo estava clamando pelo sangue de seus irmãos e irmãs. Isso sobrepuja tanto a lógica quanto a justiça, no sentido usado pelo Antigo Testamento da palavra "justiça".

Existem, portanto, variados níveis de angústia sobre a pergunta feita por Deus: "O que você fez?" Praticamente, isso repete o que sucedeu entre Deus e a mãe de Caim. Tal mãe, tal filho. Ele falhou em resistir à criatura que espreitava à sua porta. Contudo, mais tarde, ao ser derramado no solo, o sangue de Abel começou a clamar em alta voz, como o sangue nas Torres Gêmeas ou no Hotel Taj. O verbo *clamar*, que faz aqui a sua primeira aparição, se mostrará muito relevante no Antigo Testamento. A razão de Deus agir contra Sodoma e

Gomorra é o clamor dos oprimidos, que sobe e alcança Deus nos céus. O motivo de Deus agir para libertar os israelitas do Egito é ele ouvir o lamento do povo debaixo de intensa opressão. O clamor de Abel é o primeiro desses clamores.

Especificamente, o sangue de Abel clama a Deus. Hebreus 12:24 comenta que o sangue de Jesus expressa uma palavra melhor que a do sangue de Abel. Sim, de fato. O sangue de Abel roga por reparação, enquanto o sangue de Jesus roga por perdão. Não obstante, Jesus considera que o sangue de Abel não pode simplesmente ser ignorado. Ele adverte os teólogos e outros líderes espirituais de sua época que algo deverá ser feito sobre todo o sangue que tem sido derramado do corpo de pessoas inocentes, começando com o sangue de Abel, e que precisam estar cientes de que sobre eles recairá o pagamento por isso (Mateus 23:35). Ou você permite que o sangue de Jesus rogue por você, ou paga pelo sangue que derramou, direta ou indiretamente.

De modo esperado, a reação de Jesus é comparável com a de Deus. O derramar de sangue exige reconhecimento e reparação, embora Jesus e Deus estejam empenhados em evitar a lógica inexorável dessa demanda. No devido tempo, Jesus opera o impossível, tornando-se aquele que oferece reparação em lugar dos que devem fazer isso. Ele, assim, encarna a posição que Deus assume ao longo de todo o Antigo Testamento. Deus não afirma que matar alguém significa que você deve ser morto, mas, por outro lado, também não diz que esse ato pode ser simplesmente negligenciado. Na realidade, enquanto a maldição sobre a serpente e o solo não caiu diretamente sobre Adão e Eva, dessa vez ela recai sobre o ser humano envolvido na transgressão.

Uma vez mais, as palavras de Deus a Caim são comparáveis às palavras divinas em relação à desobediência de sua mãe, embora, nesse caso, sejam similares às palavras ditas à serpente. Não há menção sobre a possibilidade de Caim ser executado. Talvez Gênesis presuma que matar Caim pelo assassinato de Abel não levaria a lugar algum, resultando apenas em mais sangue derramado. A única maneira de lidar com a situação é banir Caim. Assim como a serpente foi amaldiçoada e lançada para longe do mundo animal, igualmente Caim é amaldiçoado e expulso da terra. Com efeito, deve ser assim, Deus argumenta. O sangue de Abel penetrou no solo, e dele sobe o seu clamor. Como poderia Caim agora cultivar o solo e cuidar dele? O solo se recusaria a produzir para Caim ou, pelo menos, se recusaria a dar o melhor. O solo se retrairia e prosseguiria clamando, desejando não ser cultivado ou cuidado por ele.

Gênesis assume que tudo no mundo está conectado. Quando alguém age errado, esse não é um ato isolado que pode ser corrigido por uma transação, como o pagamento de uma multa ou o cumprimento de uma sentença (ou seja, aceite a punição e sua ficha ficará limpa). Um ato contra outra pessoa afetou o mundo. O próprio solo sabe disso. Pode ser que isso lance luz sobre o nosso próprio relacionamento com o mundo, onde a natureza parece ter voz própria, protestando contra a maneira com que a tratamos, seja pela mineração, seja pela perfuração, seja pela extração, seja por queimadas. Talvez a terra clame a Deus, e a ação divina cairá sobre nós.

Em nosso mundo, é difícil entrar nas implicações de ser expulso da terra. Todavia, cultivar e cuidar do solo era um papel simples para o qual a humanidade foi criada. Assim, Caim é informado de que não poderá cumprir a única vocação imaginável para um ser humano. Além disso, ele não será capaz de produzir o que necessita para subsistir. Todavia, o ponto direto de Deus é que Caim é lançado para longe da sociedade humana, que foca essa vocação em relação à terra. Ele se tornará um nômade errante.

Possuímos sentimentos ambivalentes quanto ao nômade, ao maltrapilho, ao andarilho, cujo lar é a estrada. Pode parecer sedutor viver livre de amarras e obrigações, hipotecas e prazos, embora possa parecer inumano não ter raízes ou compromissos, sem uma comunhão ou relação contínua. Para Caim, não há ambiguidade. Um nômade ou andarilho é alguém errante, vagando sem rumo como uma pessoa fugitiva. Para ele, isso significará depender do que puder roubar, furtar ou mendigar para permanecer vivo. A **Torá** enfatizará a importância de acolher e cuidar do estrangeiro ou hóspede, pessoas exiladas de suas casas. Contudo, Caim não é chamado de estrangeiro ou hóspede, bem como nenhuma razão é dada para que as pessoas sintam qualquer obrigação moral a seu respeito.

Em desalentada resposta, Caim nos introduz a outra das imagens-chave do Antigo Testamento para transgressão. Como *pecado*, o verbo relacionado a "inconstância" é ocasionalmente usado de formas não religiosas que sugerem oscilações quando usado em um contexto religioso. O termo implica algo torto, em especial uma estrada cheia de curvas e mudanças de direção, não porque seja assim por natureza, mas porque as pessoas assim a fizeram em vez de a construírem reta. Para um britânico, uma coisa estranha, porém clara, sobre a área de Los Angeles é que, quando possível, as ruas são todas retas, seguindo por quilômetros, perfeitamente lineares. No Reino Unido, as estradas são, em geral, sinuosas, sem uma razão aparente. Caim distorceu, desvirtuou o seu caminho; ele tem ciência disso e reconhece que as consequências são pesadas demais para que as suporte. Ele não fala sobre sua punição ser maior do que consegue suportar no sentido emocional, mas sobre a natureza objetivamente esmagadora disso. Ele será morto.

A inconstância deve ser carregada por alguém, seja pela pessoa inconstante, seja por alguém mais. "Carregar" a inconstância ou o pecado é uma imagem padrão do Antigo Testamento. O verbo é, na maioria das vezes, traduzido por "perdoar". Quando você perdoa alguém, carrega a transgressão dela. Isso é o que Deus faz ao perdoar o pecado de Israel repetidas vezes. Deus o carrega. E o sentido pelo qual o sangue de Jesus expressa uma palavra melhor que o sangue de Abel é que Cristo carrega a nossa transgressão em nome de Deus. Ao reconhecer a incapacidade de suportar a sua própria inconstância, pois ela irá matá-lo, Caim expressa a situação difícil na qual toda a humanidade vive.

GÊNESIS **4:14-17**
O SINAL DE CAIM

[14] "Sim, tu me expulsas hoje da face da terra, e da tua face tenho que me esconder, e devo ser um andarilho, errante pelo mundo — e qualquer um que me encontrar pode me matar." [15]Mas *Yahweh* lhe disse: "Então, qualquer um que matar Caim será punido sete vezes mais." E *Yahweh* colocou um sinal em Caim, para que ninguém que viesse a encontrá-lo o atingisse. [16]Assim, Caim retirou-se da face de *Yahweh*, indo viver na Terra do Exílio, a leste do Éden.

[17]Caim dormiu com sua mulher, ela engravidou e deu à luz Enoque. Caim construiu uma cidade, à qual deu o nome de seu filho, Enoque.

Uma vez por mês, nossa igreja comparece a um abrigo local, destinado aos moradores de rua, para fazer o jantar dos residentes. O termo "abrigo" pode dar uma falsa impressão. Antes de conhecer aquele lugar, eu imaginava algo provisório, como as tendas nas quais Israel viveu, durante sua jornada do Egito para a terra prometida. O abrigo que visitamos é agradável e moderno, e (se assim posso afirmar) preparamos um excelente jantar. Todavia, numa dessas semanas, um dos abrigados disse: "Este é um lar para todos nós, mas nenhum de nós se sente em casa aqui."

Eis como doravante será para Caim. Como ele, há muitas pessoas, mesmo que tenham lares permanentes. Pode ser que Caim represente a humanidade com respeito ao seu lugar no mundo — de uma forma positiva ou negativa. Somos sem-teto, mas protegidos.

Como ser humano, Caim fora designado a viver em relação com o solo e com Deus. Ele devia olhar para a face da terra, assim como devia olhar para a face de Deus. Mas, agora, o solo não deseja ter nenhuma relação com ele por causa do sangue de Abel por ele derramado; é como se aquele sangue tivesse penetrado e se espalhado por toda a superfície do mundo. Caim está certo quanto a isso. Em complemento, diz que precisa se esconder da face de Deus.

Uma vez mais, Caim repete a ação de seus pais, que, instintivamente, se esconderam do Criador. Deus nada havia dito sobre isso a eles ou a Caim. A compulsão de se esconder vem de seu íntimo. Ele não é capaz de encarar Deus. Se ele tivesse um orientador espiritual, essa pessoa talvez sugerisse a possibilidade de ele tentar estabelecer um novo começo com Deus (e, quem sabe, um recomeço com o solo; talvez Deus pudesse dissolver a mancha de sangue sobre o solo). Caim reconheceu a sua inconstância, mas esse reconhecimento assemelha-se mais ao remorso do que ao arrependimento, assim como seus pais estavam mais preocupados em culpar outra pessoa do que em aceitar a própria responsabilidade pela ação deles.

A sua preocupação é, portanto, com a própria vulnerabilidade às demais pessoas que a sua inconstância e seu desabrigo lhe trarão. Pessoas que vivem com sua família contam com o cuidado e proteção dos familiares. Há certa ironia na presunção implícita de Caim, já que isso não fora muito positivo para Abel, Caim parece não ter a visão de que irmãos devem cuidar uns dos outros. Em algum nível, ele sabe que é assim que a vida deve funcionar, mas esse arranjo, portanto, não oferece qualquer proteção a uma pessoa sem família.

Deus não contesta a suposição de Caim de que ele deve se esconder. Deus o encontra onde ele está, preocupado com a consequência dessa necessidade. A graça de Deus, com relação a Adão e Eva, assumiu a forma das roupas que lhes providenciou, porque sentiu que eles precisavam delas. Quanto a Caim, a graça divina assumiu a forma da garantia de proteção, porque Deus sentiu a necessidade dele.

Alguém pode se surpreender pelo fato de a punição pelo assassinato de Abel não ser a execução, bem como pelo fato de a consequência em relação a matar Caim também não ser a morte. Não é possível executar um assassino sete vezes; punir sete vez mais é uma expressão poética. Não obstante, ainda que essa punição não envolva execução, Caim se vê prestes a experimentar uma reparação pesada demais para suportar, e o mesmo ocorrerá a quem matá-lo. O sinal com o qual Deus protege o assassino talvez fosse um tipo de marca, mostrando que aquela pessoa pertencia a Deus. O sinal será uma advertência para não prejudicá-lo, pois é protegido de Deus.

Nas traduções tradicionais, Caim agora se retira para a terra de Node. Quando eu era criança, na hora de dormir, meu pai repetia: "Vamos, hora da terra de Node." Isso sugeria entrar debaixo das cobertas e divagar até adormecer. Na realidade, *Node* é uma palavra hebraica que significa exílio ou peregrinação, mas com um sentido mais sinistro. É uma terra onde não há ninguém em casa. De fato, é "Terra de Ninguém".

No relato, a primeira coisa que Adão faz, após ser expulso do Éden, é ter relações sexuais e procriar. De igual sorte, a primeira coisa que Caim faz, após ser exilado, é ter relações sexuais e procriar. A sequência é repetida, uma vez mais, ao final do capítulo 4. O sexo é um grande meio de esquecer as pressões da vida por um breve período, uma grande forma de escape. E ter filhos é uma excelente fonte de bem-estar, mesmo trazendo o tipo de dor sobre a qual Deus advertiu Eva, bem como aquela que ela e Adão sentiram ao vivenciar os eventos narrados nesse capítulo.

Nomear uma cidade com o nome de seu filho faria qualquer um se sentir ainda melhor. Ao mesmo tempo, o fato de Caim começar uma família é um discreto sinal de que o propósito de Deus para o mundo não tinha descarrilhado por completo. Deus desejava que a humanidade preenchesse a terra; paradoxalmente, Caim ter sido forçado ao exílio em uma região distante, a leste do Éden, e então ter começado uma família lá, contribui ainda mais para o cumprimento da intenção de Deus. O nome Enoque assemelha-se a palavras para "iniciado" e "dedicado", sendo, mais literalmente, *Hanok*, relacionado ao nome do festival judaico Hanucá ou Chanucá, que comemora a rededicação do templo.

A construção de uma cidade por Caim contribui para o estabelecimento do propósito divino? O Antigo Testamento parece ambíguo quanto à cidade, assim como, talvez, nós mesmos. O projeto de Deus começa em um jardim porque as pessoas precisam produzir alimentos. A cidade começa como um lugar onde se tenta fazer a vida funcionar quando não se vive na presença de Deus. É um local tanto de segurança quanto de perigo, onde coisas criativas podem ocorrer e onde as pessoas vivem distantes da terra. Pode manter uma relação construtiva de interdependência com a terra ou de opressiva exploração dela. O projeto de Deus começa em um jardim, e a ideia de Davi é manter o foco do povo de Israel sobre uma cidade. Todavia, Deus adota essa noção com tanto entusiasmo que ambos, o Antigo e o Novo Testamentos, adotam a cidade como o meio de retratar a consumação do propósito de Deus em uma Jerusalém renovada.

De onde veio a mulher de Caim? O relato traz inúmeras indicações de que, além das vidas de Adão, Eva e seus dois filhos, há muito mais coisas acontecendo no mundo, ao tempo de Caim, do que se pode perceber. Existem muitas outras pessoas, conhecidas de Caim, que poderiam matá-lo. Há pessoas suficientes para viver em uma cidade, bem como há outras famílias nas quais Caim poderia ter encontrado uma esposa. Gênesis não espera que consideremos tão literalmente a descrição de Eva como mãe de todos os viventes. Relembro, uma vez mais, que estamos diante de textos semelhantes a parábolas. Até certo ponto, eles discorrem sobre eventos históricos. Deus trouxe à existência os primeiros seres humanos, designando-os a viverem em família e cuidar da terra. Concedeu-lhes liberdade em abundância, bem como restrições que eles deveriam aceitar, e permitiu que tentações os atacassem. Os seres humanos ignoraram as restrições e se renderam às tentações. Suas ações afetaram todos os que vieram após eles, e seus relacionamentos entre si e com o mundo foram distorcidos. Assim, embora Gênesis veja a verdade sobre a humanidade em termos históricos, a fim de contar essa narrativa histórico-teológica, Deus inspirou o seu autor a usar (entre outras coisas) relatos culturalmente familiares e tecê-los em uma sequência. Contudo, não é o tipo de sequência que se preocupa em ter arestas polidas. O autor não indicou continuístas para evitar que o filme tivesse inconsistências de narrativa. Essa preocupação faz errar o alvo. Repetindo, as parábolas não precisam ter um encaixe perfeito.

GÊNESIS 4:18-22

BIGAMIA, MÚSICA, TECNOLOGIA, ASSASSINATO

[18]A Enoque nasceu Irade, Irade gerou Meujael, Meujael gerou a Metusael, Metusael gerou a Lameque. [19]Lameque tomou para si duas mulheres; o nome de uma era Ada, e o nome da outra era Zilá. [20]Ada deu à luz Jabal; ele foi o antepassado de todos os que vivem em tendas e criam rebanhos. [21]O nome de seu irmão era Jubal; ele foi o antepassado de todos os que tocam lira ou flauta. [22]Zilá também deu à luz Tubalcaim, ferreiro de tudo em bronze e ferro. A irmã de Tubalcaim era Naamá.

Algumas semanas atrás, minha esposa e eu estávamos em um restaurante italiano e também clube de *jazz*, ouvindo *jazz* ou *blues*, quando uma mulher nos abordou. Dizia ser enfermeira e que estava contente por ver que eu havia levado Ann lá, silenciosa e imóvel em sua cadeira de rodas. Então, repliquei: "Sim, a música alcança lugares impossíveis a outras coisas", como, claro, a enfermeira pressupôs. Em outro clube, na noite passada, outra mulher se aproximou de nós, perguntou sobre Ann e inclinou-se para abraçá-la. A seguir, disse: "Você se revela um egoísta, ao mantê-la aqui. Ela quer ir embora. Posso afirmar. Sou sensitiva, mesmo quando bebo um *pouco* mais" (eu seria capaz de atestar essa condição). Imagino que ela quis dizer que eu era egoísta por manter Ann viva, não por mantê-la no concerto em vez de levá-la para casa. Contudo, ambas podem ser verdadeiras, porque em mim também a música alcança lugares que outras coisas não conseguem. Ela me mantém seguindo em frente. Isso tem ligação com essa passagem em Gênesis 4, bem como há uma conexão com o fato de, nessa noite, haver no bolso da cadeira de rodas de Ann um par de ferramentas, emprestadas por um amigo, que eu iria usar, mais tarde, para desmontar parte da cadeira de rodas e eliminar um incômodo rangido. Em Gênesis, instrumentos musicais e ferramentas de metal estavam entre as primeiras invenções na história humana.

Contudo, antes, há outra série de nascimentos. O mais estranho sobre os quatro primeiros é que são nascimentos sem menção às mães, e todos são meninos. Eles, portanto, levam adiante um desenvolvimento iniciado com Caim, pois, além da questão sobre de onde teria vindo a mulher de Caim, o seu nome também é desconhecido. Se a falta de ordenação em Gênesis não nos incomoda tanto, talvez o seu silêncio sobre essas questões nos perturbe mais. A esposa de Caim é a primeira pessoa no relato cujo nome não é revelado, embora, pelo menos, ela esteja presente na história; seus descendentes nessa linhagem não são mencionados, nem as possíveis filhas que tenham gerado. Gênesis narra a sua história no intuito de dar outro testemunho sobre a distorção da vida humana, após os eventos descritos em Gênesis 3. Agora, somente os homens são considerados.

Esse ponto é enfatizado por Lameque em mais de uma forma. Mesmo fora do Éden, Gênesis continua usando a palavra comum para "mulher", ao referenciar uma esposa, em vez de usar termos de "propriedade" (portanto, nem tudo foi distorcido pelo que ocorreu lá). Igualmente, há pouco uso de palavras relacionadas a "casar", que também possui implicações de propriedade (a palavra técnica para "casar" significa "tornar-se proprietário ou senhor de"). Desse modo, quando o Antigo Testamento fala sobre um homem desposar alguém, ele usa o verbo comum "tomar", embora isso não seja muito mais encorajador.

Além disso, Lameque não se contentou em tomar apenas uma mulher. Embora Gênesis não prescreva a monogamia de forma explícita (assim como nenhuma outra passagem no Antigo e Novo Testamentos), o relato do homem e da mulher faz mais sentido se considerarmos essa suposição. E o retrato de Lameque, que Gênesis fornece em detalhes, indica que ele é alguém obstinado, inclinado a fazer coisas em excesso. O Antigo Testamento irá insinuar inúmeras razões pelas quais um homem possui mais de uma esposa que são, igualmente, aplicáveis a outras culturas tradicionais. Talvez a sua primeira esposa não pudesse ter filhos ou, quem sabe, o seu irmão tenha morrido sem deixar um filho para herdar sua terra, de modo que Lameque casou com a viúva. Ou, ainda, ele o tenha feito por prestígio. No caso de Lameque, a última opção é a mais provável. (Ter várias esposas não está necessariamente relacionado a sexo; um homem pode descobrir várias formas de ter mais sexo sem desposar alguém.) Tudo isso ilustra como a vida a leste do Éden não é o que devia ser; apesar disso, Deus faz concessões para isso.

Pelo menos, as duas esposas de Lameque têm seus nomes citados, e a filha de Zilá, Naamá, é não somente citada, como nomeada. (Talvez seu marido tenha sido o autor de Gênesis, e ela insistiu na menção de seu nome!) Como os dois filhos de Eva que, metaforicamente, representam o início do pastoreio e da agricultura, os três filhos de Ada e Zilá constituem uma representação metafórica do início de uma atividade cultural mais abrangente. O pastoreio, realizado por Abel, seria aquele típico da vida de uma família regularmente estabelecida, similar ao que Davi executava quando era garoto; qualquer família possuía umas poucas cabras e ovelhas que necessitavam de cuidados. Todavia, há pessoas que vivem sua vida fora do contexto de uma vila e/ou sítio, os antecessores do beduíno moderno. Tais povos são uma espécie de enigma para comunidades assentadas; por que eles vivem assim? Jabal é a figura paterna desses povos. Eles fazem parte da vida humana regular em sua diversidade à medida que se desenvolvem, desempenhando o seu papel no senhorio e serviço ao mundo de Deus.

Jubal, irmão de Jabal, é a figura paterna dos músicos. A lira representava toda uma família de instrumentos de cordas, das quais a guitarra é o mais conhecido dentre os povos ocidentais. Já a flauta representava toda a família de instrumentos de sopro, tais como a flauta transversal, a flauta doce e o clarinete. O restante do Antigo e Novo Testamentos refere-se sobremaneira à música em conexão com a adoração e, raramente, à música como arte e entretenimento. Gênesis aqui vê o seu desenvolvimento dentro da história da humanidade se descobrindo no mundo de Deus.

Tubalcaim, meio-irmão de Jabal e Jubal, é o primeiro artífice. A parte inicial de seu nome está intimamente ligada aos dois primeiros nomes. Em suma, os filhos de Lameque são marcados como unidos por seus nomes. Como arte e música, artefatos e tecnologia aparecem, com frequência, no Antigo Testamento, mas geralmente em conexão com a adoração, na construção do tabernáculo ou do templo (ou nas guerras!). Gênesis também reconhece a grande importância dessas habilidades para a humanidade.

Antes disso, o texto de Gênesis tem sido pródigo em expressar julgamentos negativos de valor sobre as ações humanas. Nessa passagem, ele não apresenta juízos desse tipo, mais típico no desenrolar da narrativa, mas deixa para o púbico descobrir como reagir. Uma consideração a ser feita aqui é a facilidade de reconhecer o certo e o errado no que acontece. Gênesis assume que não precisamos ser informados (por exemplo) que assassinato é errado, porque somos criados para conhecer o básico sobre esses valores. Deixar as coisas subentendidas nos envolve como leitores ou audiência. Temos que decidir o que fazer com as histórias e, em geral, aprendemos mais ao fazer isso. Somos testados, pois isso revela como pensamos e somos encorajados a refletir sobre a razão de nossa reação.

A importância de nosso envolvimento é ampliada à luz da ambiguidade dos aspectos e experiências da vida humana, o que a torna complexa e difícil. Em geral, não há respostas simples e diretas. Presumo ser óbvio que o desenvolvimento de música e artefatos seja uma coisa boa, parte do cumprimento do propósito da Criação de Deus, mas Gênesis não afirma isso, e o que vem a seguir revela a sua ambiguidade.

GÊNESIS **4:23-26**
UM NOVO COMEÇO

[23]Lameque disse à suas mulheres:

"Ada e Zilá, ouçam a minha voz;
como mulheres de Lameque, prestem atenção à minha palavra,
porque matei alguém por me ferir,
um jovem por me machucar.
[24]Se Caim deve ser vingado sete vezes,
Lameque, setenta e sete vezes.

[25]Novamente, Adão dormiu com sua esposa, e ela deu à luz um filho. Ela o chamou de Sete, explicando: "Deus me concedeu outro descendente no lugar de Abel, porque Caim o matou." [26]Também a Sete um filho nasceu, a quem deu o nome de Enos. Nessa época, começou-se a invocar o nome de *Yahweh*.

Por que alguém deseja ter um filho? Cerca de um ano após o nascimento de nosso primeiro filho, Ann sofreu um aborto espontâneo, o que a entristeceu profundamente, como ocorre, em especial, às mulheres (é mais fácil para o homem — como foi para este autor — seguir em frente, mas tive de aprender o significado de um aborto para uma mulher). Ann estava disposta a tentar novamente logo, em parte para colocar de lado e esquecer aquela perda. Quando pais perdem um filho, podem se apressar em tentar outro como parte do processo de superar aquele sofrimento. Outra criança jamais poderá substituir o filho que foi perdido, mas auxilia a seguir adiante. Ter outro filho é uma declaração de esperança. Na realidade, porque alguém *ousa* ter um filho? Num dia sombrio, quando olho para a condição do mundo, posso ser tentado a sentir uma ponta de alegria por não iniciarmos aquele projeto, pois é preciso ter esperança no mundo para trazer uma criança a ele. (Certamente, digo a mim mesmo que as pessoas de todas as gerações sempre se preocuparam com o futuro e que não há nada singularmente apocalíptico na época em que vivo.) Adão e Eva terem outro filho constitui uma declaração de esperança nesses vários sentidos.

Contudo, antes, Lameque recita o primeiro poema humano (Deus, por vezes, tem falado com o ritmo da poesia, nos capítulos anteriores, mas nenhum ser humano ainda fizera isso). Pode-se imaginá-lo sendo entoado ao som da lira em vez de meramente lido, o que seria natural em uma cultura tradicional. Se Lameque está, de fato, cantando com música, esse é o primeiro fruto do desenvolvimento da criatividade musical associada a seu filho. Todavia, a letra dizia respeito a um assassinato cometido por ele. É possível imaginar o envolvimento de uma arma feita como primeiro fruto do desenvolvimento tecnológico associado a outro de seus filhos. O poema é uma expressão e exposição de orgulho por seu feito.

Houve, evidentemente, outra luta, e o infeliz e insensato oponente de Lameque causou-lhe algum dano. A violência tinha escalado e terminado em morte. E Lameque está orgulhoso de sua conquista. Em sua cabeça, ele distorceu a lógica das palavras de Deus a Caim. Deus protege Caim pela promessa de que haverá terrível reparação por matá-lo. Lameque toma as rédeas da questão e exige uma reparação muito mais terrível apenas pelo dano causado a ele. Como será importante a **Torá** insistir que, quando a sociedade exigir reparação dos transgressores, a punição deve ser proporcional ao crime. Expressando de forma poética, ela deve ser "olho por olho e dente por dente", não morte por uma mera lesão.

A história de Gênesis atinge um ponto baixo. Então, ela recua ao nascimento de outro filho de Adão e Eva. Essa é a primeira aparição, portanto, de um padrão em Gênesis. O relato focará a linha de descendência por meio da qual o propósito divino para o mundo é cumprido, mas, em geral, ele primeiro esboça o que acontece à linhagem pela qual Deus *não* está operando dessa forma vital. Gênesis descreve as linhagens de Cam e Jafé, filhos de Noé, antes de focar a linhagem de Sem, bem como a linhagem de Esaú antes de abordar a linhagem de Jacó. Nada há de errado em não ser a linhagem por meio da qual o propósito supremo de Deus é cumprido, porque Deus está igualmente envolvido com as demais genealogias.

Apesar de Deus não rejeitar as linhagens não "escolhidas" ou "eleitas", a narrativa se concentra na linhagem por meio da qual Deus abençoa todo o mundo. Nesse processo, de modo característico, ele não trabalha com a linhagem que esperaríamos. Especificamente, Deus não opera por meio da linhagem do filho mais velho. Esse é um sinal de que Deus subverte o que esperamos, subverte os padrões estabelecidos pela sociedade. Caim, Ismael e Esaú eram os primogênitos, mas, em cada caso, Deus trabalha por meio do filho mais novo.

Em Gênesis 4, o recuo torna possível estabelecer a nota positiva do nascimento do novo filho de Adão e Eva, contrapondo-se à nota negativa na qual a linhagem de Caim havia parado. Para Adão e Eva, é uma nota de esperança, especialmente para Eva, que passou pela terrível dor de, como mãe, ter um dos filhos matando o outro. Agora, muitos anos mais tarde, ela dá à luz outro bebê. Novamente como mãe, Eva o nomeia, indicando a grande importância daquele filho para ela. O nome Sete possui as mesmas consoantes de uma palavra cujo significado é "concedido". Deus, de fato, concedeu a Eva "outro descendente no lugar de Abel, porque Caim o matou". Ela jamais esquecerá aquele ato (e talvez jamais consiga perdoar Caim), nem Gênesis deseja que o esqueçamos. Isso sublinha a importância desse novo presente não apenas para Eva, mas para nós. Como a transgressão de Adão e Eva, a ação de Caim poderia ter levado Deus a lavar as mãos com respeito à humanidade, mas ele não desistiu. Atos geram consequências, e Deus não teme permitir as consequências negativas resultantes dos atos de rebeldia. Contudo, ele sempre atenua as consequências e/ou faz algo novo para colocar a história de volta aos trilhos.

Por seu turno, Sete também tem um filho, possibilidade essa que foi tirada de Abel. Isso confirma que temos um novo começo aqui. Um sinal de esperança ainda maior é o fato de que, nesse período, as pessoas começaram a invocar o nome de ***Yahweh***. O verbo encobre o possível significado de chamar *no* nome de *Yahweh*, embora isso tenha implicações mais amplas. Pode sugerir proclamar o nome de *Yahweh* em alto e bom som, de modo que as demais pessoas ouçam. Portanto, pode incluir tanto oração quanto adoração e testemunho. Implicitamente, Abel e Caim tinham invocado dessa maneira quando apresentaram as suas ofertas, mas, em sequência, Caim saiu da presença de Deus, e a história de seus descendentes, com seus desenvolvimentos positivos e negativos, seguiu sem qualquer invocação ao nome de Deus. Todavia, em outro lugar, Gênesis agora sugere que tal invocação prossegue. Seria bom imaginar os da linhagem de Caim ouvirem isso e serem atraídos aos que invocam Deus.

Outra implicação é esta: Êxodo, mais adiante, nos contará que o nome real de *Yahweh* será revelado, pela primeira vez, a Moisés, porque o seu significado está relacionado ao que Deus faz a Israel no êxodo. As pessoas, de Adão e Eva até Moisés, não usaram literalmente aquele nome, embora Gênesis seja bem generoso com o seu uso. Desse modo, há o estabelecimento de um ponto teológico significativo. Embora as pessoas em Gênesis não conhecessem o nome *Yahweh*, tudo o que ele representava, elas não estavam adorando um Deus diferente ou trabalhando com uma visão totalmente distinta dele. Percebemos, em conexão com Gênesis 2, que o Deus da Criação e o Deus de todo o mundo é o Deus do êxodo e o Deus de Israel, e vice-versa.

GÊNESIS **5:1-20**
ENTÃO, ELE MORREU

[1]Este é o registro dos descendentes de Adão. No dia em que Deus criou os seres humanos, foi à semelhança de Deus que ele os fez. [2]Macho e fêmea os fez, e os abençoou, chamando-os "seres humanos" no dia em que os criou. [3]Quando Adão tinha vivido 130 anos, ele gerou alguém à sua semelhança, conforme à sua imagem, e deu-lhe o nome de Sete. [4]Os dias de Adão, após gerar Sete, chegaram a oitocentos anos, e gerou filhos e filhas. [5]Assim, todos os dias vividos por Adão chegaram a 930 anos. Então, ele morreu. [6]Quando Sete tinha vivido 105 anos, ele gerou Enos. [7]Sete viveu 807 anos, após gerar Enos, e gerou filhos e filhas. [8]Assim, todos os dias de Sete chegaram a 912 anos. Então, ele morreu. [9]Quando Enos tinha vivido noventa anos, ele gerou Cainã. [10]Enos viveu 815 anos,

após gerar Cainã, e gerou filhos e filhas. [11]Assim, todos os dias de Enos chegaram a 905 anos. Então, ele morreu. [12]Quando Cainã tinha vivido setenta anos, ele gerou Maalaleel. [13]Cainã viveu 840 anos, após gerar Maalaleel, e gerou filhos e filhas. [14]Assim, todos os dias de Cainã chegaram a 910 anos. Então, ele morreu. [15]Quando Maalaleel tinha vivido 65 anos, ele gerou Jarede. [16]Maalaleel viveu 830 anos, após gerar Jarede, e gerou filhos e filhas. [17]Assim, todos os dias de Maalaleel chegaram a 895 anos. Então, ele morreu. [18]Quando Jarede tinha vivido 162 anos, ele gerou Enoque. [19]Jarede viveu oitocentos anos, após gerar Enoque, e gerou filhos e filhas. [20]Assim, todos os dias de Jarede chegaram a 962 anos. Então, ele morreu.

Três anos atrás, um amigo nosso faleceu. Com cerca de trinta anos, ele desenvolveu um tumor cerebral, foi operado e se recuperou. Depois se apaixonou, e eu preguei em seu casamento. Então, em questão de semanas, o tumor reapareceu. Meu amigo morreu antes de ele e sua esposa terminarem de escrever os agradecimentos pelos presentes de casamento, e eu preguei em seu funeral.

Há poucos meses, morreu uma das pessoas que me auxiliou nos cuidados à minha esposa em sua incapacidade. Ela era alguns anos mais nova que nós, mas estava cada vez mais fragilizada e, com frequência, dizia temer um ataque de coração. Não dei muita importância, achando ser mera hipocondria, até que, numa quinta-feira, recebi um telefonema informando o seu falecimento.

Também, alguns meses atrás, alcancei a idade que meu pai tinha quando faleceu. O aniversário (se for essa a palavra certa) tinha pairado em minha mente por um ano ou dois antes de ocorrer. Era como se eu precisasse verificar se conseguiria romper a barreira quando a data chegasse. Após o meu aniversário, fiquei aliviado e, agora, penso menos na morte. Mas eu terei que morrer algum dia. Todos nós morremos.

Gênesis 5 enfatiza esse fato, enquanto segue a linhagem iniciada com o terceiro filho de Adão e Eva. O capítulo anterior de Gênesis nos mostra o que estava acontecendo por meio dos descendentes de Caim (o desenvolvimento da música, da tecnologia e da poesia), algo fascinante, de fato, mesmo que não fosse bem utilizado. Isso denota que, ao mesmo tempo, por meio da linhagem de Sete, algo mais estava ocorrendo, menos impressionante externamente, mas, no final, mais importante. Em última análise, o mundo poderia subsistir sem o que fora desenvolvido pela genealogia de Caim e, portanto, sem música, tecnologia e poesia, por mais doloroso que isso pareça. Em contrapartida, o mundo não subsistiria sem o que estava por vir da linhagem de Sete. No outro lado da Bíblia, em Apocalipse, João escreve às congregações confrontadas pelo impressionante poderio de Roma, com suas conquistas culturais e tecnológicas. Um dos objetivos do apóstolo é elevar os olhos dessas congregações para que vejam outro mundo, menos impressionante por ainda não ser visível, mas que, no fim, é mais importante e duradouro. João deseja que eles vivam à luz da realidade daquele outro mundo. Gênesis possui a mesma preocupação. Os israelitas também podiam se sentir seduzidos pelas conquistas culturais e tecnológicas de poderes como o Egito, a **Assíria**, a **Babilônia** e a Pérsia, muito mais impressionantes que as de Israel. Gênesis lembra ao povo que, na linhagem de Sete, algo mais está acontecendo, algo que é fácil perder de vista, mas, no fim, extremamente importante.

Nessa conexão, Gênesis 5 relembra a história desde o princípio, em Gênesis 1, de onde percorremos um longo caminho até aqui. Nesse intervalo, a humanidade perdeu a imagem divina? O relato de Gênesis nos assegura que não. Adão foi criado à imagem de Deus, e Sete é feito à imagem de Adão; portanto, Sete também é feito à imagem divina. Ele herda a comissão e a bênção que a acompanha. A sequência da genealogia mostra que a possibilidade de cumprir a comissão e experimentar a bênção permanece aberta. Adão, Sete, Enos, Cainã, Maalaleel, Jarede e os seguintes que geraram não apenas um filho, mas uma aljava cheia (Salmos 127) de filhos e filhas (alguns dos nomes já ocorreram na história de Caim, mas aqui eles aparecem em uma linhagem diferente). Não há nada do conflito familiar e comunitário mencionado em Gênesis 4. No entanto, há uma solenidade nessa história familiar. Todos esses patriarcas vivem por um longo período. Mas todos eles morrem.

Não sabemos, na realidade, como interpretar essas idades elevadas. Com grandes números no Antigo Testamento, números mais "realistas" podem ter sido mal interpretados; talvez uma versão mais antiga dessa história familiar tivesse números mais verossímeis. Contudo, algo está acontecendo aqui, além da mera atribuição de uma vida sobrenaturalmente longa às pessoas; esses homens geraram, com idade avançada, seus primeiros filhos, quando esperaríamos que já tivessem morrido ou não pudessem mais ter filhos. (Há muitos registros no Oriente Médio que fornecem números muito mais irreais para a idade de vários reis.)

Seja qual for o cenário, os números mencionados em Gênesis sugerem algo notável. Adão vive 930 anos; Sete, 912; Enos, 905; Cainã, 910; Maalaleel, 895 e Jarede, 962. Hoje, quando ouço que alguém viveu 99 anos, sou inclinado a pensar: "Que pena não ter chegado aos cem anos." Existe algo a respeito desse número mágico. Em Gênesis, a magia está no milésimo ano (compare o milênio em Apocalipse 20). Contudo, ninguém o atingiu. Em breve, leremos sobre Matusalém, que quase chegou lá, alcançando 969 anos. Contudo, ele também morreu antes de atingir o número mágico. A impressão de que os números são importantes é confirmada por dois outros, citados em Gênesis 5:21-31. Enoque vive 365 anos, o número de dias contidos em um ano; ele, de fato, concretiza uma vida plena. Lameque vive 777 anos, outro número de plenitude. Assim como o número de dias em uma semana, o algarismo 7 representa a perfeição, de modo que 777 sugere uma perfeição tripla (contrasta com 666, o número da besta, em Apocalipse 13:17-18).

Essa série de minibiografias conta toda a nossa história como seres humanos. Você nasce, casa, tem filhos e vive um pouco mais. Quem sabe, imagine que viverá para sempre. Mas a dura realidade é que você morre. Quando cheguei aos Estados Unidos, as pessoas me perguntavam por quanto tempo eu pretendia ficar no país, imaginando talvez que tivesse vindo para um ano sabático. Quando respondia: "Bem, pretendo morrer aqui!", as pessoas recuavam espantadas, porque não se deve mencionar a morte em uma conversa cortês. No entanto, o fato é que morremos, e somente quando reconhecemos essa realidade é que podemos descobrir como viver.

Algumas vezes, as pessoas me perguntam por que a Bíblia apresenta tantas repetições. Poder-se-ia, na verdade, resumir a mensagem da Bíblia a uma ou duas páginas. Nesse capítulo, em particular, pensei em não traduzir todas as palavras, por seu potencial tédio. Todavia, a repetição possui toda sorte de funções. Aqui ela enfatiza o ponto. Ao final de cada um daqueles pequenos obituários, aparece aquela inevitável sentença de encerramento: "Então, ele morreu." Para entender o ponto de Gênesis 5, leia o capítulo em voz alta e observe o soar da morte ao final de cada vinheta.

GÊNESIS 5:21-32
A AUDÁCIA DA ESPERANÇA

[21]Quando Enoque tinha vivido 65 anos, ele gerou Matusalém. [22]Enoque andou com Deus por trezentos anos, após gerar Matusalém, e gerou filhos e filhas. [23]Assim, todos os dias de Enoque chegaram a 365 anos. [24]Enoque andou com Deus e, então, ele não estava mais, porque Deus o tomou. [25]Quando Matusalém tinha vivido 187 anos, ele gerou Lameque. [26]Matusalém viveu 782 anos, após gerar Lameque, e gerou filhos e filhas. [27]Assim, todos os dias de Matusalém chegaram a 969 anos. Então, ele morreu. [28]Quando Lameque tinha vivido 184 anos, ele gerou um filho, [29]e o chamou Noé, dizendo: "Esse homem, ele nos dará alívio de nosso trabalho, do sofrimento de nossas mãos, do solo que *Yahweh* amaldiçoou." [30]Lameque viveu 595 anos, após gerar Noé, e gerou filhos e filhas. [31]Assim, todos os dias de Lameque chegaram a 777 anos. Então, ele morreu. [32]Quando Noé tinha vivido quinhentos anos, Noé gerou Sem, Cam e Jafé.

Durante um almoço de fim de semana, após Tony Blair se tornar primeiro-ministro britânico em 1997, eu conversava com uma mulher à nossa mesa. O evento me lembrou da eleição de Harold Wilson em 1964, e comecei a pensar sobre como a euforia se transformou em desilusão ao longo dos anos seguintes. Quando externei a preocupação de que o mesmo cenário se repetisse (como posteriormente sucedeu), essa mulher ficou muito irritada. Eu destruíra a esperança que a eleição lhe trouxera. A eleição de Barak Obama como presidente dos Estados Unidos constituiu, de modo explícito, um bilhete de "esperança", num contexto em que os Estados Unidos, de fato, necessitavam dela. O problema é que seja quem for, Wilson, Blair ou Obama, o eleito é transformado em um messias. Então, o perigo é essa "audácia da esperança" (título dado por Obama a um de seus livros) se transformar na desilusão dela mesma.

Naquela solene sequência de refrões, "então, ele morreu", a única exceção é Enoque. Ele teve uma vida breve, meros 365 anos; ceifado em seu auge. Contudo, esse número sugere que ele teve uma vida plena. Além disso, ao longo da vida, ele caminhou com Deus. A forma verbal utilizada sugere uma caminhada em vez de andar do ponto A para o ponto B, sendo a mesma forma usada em relação a Deus caminhar pelo jardim. Na sequência, essa forma será usada em inúmeras ocasiões, sempre que Deus andar entre o povo de Israel. Será usada em referência a Noé, Abraão, Isaque, Samuel, Ezequias, mas também a israelitas comuns. São pessoas que percorrem a sua jornada, sem ir a lugar algum, mas caminham com Deus. Tais pessoas, em geral, caminham na *presença* de Deus, o que sugere algo como uma amizade. É como se aquele relacionamento que foi arruinado no jardim, impedindo Deus e Adão de saírem para uma caminhada juntos, tenha sido maravilhosamente restaurado. Deus e Enoque saem para um passeio, sem que Enoque se sinta preso à história que o precede, como se ela o impedisse de caminhar com Deus. Ele pode fazê-lo. E Deus não precisa estar vinculado à história que precede Enoque. Deus pode sair para uma caminhada com ele.

Outro aspecto singular da vida de Enoque é o modo estranho como ela terminou. Certo dia, ele não estava mais lá. Nenhuma limusine celestial veio para levá-lo, tal como ocorreu com Elias. Enoque apenas desapareceu. Bem, pessoas desaparecem, mas, no seu caso (Gênesis afirma), Deus o tomou. A Bíblia não fala dessa forma em relação à morte comum, como, por vezes, fazemos. Havia algo especial sobre a morte de Enoque (ou melhor, o seu desaparecimento), assim como havia sobre o sumiço de Elias, a quem Deus, igualmente, "tomou". Ninguém viu uma limusine, mas, de algum modo, Deus o levou. E, talvez, houvesse uma ligação entre o caminhar e o tomar. Quem sabe Deus apreciava esses passeios com Enoque e quis prosseguir com eles. A história é misteriosa, e pode ser que a pessoa que a contou não soubesse muito bem o que fazer disso, assim como nós também não, mas talvez seja esse mistério que tornou o relato importante. Como a caminhada, o arrebatamento pode lembrar as pessoas de elevar os olhos, de não pensar que a realidade cotidiana é tudo o que há, de não desistir do relacionamento de Deus conosco.

A tradição judaica presumia que Enoque fora levado à presença de Deus, e isso, obviamente, faria dele um perito em assuntos do céu, como seria o caso de Elias e de Moisés (que também desapareceu misteriosamente ao comando de Deus). Portanto, há inúmeros trabalhos visionários de tempos muito posteriores que imaginam as revelações sobrenaturais que Enoque, Moisés ou Elias podem nos fazer. No Novo Testamento, a passagem de Judas 14-15 cita uma delas atribuída a Enoque.

Ele constitui um sinal de esperança. Para Lameque (não o Lameque da linhagem de Caim), Noé é esse sinal de esperança, embora possa haver alguma ambiguidade e ironia quanto às suas palavras. Noé é a primeira pessoa, desde Sete, cujo nome traz um comentário. Há uma semelhança com a palavra para "descanso", embora o comentário faça referência a um termo diferente e menos similar, a palavra para "alívio". Caso tenhamos nos esquecido do que Deus disse sobre como seria a vida a leste do Éden, Lameque refresca a nossa memória. O trabalho é árduo, e ele gostaria de ter algum alívio. A labuta é dolorosa; Lameque seleciona a mesma palavra usada por Deus em Gênesis 3. A rotina envolve cultivar o solo que Deus amaldiçoou. Fora do jardim, onde o suprimento de água não é abundante, o solo dá vida a espinhos e cardos mais naturalmente do que a trigo e figos. Lameque volta para casa, após mais um dia de trabalho na terra, com suas costas moídas, ansioso por a colheita ser suficiente para durar até o ano seguinte. Ele anseia por alívio, e não há nenhum aparelho de televisão na frente do qual possa desmoronar, totalmente absorto.

No entanto, ele possui uma esperança audaciosa sobre seu filho. Há pais que podem ser assim; estar à altura das esperanças de seus pais pode ser um fardo para os filhos. A ambiguidade é que, para a humanidade dos tempos de Noé, as coisas irão ficar cataclismicamente piores antes de mostrar qualquer sinal de melhora. E como elas melhoram? Até onde as esperanças de Lameque serão atendidas? Ele é um verdadeiro profeta? A ironia é que o único alívio que Noé irá providenciar ao mundo é a invenção acidental de vinho (Gênesis 9). Isso irá, de fato, possibilitar algum alívio, ao fim de um longo dia, para aqueles como Lameque, mas a própria história de Noé mostrará que bênção complexa essa invenção será.

Antes disso, porém, as coisas ficam cada vez piores, de várias maneiras. Os cristãos, usualmente, separam os três capítulos iniciais de Gênesis dos capítulos seguintes, como sendo a história da origem humana, o relato da Criação e da Queda. O livro de Gênesis não faz essa separação aguda entre os capítulos iniciais e os subsequentes, e a tradição judaica acompanha essa ideia. A divisão feita por Gênesis é entre o relato da Criação ao Dilúvio, de Adão a Noé, e a história de Noé até Abraão. Nas histórias de Adão e Eva, Caim e o primeiro Lameque, a desobediência e suas consequências subjugaram a humanidade em diferentes áreas: casamento e trabalho, relacionamentos familiares e a comunidade local. No outro lado da história de Noé, Gênesis passará a falar de sociedade e nações de modo mais abrangente. Nesse ínterim, Gênesis 6 leva ao clímax a narrativa da maneira em que o propósito divino para a Criação encontra resistência e frustração. Embora o pensamento cristão enfatize o início da história do pecado em Gênesis 3, o pensamento judaico coloca mais ênfase nesse auge da história do pecado. E, enquanto o pensamento cristão se questiona sobre a queda de anjos, presumindo que ela ocorreu antes da queda da humanidade, aquelas visões imaginárias de Enoque consideram a história que estamos prestes a ler como um relato da queda de alguns anjos e prosseguem em sua elaboração.

GÊNESIS **6:1–4**
O ÁPICE DA REBELIÃO

[1]Quando os seres humanos começaram a ser numerosos na terra e lhes nasceram filhas, [2]os filhos dos seres divinos viram que as filhas dos seres humanos eram belas e tomaram mulheres para si, qualquer uma que escolhessem. [3]*Yahweh* disse: "Meu espírito não habitará nos seres humanos para sempre, porque eles são carne. Seus dias serão 120 anos." [4]Ora, os Caídos estavam na terra, naqueles dias e também depois, quando os filhos de seres divinos dormiram com as filhas dos seres humanos, e elas geraram filhos para eles. Esses foram os campeões de antigamente, homens famosos.

Tínhamos uma amiga na Inglaterra que sofrera abusos sexuais constantes por parte de seu tio, um clérigo. Os abusos ocorreram quando era uma garotinha (ela, então, estava na casa dos quarenta), mas durante toda a vida ela tentou apaziguar os traumas daquela experiência. Na realidade, ela já avançara muito em sua recuperação, mas o horror, a dor e os efeitos do abuso permaneciam vivos em seu íntimo. O processo de restauração ainda estava em andamento. O mais sombrio é que a sua história não é incomum (exceto, talvez, por como o abuso gerou nela uma enorme empatia por outras pessoas em sofrimento). Outro dia, um de meus colegas casualmente declarou que um terço das pessoas em uma congregação média já tinha sofrido algum tipo de abuso. Parecia uma estatística improvável, mas então relembrei duas ocasiões em que homens avançaram sobre mim quando era um jovem adolescente. Eu era mais velho que a minha amiga, e aqueles homens não eram membros de minha família ou clérigos (embora um deles fosse meu professor de matemática), de modo que, talvez, tenha sido mais fácil resistir, no meu caso. Meu colega protestava contra o fato de os escritores da Bíblia nada falarem sobre o abuso, que afeta muitos de seus leitores. Portanto, aqui estou mencionando-o, porque a Bíblia também o faz. Tipicamente, a Bíblia fala sobre como a vida é.

Bem, talvez não exatamente como a vida é em nossa experiência, já que Gênesis parece falar sobre abuso praticado por seres sobrenaturais. Toda a abertura do capítulo 6 é intrigante. Não há nada similar em outras passagens da Escritura e, quiçá, fosse tão enigmática para os israelitas quanto é para nós, hoje, embora também haja, em outras culturas, histórias sobre abusos por parte de malévolos seres celestiais. As traduções, usualmente, usam a expressão "filhos de Deus" no versículo 2, o que soa ainda mais estranho. Admite-se que essa tradução pareça abrir a possibilidade de que esses seres fossem humanos, pois o Novo Testamento chama todos os convertidos de "filhos [e filhas] de Deus" e o Antigo Testamento fala do rei como "o filho de Deus". Isso tornaria a narrativa menos estranha. Igualmente, chamaria a atenção para o fato de o abuso ocorrer dentro de congregações cristãs. Contudo, tenho receio de interpretar a Bíblia de modo que faça total sentido para mim, como um ocidental, porque estou ciente de que as minhas presunções ocidentais podem, por vezes, estar erradas.

De qualquer forma, em outras partes do Antigo Testamento, a expressão "filhos de Deus", ou "filhos de seres divinos", refere-se apenas a seres sobrenaturais. Eles não são divinos no estrito sentido do termo; o Antigo Testamento pode usar a palavra "deuses" em referência a seres sobrenaturais que não sejam Deus. Eles são seres celestiais subordinados que vieram a existir pela ação de Deus, como os seres humanos, para compartilhar no governo e implementação da vontade de Deus no mundo, e eles podiam morrer como os humanos. Salmos 82 repreende a falha deles em servir a Deus de modo adequado; aparentemente, Gênesis 6 repreende outro tipo de falha. Eles não deviam ter relações sexuais com mulheres humanas, mas, ao que parece, assim o fizeram.

Vinculado ao abuso está a questão de poder. Isso também é válido se (por exemplo) assumirmos que esses seres eram reis que estavam "possuindo" mulheres comuns que julgassem atraentes. Na noite passada, assistimos a um filme italiano intitulado *Dias e nuvens*, no qual uma mulher, cujo casamento está em frangalhos, se rende aos avanços de seu chefe. No íntimo, ela é uma pessoa poderosa e consegue sair daquela relação. Todavia, quando há uma disparidade de poder, é mais difícil resistir e mais ainda conseguir sair. Sejam as mulheres citadas em Gênesis 6 (presumivelmente, elas seriam adolescentes) vítimas de homens comuns ou de sobrenaturais, na realidade são vítimas de pessoas muito mais poderosas que elas. E quer os homens tenham ciência disso quer não, eles estão usando a sua força no relacionamento. Ainda que não queiram usá-la, não podem fugir desse aspecto da relação.

Assim, sejam os "filhos", citados no relato, humanos ou sobrenaturais, a ação de "tomar" essas mulheres e manter relações sexuais com elas conduz a história da resistência à visão de Deus para o mundo a um clímax. Isso, portanto, resulta na decisão divina de abortar todo o projeto. O primeiro estágio dessa intenção é a aparente decisão de limitar a existência humana a 120 anos. Por um tempo, Deus estará esperando pacientemente (como 2Pedro 3 expressa). Deus sempre retarda a sua ação contra a transgressão, na esperança de que os seres criados deem as costas à sua inconstância, porém esse período de espera chegou ao fim.

No princípio, Deus soprou o **espírito** divino no interior dos seres humanos, na fragilidade de sua humanidade, sua "carnalidade". Em Paulo, a ideia de nossa carnalidade irá sugerir fraqueza moral inerente ou pecaminosidade. O Antigo Testamento assume a nossa fraqueza moral e pecaminosidade, mas não usa a ideia de carnalidade para deixar isso claro. Quando faz referência à nossa carnalidade, indica simplesmente a fragilidade e mortalidade em contraste com a eternidade e o poder de Deus. No entanto, aqui se aproxima do modo de falar de Paulo. Existe um vínculo entre a mortalidade e a fragilidade humanas com a nossa pecaminosidade e fraqueza moral.

A ironia sobre a passagem em Gênesis é que a fraqueza moral e a pecaminosidade pertencem àqueles "filhos". Nenhuma culpa moral é atribuída às suas vítimas pela fragilidade e facilidade com que se tornaram meios de frustrar o propósito divino. Assim, a história externa um aspecto da posição trágica da humanidade, já anunciado pela presença da serpente no jardim, a postos para tentar Eva. Embora haja estranhos e equivocados instintos que emergem de nosso interior, como a violência de Lameque, existem também estranhas pressões externas, como a serpente e o pecado, espreitando à nossa porta, bem como figuras poderosas como os seres desse relato. Tudo isso corresponde a como experimentamos a nós mesmos e nossas ações. Temos ciência da nossa responsabilidade;

nós tomamos decisões; todavia, também sabemos que fazemos coisas que, na realidade, não queríamos fazer.

"Os Caídos" constituem outro grupo enigmático de personagens nessa passagem. As traduções, em geral, transliteram a descrição deles como nefilins. Existe apenas outra menção a eles, em Números 13, onde a palavra é um título para alguns dos habitantes de **Canaã** que amedrontam os espias de Israel, quando eles investigam a terra antes de a invadirem. Eram homens grandes, ao lado dos quais os israelitas mais pareciam gafanhotos. Aqui a descrição deles como renomados campeões corrobora isso.

Gênesis parece evitar dizer claramente que esses gigantes fossem descendentes de uniões erradas, embora, ao mesmo tempo, praticamente nos convide a somar dois mais dois. A visão imaginária de Enoque, à qual me referi antes, expressa isso com veemência. Do mesmo modo, isso sugere a plausível inferência de que uniões erradas também levaram ao aumento da violência no mundo, especialmente ao surgimento de guerras. A intervenção dos "filhos" gera transgressões e sofrimento que envolvem não somente indivíduos, como as "filhas" e suas famílias nesse relato, mas comunidades e povos lutando uns com os outros.

Há algo mais. Assumi que o nome nefilim lembraria as pessoas do verbo *cair* e sugeri que são "os caídos" ou "os cadentes". Uma das implicações que o pensamento judaico via em serem *caídos* considera o fato de uma palavra relacionada a queda sugerir a ideia de aborto, de tal modo que os caídos eram entendidos como nascimentos monstruosos. Isso explicaria o tamanho gigantesco, mas também é notável que ser "caído" tenha assumido a ideia de pecaminosidade. Embora Gênesis não use a palavra "queda" nessa conexão, quase a usa em conexão a essa história, que leva ao clímax o relato de aprofundamento e expansão da rebeldia e obstinação no mundo. Não que os "filhos" sejam caídos no sentido de "tropeçar acidentalmente"; como a visão de Enoque enfatiza, eles saltaram e deliberadamente provocaram os problemas que causaram. Por isso, o aprisionamento ao qual 2Pedro 3 faz referência. Eles saltaram e caíram de uma altura muito maior do que Adão e Eva.

GÊNESIS **6:5-8**
A GRAÇA ENCONTROU NOÉ

[5]E *Yahweh* viu que a perversidade dos seres humanos na terra era grande, e que todas as inclinações dos planos do seu coração eram somente erradas, todo o tempo. [6]Assim, *Yahweh* se arrependeu de ter feito seres humanos sobre a terra. Isso afligiu o seu coração. [7]Disse *Yahweh*: "Eliminarei os seres humanos que criei da face da terra, seres humanos, animais, coisas que se movem e as aves nos céus, porque me arrependo de tê-los feito." [8]Noé, porém, encontrou favor aos olhos de *Yahweh*.

No início do nosso casamento, adotamos o mantra de que a frase mais destrutiva em nosso idioma era "você deveria ter", como em "você deveria ter feito isso ou aquilo", ou "você não deveria ter feito isso ou aquilo". A expressão "você deveria", como em "você deveria desligar a televisão e vir para a cama", pode suscitar menos objeções. Todavia, a frase "você deveria ter" nos parecia destrutiva, porque somente foca o olhar no passado. Não há nada que você possa fazer a respeito agora, seja qual for a falha. A expressão constitui apenas uma crítica negativa. Sem dúvida, era exagero de nossa parte dar-lhe o prêmio de "frase mais destrutiva"; talvez fosse apenas algo que deveríamos levar a sério em nossa relação. Mas aquele mantra trouxe a nós dois alguma libertação.

A avaliação divina quanto à humanidade considera, em geral, uma visão futura. Deus deseja ver mudança, não apenas criticar o que tem sido. Contudo, suspeito que Deus consideraria o nosso mantra um exagero. De tempos em tempos, Deus diz: "Se você apenas tivesse [...]" ou "Se você apenas não tivesse [...]" (por exemplo, Isaías 48:18), que é uma expressão similar a "você deveria ter", embora talvez mais melancólica. E, a essa altura, no relato de Gênesis, Deus estava simplesmente farto da humanidade. Após o estranho, porém concreto, parágrafo com que o capítulo 6 se inicia, ele prossegue adiante no relato da rebeldia do mundo em termos mais gerais, porém absolutamente devastadores. Ao lado da queda e do pecado original, há outra doutrina antiga, chamada "depravação total", ou seja, a ideia de que tudo o que fazemos é marcado por nossa desobediência. Se a entendemos bem, é uma doutrina menos sombria do que parece, embora ainda seja suficientemente grave. Todavia, não é mais lúgubre que a conclusão de Gênesis sobre a condição da humanidade quanto à sua rebelião ter se espalhado desde Adão e Eva até Caim e Abel, passando por Lameque e chegando aos filhos dos seres divinos, aos Caídos com sua natureza bélica: "*todas* as inclinações dos planos do seu coração eram *somente* erradas, *todo* o tempo". Não havia nada positivo a ser dito sobre eles. Gênesis retrata o mundo numa condição que lembra os conflitos na Armênia, na Alemanha nazista, em Ruanda e em Dafur.

A condição do mundo gera quatro reações em Deus. Todas espantosas. A primeira é o arrependimento por ter criado a humanidade. Isso é extraordinário porque só é possível em relação a algo que não foi previsto, o que leva a concluir que os desenvolvimentos sobre os quais lemos em Gênesis pegaram Deus de surpresa. Repetindo, Gênesis levanta a questão sobre a nossa presunção de que Deus é onisciente, de modo que não há nada que ele não possa prever. O Antigo Testamento implica que Deus, com frequência, é surpreendido, em geral, de formas desagradáveis. Também deixa claro que Deus é capaz de saber o que irá acontecer no futuro (e, portanto, de revelá-lo ao seu povo), mas nem sempre parece exercer essa capacidade, vivendo, assim, em tempo linear conosco. Deus é eterno, no sentido de viver o tempo todo, mas Deus não é atemporal. Ele vive principalmente no presente e, portanto, pode ser pego de surpresa pelos fatos, porém ele não é surpreendido pelos eventos a ponto de não ser capaz de lidar com eles. Deus tem uma capacidade infinita de administrar qualquer coisa que aconteça e de permanecer envolvido em um relacionamento responsivo com o mundo.

Será que a Bíblia fala da surpresa e do arrependimento de Deus apenas porque é assim que vemos? Deus é simplesmente retratado como se fosse um ser humano? Isso parece envolver a decisão sobre o que deve ser verdadeiro em relação a Deus com base naquilo que pensamos ser real em vez de usar o que a Bíblia diz como fundamento. Se a Bíblia não quer dizer exatamente isso quando diz que Deus se arrepende das coisas, por que, então, deveríamos assumir que significa o que diz quando fala sobre outros sentimentos humanos, como, por exemplo, que Deus nos ama?

Isso leva à segunda declaração espantosa. Deus vê as coisas como são e sente dor no coração. Aqui está outra emoção que se poderia imaginar distintamente humana, mas é sentida por Deus. Nosso sentimento de dor é, na verdade, outra indicação de sermos feitos à imagem divina. Além disso, alguém pode imaginar que, se Deus fosse ter uma reação emocional com relação a toda aquela maldade, ela seria de raiva, e a ação que Deus, em breve, irá tomar, pode parecer uma ação resultante desse sentimento. As pessoas, amiúde, pensam no Deus do Antigo Testamento como um Deus de ira, e, de fato, há grandes doses de ira no relato da Escritura. Todavia, Gênesis jamais descreve Deus como irritado ou irado, e isso é muito sugestivo. A raiva não é uma das emoções centrais de Deus no Antigo Testamento (Isaías fala muito sobre a ira divina, mas Isaías 28:21 descreve a ação irada de Deus como uma obra "estranha", ou seja, não natural a Deus). O primeiro sentimento do Criador, após o arrependimento, é a dor. Pode-se entender por quê. Deus empenhou-se muito na criação dos seres humanos, assegurando-lhes provisão e uma visão. Em contrapartida, eles se recusaram a obedecer-lhe. O livro de Isaías, na verdade, começa com um exasperado protesto de Deus contra os israelitas em particular: "Criei filhos e os fiz crescer, mas eles se revoltaram contra mim." Portanto, Deus está ferido. Aqui a ligação entre o verbo "afligir", usado em relação ao coração de Deus, e as palavras "dor" e "sofrimento", em Gênesis 3, sugere que a dor vivenciada por mulheres e homens, em conexão à criação de filhos e ao trabalho, é a mesma dor experienciada por Deus.

A terceira reação espantosa de Deus é a decisão de "raspar" a humanidade, uma expressão muito forte, por vezes usada no contexto de extirpar algo da memória. Felizmente, ela também é usada, com frequência, no sentido de apagar nossos pecados. Eles foram totalmente eliminados. Deus não se lembra deles; seus bancos de memória estão vazios. Contudo, essa primeira ocorrência, com o sentido de "raspar", é muito mais solene. Deus está determinado a não apenas fazer uma limpeza étnica, mas uma limpeza de espécies. A reação divina é aterrorizante não apenas pelo ato de extermínio, como também por significar o abandono do projeto que Deus iniciara. É uma plena admissão de fracasso absoluto. De certo modo, isso é sublinhado pela declaração posterior da intenção de incluir o restante da criação vivente nessa eliminação. O que eles fizeram para merecer isso? Contudo, uma realidade refletida por essa declaração é que o destino de toda a Criação está conectado. A declaração divina traça um paralelo com a ideia de que os pecados dos pais afetam os seus filhos. Não há como ser de outra forma. Para o bem ou para o mal, o destino dos pais e o dos filhos estão vinculados. Os dois capítulos iniciais de Gênesis assumem que os destinos da humanidade e das demais criaturas viventes estão conectados. Se destruirmos a vida humana no planeta por meio do aquecimento global ou de uma catástrofe nuclear, destruiremos o resto da criação vivente conosco.

A quarta e última reação espantosa é que, apesar de tudo, Noé "encontrou favor aos olhos de *Yahweh*". Usando um termo técnico teológico, Noé encontrou a "graça" de Deus. Favor ou graça é uma atitude positiva, acolhedora e generosa de alguém em relação a nós quando não vemos razão alguma para isso. Após essa conversa sobre arrependimento, dor e destruição, poderíamos imaginar não haver mais espaço para a graça nessa história. Embora seja possível dizer que a graça deu início à história lá em Gênesis 1 e 2, conquanto essa palavra não apareça lá, certamente a graça agora acabou. Contudo, Noé encontrou graça.

Não há a mínima sugestão de que Noé tenha merecido essa graça. Na realidade, a noção de merecer graça constitui uma contradição por si só. Apenas alguém como Jacó acha possível merecer a graça (ele insiste nessa ideia em Gênesis 33, quando tenta restaurar o relacionamento com seu irmão, a quem havia enganado, e seu irmão fica confuso, pois havia esquecido todo o mal sofrido). Um de meus primeiros mentores de Antigo Testamento, Alec Motyer, costumava dizer que, para entendermos a declaração "Noé encontrou graça", é preciso invertê-la: "A graça foi ao encontro de Noé." Eis por que a história do mundo não chega ao fim com a implementação da decisão divina no versículo 7.

GÊNESIS 6:9-22
CHEIA DE VIOLÊNCIA

[9]Esta é a linhagem de Noé. Ora, Noé era uma pessoa fiel e íntegra entre as suas gerações. Ele andava com Deus. [10]Noé gerou três filhos, Sem, Cam e Jafé.

[11]Mas a terra estava devastada aos olhos de Deus e cheia de violência. [12]Deus viu a terra: sim, ela estava devastada, porque toda a carne havia devastado o seu caminho na terra. [13]Então, Deus disse a Noé: "O fim de toda a carne chegou diante dos meus olhos, porque a terra está cheia de violência por causa deles. Sim, eu os devastarei juntamente com a terra. [14]Faça para você uma arca de madeira de gôfer. Você deve construí-la com compartimentos e cobri-la de piche por dentro e por fora. [15]Eis como você deve fazê-la: o comprimento da arca, trezentos côvados; sua largura, cinquenta côvados; e sua altura, trinta côvados. [16]Você deve fazer um teto para a arca, terminá-lo a um côvado acima e colocar a porta da arca em sua lateral. Deve fazê-la com três níveis: inferior, médio e superior. [17]E sim, estou trazendo o dilúvio, água sobre a terra, para devastar toda a carne na qual há um sopro vivente debaixo dos céus. Tudo na terra deve perecer. [18]Mas eu estabelecerei a minha aliança com você. Você deve entrar na arca, você, seus filhos, sua esposa e as esposas de seus filhos. [19]E de tudo o que vive, de toda a carne, leve dois de cada para a arca, para mantê-los vivos com você. Eles devem ser macho e fêmea. [20]Das aves de cada espécie, dos animais de cada espécie e de cada espécie de tudo o que se move no solo, dois de cada devem vir a você para serem mantidos vivos. [21]E tome para si um pouco de tudo o que for comestível e armazene-o. Isso servirá de mantimento para você e para eles."

[22]Noé fez segundo tudo o que Deus lhe ordenou. Assim ele fez.

No início do século XX, o Império Otomano empreendeu uma tentativa sistemática de aniquilar o povo armênio, na Turquia. Estima-se que até 1,5 milhão de pessoas tenham sido mortas. Na metade do século XX, o governo nazista realizou uma tentativa sistemática de aniquilar o povo judeu, na Alemanha. Seis milhões de pessoas foram mortas. No fim do século XX, um dos principais grupos étnicos de Ruanda executou uma tentativa sistemática de aniquilar outro grupo étnico principal. Entre 500 mil e 1 milhão de pessoas foram mortas. No início do século XXI, o governo do Sudão e grupos tribais sudaneses combinaram ataque e negligência a outros grupos tribais, gerando 500 mil mortes entre o povo de Darfur. Uma das perguntas que tais eventos provocam é: "Que tipo de Deus permite isso?" Outra questão pode ser: "Que tipo de criaturas os seres humanos são para causar e permitir isso?"

O século XX, em geral, é descrito como o mais violento da história. Mesmo que haja um pouco de exagero (ou simplesmente reflita a existência de armas mais destrutivas), essa descrição reforça a ideia de que não há fundamento para afirmar que a humanidade progrediu moralmente ao longo dos séculos. Embora seja possível ver, de tempos em tempos, desenvolvimentos em algumas áreas, podemos também ver regressão em outras. Felizmente ou infelizmente, isso foi o que Deus viu milhares de anos atrás. Ele tinha criado um mundo bom, mas o que Deus vê é um mundo arruinado pela humanidade. Deus criou um mundo e comissionou os seres humanos para fazê-lo funcionar em harmonia, mas eles fizeram exatamente o oposto. Quando olha para o mundo, Deus vê violência em toda parte. De certo modo, esses versículos em Gênesis 6 são incoerentes; eles ficam repetindo as palavras "violência" e "devastar".

Se o aquecimento global causar uma catástrofe que submerja todo o mundo humano e animal, seremos capazes de ver isso em termos de causa e efeito. Sentir-nos-emos um pouco aliviados por não ter de considerar que Deus provocou isso deliberadamente, por um ato de julgamento. Por outro lado, as pessoas certamente perguntarão: "Por que Deus permitiu isso?" A Bíblia é capaz de ver catástrofes em termos de causa e efeito, e algo dessa natureza está implícito em como a história insiste em repetir o verbo "devastar". Devastação produz devastação, como seria o caso do aquecimento global. A humanidade tem devastado o seu caminho e, por consequência, o mundo; assim, de igual modo, Deus devastará a humanidade, bem como o mundo. Contudo, a Bíblia também é bastante severa quanto a atribuir tais catástrofes à ação direta de Deus. Coisas acontecem; e, pelo menos, às vezes, Deus não permite simplesmente que aconteçam, mas faz acontecer.

No entanto, Deus não é muito bom no quesito severidade. "Apagarei tudo", Deus disse. Não houve qualquer conversa sobre fazer uma limpeza e começar do zero. "É isso", disse Deus. "Estou fora." A declaração subsequente, "Noé encontrou graça" ou "A graça foi ao encontro de Noé", é totalmente ilógica. Mas assim é a natureza da graça. Ao mesmo tempo, pode-se dizer que ela é totalmente lógica. Como poderia Deus desistir do projeto da Criação? Como poderia Deus render-se à tentação de admitir o fracasso? Como poderia Deus admitir a derrota?

Então, essa é a razão de a graça ter encontrado Noé. Não é de estranhar que esse *modus operandi* seja claramente o mesmo usado em outras ações da graça divina presentes na Escritura. Não existe qualquer mérito em nós que justifique sermos encontrados pela graça de Deus. Caso houvesse, não seria graça. Se isso soa injusto, então, sim, é injusto, mas é compatível com o restante da vida. Deus não concede dons, capacidades e duração de vida iguais para todos. Ele não decidiu fazer a humanidade igualitária. A vida não é justa.

A prioridade, na mente divina, não é equidade, mas como servimos a Deus e às demais pessoas com nossos dons, nossas capacidades e a nossa vida, independentemente de sua duração. Deus é gracioso conosco não para o nosso bem, mas para benefício dos outros. Deus mostra graça a Noé porque isso significará dar ao projeto da Criação um novo pontapé inicial em vez de render-se à noção impossível de abandoná-lo. As mesmas dinâmicas estão presentes na história de Saulo, o perseguidor, que não merecia aquele encontro com o Senhor; mas Cristo agiu assim para transformá-lo em seu servo.

Nessa conexão, a ordem com a qual Gênesis reporta sobre Deus e Noé é significante. Primeiro, nos conta que Noé encontrou graça aos olhos de Deus. Então, revela que Noé era uma pessoa **fiel** e íntegra, alguém que andava com Deus, como Enoque. A seguir, relata como Deus deu a Noé instruções para sobreviver à destruição iminente. Alterar qualquer aspecto da ordem nesse relato impacta a teologia. De fato, Noé é um homem de fidelidade e de integridade singulares, mas essas características provêm da graça de Deus, em lugar de ser a sua causa. Há uma ligação entre graça e fidelidade ou integridade, mas esse vínculo é que a graça gera fidelidade e integridade, não o contrário. E, se a fidelidade e a integridade não fossem decorrentes da graça, então a história teria sido abortada; Deus teria pensado duas vezes. Deus livra Noé da destruição e o faz cabeça de uma nova humanidade porque Noé constitui uma inesperada exceção à regra geral de que "todas as inclinações dos planos do coração das pessoas eram somente erradas, todo o tempo", mas isso ocorre apenas porque Noé encontrou graça ou esta o encontrou.

A narrativa também introduz um dos termos teológicos mais significativos da Bíblia, a palavra "**aliança**", que sugere um compromisso solene estabelecido por uma pessoa ou grupo de pessoas com outra pessoa ou grupo de pessoas.

Em sua primeira aparição, a aliança está intimamente relacionada à graça. Por vezes, as alianças são recíprocas. Isso é verdadeiro quanto a uma aliança de matrimônio: nesse caso, a aliança funciona somente na premissa de que duas pessoas estabelecem um compromisso mútuo. No entanto, em seu uso inicial, *aliança* refere-se a um compromisso unilateral; Deus estabelece um compromisso com Noé. Uma expressão desse concerto é o fornecimento de instruções precisas para a construção de uma embarcação adequada. Noé não é deixado por conta própria para encontrar uma solução. Todavia, como demonstração da graça de Deus, essa aliança demanda uma resposta. Se Noé e sua família não fizerem exatamente o que Deus instrui, eles perecerão, como os demais. Na realidade, porém, a aliança resulta apenas do compromisso divino. As implicações serão levadas adiante após o dilúvio.

Noé faz exatamente o que Deus ordenou e constrói a sua grande caixa. Tradições judaicas o imaginam sendo alvo dos comentários irreverentes de seus vizinhos. Mas a sua obediência significa que a aliança não será quebrada.

GÊNESIS **7:1-24**
E DEUS O TRANCOU

[1] *Yahweh* disse a Noé: "Entre na arca, você e toda a sua casa, porque tenho visto que é uma pessoa fiel diante dos meus olhos, nesta geração. [2] De todo animal puro, leve sete de cada com você, um macho e sua companheira; e dos animais que não são puros, dois, um macho e sua companheira; [3] das aves dos céus, também, sete de cada, macho e fêmea, para manter a descendência viva sobre a face de toda a terra. [4] Porque em sete dias farei chover sobre a terra durante quarenta dias e quarenta noites e eliminarei, da superfície do solo, tudo o que existe feito por mim." [5] Noé fez segundo tudo o que Deus lhe ordenara.

[6] Noé tinha seiscentos anos quando o dilúvio veio, água sobre a terra. [7] Noé, seus filhos, sua esposa e as esposas de seus filhos

entraram na arca com ele por causa da água do dilúvio. [8]Dos animais puros, dos animais que não são puros, das aves e de tudo o que se move sobre o solo, [9]dois de cada vieram a Noé e entraram na arca, macho e fêmea, conforme Deus ordenou a Noé; [10]e, depois de sete dias, a água do dilúvio veio sobre a terra. [11]No seiscentésimo ano da vida de Noé, no segundo mês, no décimo sétimo dia do mês, naquele dia todas as fontes do grande abismo se romperam e as aberturas dos céus se abriram. [12]A chuva veio sobre a terra por quarenta dias e quarenta noites.

[13]Naquele mesmo dia, Noé e seus filhos, Sem, Cam e Jafé, a esposa de Noé e as esposas de seus três filhos entraram na arca, [14]eles e toda criatura vivente, segundo a sua espécie, todo animal, segundo a sua espécie, e tudo o que se move sobre a terra, segundo a sua espécie, e tudo o que voa, segundo a sua espécie, toda ave e toda criatura alada. [15]Eles vieram a Noé dentro da arca, dois de cada de toda a carne na qual havia sopro vivente. [16]Então, aqueles que vieram, macho e fêmea de toda a carne, vieram como Deus lhe ordenara. E *Yahweh* o trancou.

[17]O dilúvio continuou por quarenta dias sobre a terra, e a água aumentou e ergueu a arca. Ela elevou-se acima da terra. [18]A água subiu e aumentou grandemente sobre a terra, e a arca se movia sobre a superfície da água. [19]Quando a água subiu muitíssimo sobre a terra, todas as montanhas mais altas debaixo dos céus foram cobertas. [20]A água subiu quinze côvados acima; as montanhas foram cobertas. [21]Toda a carne que se move sobre a terra pereceu: aves, animais, coisas viventes, todas as coisas que abundam na terra, e toda a humanidade. [22]Tudo o que tinha um sopro de vida em suas narinas, tudo o que estava na terra seca, morreu. [23]Isso eliminou tudo o que existia e que estava sobre a face do solo, de seres humanos a animais, de coisas que se movem às aves nos céus. Eles foram apagados da terra. Apenas Noé e aqueles com ele na arca foram deixados. [24]E a água permaneceu na terra por 150 dias.

Um de meus filhos trabalha para a Agência do Meio Ambiente do Reino Unido, no departamento responsável pelo controle de inundações, supervisionando projetos destinados à prevenção de enchentes. No passado, houve ocasiões em que tempestades terríveis levaram o mar a inundar extensas áreas das regiões baixas da Grã-Bretanha e outras partes da Europa. Em 2005, o furacão Katrina teve um efeito ainda mais devastador na costa do golfo do México e nos Estados Unidos. Os céus se abriram e parecia que nunca mais iriam fechar; as águas pareciam subir sem cessar. Numa situação como essa, pode-se questionar quanto estamos seguros na terra. No mundo do Oriente Médio, porém, isso não era uma mera questão de conjectura. Inundações ocorriam com regularidade. Gênesis usa esse fato e as histórias sobre enchentes, que as pessoas contavam, como base para levar mais adiante a sua exposição do relacionamento de Deus e o mundo.

A Bíblia gosta de fazer teologia por meio do conto de histórias. A narrativa pode ser mais histórica ou mais parabólica, ambas constituindo uma forma de discutir uma questão teológica. Nesse caso, presumo que o dilúvio possui mais contornos de uma parábola do que de um relato histórico. Eu não ficaria surpreso caso os israelitas afirmassem não considerar, de modo literal, uma história sobre uma caixa flutuante, de três andares, com 135 metros de comprimento e cheia de animais. E como Noé conseguiria persuadir leopardos e cobras a entrarem na caixa, sem falar nas aves? Esses não são os únicos problemas logísticos sobre essa narrativa, e os israelitas não eram estúpidos. (A palavra usualmente traduzida por "arca" aparece no Antigo Testamento em duas ocasiões, aqui e na história de Moisés, ao descrever o cesto onde a sua mãe o escondeu, à margem do Nilo. No hebraico mais recente, a palavra significa uma caixa, que também é o significado do termo em latim do qual obtemos a palavra "arca". Por essa mesma razão é que o baú contendo os rolos da **Torá**, em uma sinagoga, é chamado de arca. Não sabemos o que é madeira de "gôfer" — essa palavra é citada somente aqui.)

Na verdade, existem no Oriente Médio muitas histórias sobre uma inundação, algumas com características que se sobrepõem a Gênesis (em todas as partes do mundo, há histórias sobre inundações, embora dificilmente isso sirva de argumento para sugerir que todos os relatos sejam sobre a mesma inundação que envolveu todo o planeta). Imagino que as histórias reportem uma ou mais enchentes reais que atingiram a **Mesopotâmia**, uma região que, por sua natureza, estaria sujeita a inundações, ao contrário da área montanhosa da Palestina. Como ocorreu em conexão com a Criação, Deus, então, inspirou os autores de Gênesis a utilizar histórias que eles e o povo já conheciam, a fim de contar a verdade real sobre Deus e o mundo.

Uma das verdades que a história incorpora é expressa na sequência de graça divina, fidelidade humana e comissão divina, que já observamos como uma característica da vida de Noé. Outra verdade é manifesta no relato da determinação de Deus em destruir tudo e todos, para, então, adotar medidas a fim de abrir uma exceção. O relato enfatiza tanto a necessidade de Deus agir contra a desobediência quanto a de encontrar um meio de prosseguir com o projeto da Criação. A natureza irreal e, por vezes pitoresca dessa história sobre a destruição de todo o mundo, pode tornar a dura mensagem teológica mais fácil de aceitar, como ocorre com outras histórias curiosas do Antigo Testamento, como a de Ester.

A história do dilúvio, assim como as genealogias em Gênesis 5, é repetitiva, o que sublinha o terror da destruição. Um de seus aspectos mais assustadores é que o dilúvio constitui a anulação da própria Criação. Isso não apenas envolve a destruição das criaturas feitas por Deus, como também, mais fundamentalmente, a abolição da estrutura ordenada do cosmos que Deus havia projetado. Uma característica essencial daquele cosmos era o confinamento da água debaixo da cúpula do céu e no mar em vez de na terra. Ambas as restrições são retiradas.

Algo mais jaz por trás das repetições. Gênesis começa com duas histórias da Criação, colocadas uma após a outra. É possível separar duas versões do relato do dilúvio paralelas às duas narrativas da Criação; aqui Gênesis parece ter entrelaçado as duas histórias em vez de dispô-las uma após a outra. Isso explica sobremodo a repetição e produz o tom de horror característico. A diferença entre as duas narrativas entrelaçadas é que uma explicita que Noé precisa fazer uma distinção entre animais "puros" e animais que não eram puros. A diferenciação não está no fato de alguns serem impuros, no sentido de terem hábitos imundos, mas na existência de criaturas que os israelitas, mais tarde, receberiam permissão para comer e seriam aceitáveis para sacrifícios, enquanto outras não. Ambos os tipos de animais precisavam ser preservados (todos faziam parte da Criação divina), mas, evidentemente, Noé iria precisar das criaturas comestíveis em maior quantidade do que as impróprias para o consumo e os sacrifícios.

Aliviando o horror de outra maneira, uma vez que todos estavam a bordo, Deus tranca Noé dentro da arca, como o comissário de uma aeronave que verifica se a porta está devidamente travada. Na história do Oriente Médio chamada *Gilgamesh* a porta é fechada pela figura equivalente a Noé, cujo nome era Utnapishtim. No relato bíblico, Deus é quem garante a segurança de Noé, de sua família e de sua carga.

GÊNESIS 8:1-21A
MAS DEUS SE LEMBROU DE NOÉ

[1]Mas Deus estava atento a Noé, a todas as coisas viventes e aos animais que estavam com ele na arca. Então, Deus enviou um vento sobre a terra, e a água se abateu. [2]As fontes do abismo e as aberturas nos céus foram bloqueadas, a chuva do céu parou [3]e a água se retirou gradualmente da terra. A água diminuiu ao fim de 150 dias, [4]e a arca veio a repousar no sétimo mês, no décimo sétimo dia do mês, nas montanhas de Ararate. [5]Como a água continuou a diminuir até o décimo mês, no décimo mês, no primeiro dia do mês, os topos das montanhas surgiram. [6]Ao fim de quarenta dias, Noé abriu a janela que ele havia feito na arca [7]e enviou um corvo. Este continuou a sair e retornar até que a água secou da terra. [8]Ele enviou uma pomba para ver se a água tinha diminuído sobre a superfície do solo, [9]mas a pomba não encontrou um lugar de descanso onde pousar os pés e retornou para a arca, porque havia água sobre a superfície de toda a terra. Então, ele colocou sua mão para fora, apanhou a pomba e a trouxe para dentro da arca. [10]Esperou mais sete dias e, de novo, enviou a pomba para fora da arca. [11]A pomba voltou a ele, ao entardecer, e havia em seu bico uma folha de oliveira. Então, Noé soube que a água tinha diminuído sobre a terra. [12]Esperou mais sete dias e enviou a pomba, e ela não retornou mais para ele.

[13]No seiscentésimo primeiro ano, no primeiro dia do primeiro mês, a água secou sobre a terra. Noé removeu o teto da arca e viu: sim, a superfície do solo estava seca. [14]No segundo mês, no vigésimo sétimo dia, a terra estava totalmente seca. [15]Deus falou a Noé: [16]"Saia da arca, você, sua esposa, seus filhos e as esposas de seus filhos com você. [17]Toda criatura vivente que está com você, de toda a carne, aves, animais e tudo o que se move sobre a terra: traga-os para fora com você, de modo que eles possam abundar sobre a terra, e serem férteis e numerosos sobre a terra. [18]Então, Noé saiu, ele, seus filhos, sua esposa e as

esposas de seus filhos com ele. [19]Toda criatura vivente, tudo o que se move, toda ave e tudo o que se move sobre a terra, saiu da arca, segundo as suas famílias.

[20]Noé construiu um altar para *Yahweh*, pegou alguns de todos os animais puros, de todas as aves puras e ofereceu ofertas inteiras no altar, [21]e *Yahweh* sentiu o aroma agradável.

Há muitos restaurantes e clubes aos quais levo a minha esposa, em sua cadeira de rodas, e sempre somos lembrados e atenciosamente tratados. Quando ligo para fazer a reserva, regularmente se lembram de nós (em parte, pelo sotaque estranho) e, quando lá chegamos, nos reconhecem (em parte, por causa da cadeira de rodas). Em resumo, sempre somos recebidos com muita atenção e disposição, incluindo a garantia de uma mesa com boa acessibilidade, onde Ann possa ver e ouvir. Com frequência, costumava pensar que éramos um incômodo aonde quer que íamos, mas me tornei um pouco mais hábil para apreciar o genuíno interesse das pessoas. Amo a ambos, a lembrança e a atenção.

Deus se lembra de Noé e está atento a ele. O verbo usado no início de Gênesis 8 engloba ambos, de modo que usei a versão familiar no título, mas, então, traduzi de outra forma. Por si só, o verbo "lembrar" poderia ser vago e um pouco preocupante. Como seres humanos, não possuímos controle total sobre a nossa memória, e seria inquietante se falássemos disso em termos de Deus, subentendendo que o Criador possa ser, às vezes, distraído e esquecido. Além disso, não esquecemos as coisas realmente importantes e, quando isso acontece, em geral sugere que não são prioridades. Repetindo, seria preocupante se essas dinâmicas afetassem a memória divina.

Ao expressar que Deus se lembrou de Noé, Gênesis não está querendo dizer que Deus tinha se esquecido temporariamente dele. Mas, ao contrário, indica que, em dado momento, Deus estava tão zeloso de Noé que tomou a ação adequada. No Antigo Testamento, as pessoas, por vezes, acusam Deus de esquecê-las (por exemplo, Salmos 13). Com isso, elas não querem dizer que Deus sofreu um lapso de memória, as ignorou ou deixou de prestar atenção a elas; essa é a implicação quando Deus não faz nada para impedir que elas sejam atacadas. Isso também é muito inquietante, daí a importância da oração. Assim, suplicam pelo momento em que Deus decide que basta e passe a ser atento a elas.

Gênesis não nos revela se, passados 150 dias, Noé e companhia começaram a se perguntar se Deus havia se esquecido deles, em qualquer desses sentidos. O relato apenas informa que chegou um momento no qual Deus, de fato, decidiu que já bastava, mas foi zeloso com Noé. Provocar o dilúvio foi um ato de não criação; agora, Deus inicia um processo de recriação. Uma vez mais, um vento sopra sobre as águas que cobrem a terra como fizera no princípio. As aberturas na cúpula são bloqueadas de modo que as águas estão, de novo, controladas atrás dela, assim como as aberturas equivalentes no solo. Portanto, as águas baixaram gradualmente até a arca repousar em uma região montanhosa de Ararate (Ararate não é uma montanha, mas uma cordilheira com área equivalente à moderna Armênia). Novamente, vemos a interação entre o ato divino e os processos humanos “naturais”; Deus não tinha provocado o dilúvio por puro milagre, nem o removeu de forma miraculosa.

O restabelecimento da Criação é levado adiante quando os remanescentes do mundo animal original deixam a arca, para, uma vez mais, “serem férteis e numerosos”. Deus assegurou a sobrevivência de amostras de todas as espécies para que o processo pudesse recomeçar.

Primeiro, como Caim e Abel, mas com resultados mais auspiciosos, o instinto de Noé é adorar, e, assim, ele edifica o primeiro **altar** em Gênesis, para poder cultuar a Deus de modo apropriado (talvez Caim e Abel tenham construído um altar para oferecer seus sacrifícios, mas Gênesis nada diz a respeito). Posteriormente, Abraão, Isaque, Jacó e Moisés também levantaram altares, cada qual em conexão com uma ação especial divina em benefício deles. A narrativa em Gênesis enfatiza como Noé oferece a oferta apropriada daqueles animais puros dos quais salvara sete casais do dilúvio (desse modo, ele pôde sacrificar alguns sem colocar em perigo o futuro). Nesse sentido, a sua adoração corresponde às instruções que a **Torá** fornecerá, mais tarde, a Israel. Esse holocausto, em especial, é sobremodo extravagante: Noé oferece algumas de *todas* as criaturas "puras".

Quando outras pessoas oferecem sacrifícios, em Gênesis, talvez sejam também "ofertas inteiras", mas essa é a única ocasião em que isso é explicitado, com exceção da história de Abraão e Isaque, em Gênesis 22. Uma oferta inteira envolve queimar um animal completo a Deus (a palavra para "oferta inteira" conecta-se com o verbo que significa "subir" — o sacrifício sobe em forma de fumaça a Deus. Mais tarde, na adoração em Israel, ofertas inteiras eram realizadas regularmente, ao amanhecer e ao entardecer. Se quisesse fazer uma oferta por algo especial que Deus lhe fez, você faria uma oferta de gratidão, não uma oferta inteira. Essa oferta não envolvia dedicar o animal inteiro, mas entregar parte dele a Deus e comer junto como uma família na presença de Deus. Era um tipo de refeição celebrativa da comunhão com Deus. Os animais oferecidos por Noé, sendo puros, são aqueles cujo consumo é permitido aos israelitas. Todavia, Noé não consome nada deles. Sua oferta é, de fato, sacrificial. Ele nada obtém para si. A insistência de Davi em não oferecer a Deus ofertas inteiras que nada lhe custassem (2Samuel 24:24) está implícita na adoração de Noé, como fora no caso de Caim e Abel. Noé adorou não porque obteve algum lucro com isso, mas com o propósito de dar algo a Deus.

Talvez seja esse o motivo de o aroma daquele sacrifício ser agradável a Deus. Havia divindades adoradas por outros povos, na vizinhança de Israel, que pareciam tão humanas a ponto de ser possível imaginá-las comendo a oferta. Seus adoradores contavam histórias sobre aqueles deuses agindo de modo muito humano: eles nasciam, comiam, tinham relações sexuais, procriavam e morriam. Igualmente, há muitas formas pelas quais ***Yahweh*** apresenta características humanas; *Yahweh* ama, pensa, fica irado, sente compaixão, e assim por diante. Contudo, o Antigo Testamento não descreve *Yahweh* naqueles outros termos humanos e práticos, de modo que, ao descrever sacrifícios como aroma agradável, os israelitas saberiam (ou deveriam saber) que não se trata de uma metáfora que deveriam pressupor. Por outro lado, *Yahwe*h ama o aroma do sacrifício, e isso é, pelo menos parcialmente, por causa do significado sobre Noé.

GÊNESIS **8:21B—9:4**
NUNCA MAIS

[21b]Então, *Yahweh* disse a si mesmo: "Nunca mais desprezarei a terra por causa da humanidade, porque a inclinação do coração humano é má desde a sua juventude. Nunca mais atingirei todos os viventes, como fiz. [22]Nunca mais, por todos os dias da terra, o plantio e a colheita, o frio e o calor, o verão e o inverno, o dia e a noite, cessarão."

CAPÍTULO 9

[1]Deus abençoou Noé e seus filhos, dizendo-lhes: "Sejam férteis, sejam numerosos, encham a terra. [2]Reverência e temor em relação a vocês haverá em todas as coisas viventes sobre a terra,

em todas as aves nos céus, em tudo o que se move sobre o solo e em todos os peixes no mar; eles são entregues ao seu poder. [3]Tudo o que se move, que está vivo, será seu como alimento. Como dei a vocês todas as plantas verdes, tudo é seu. [4]Mas, carne com sua vida, seu sangue, vocês não devem comer."

Alguns anos atrás, um casal amigo deixou o seminário, mudando-se para outra parte do país; ele, para ser pastor; ela, para ser conselheira. Mantivemos contato ocasional por *e-mail*, e, passado algum tempo, veio à tona que o casamento deles estava em apuros e eles estavam se separando. Fim da história, imaginei, no que dizia respeito àquele casamento. Contudo, há três semanas recebi outro *e-mail*. Ocorre que o casal está junto novamente e muito esperançoso quanto ao futuro. A possibilidade de uma nova vida ainda existia quando pensei não ser mais possível.

Quando a humanidade havia se desviado totalmente e o mundo estava para ser inundado e sua vida extinta, parecia ser o fim, mas não foi. Havia possibilidade de uma nova vida quando se pensava que ela não existia mais. Primeiro, Deus reflete sobre o que a história nos ensinou até aqui. Uma vez mais, o texto fala como se Deus tivesse aprendido algumas lições por meio do que acontecera até então. Embora, de novo, isso possa parecer apenas uma forma metafórica de falar, Gênesis descreve Deus descobrindo coisas à medida que a história da humanidade progride, e esse, talvez, seja mais um exemplo. A história, até aqui, leva Deus a tomar uma nova decisão, pois ele já tentou de tudo, exceto destruir a terra. Ele, porém, sabe que, embora essa ação faça sentido, ela não leva ninguém a lugar algum. Então, Deus decide aceitar o mundo como ele é, porque é necessário aceitar a humanidade como ela é. Isso não significa estar contente com o mundo e os seres humanos, mas significa chegar a uma conciliação com o que eles são. Apenas quando você reconhece a situação é que pode começar a fazer algo a respeito dela.

A essa altura, ainda não aprendemos nada sobre o que Deus, de fato, fará; até chegarmos à história de Abraão, Deus permanece envolvido apenas em uma operação de retenção, que inclui jamais desprezar ou rejeitar o solo novamente. As traduções, em geral, apresentam Deus não "amaldiçoando" o solo, mas essa não é a palavra para "amaldiçoar" que Deus usou previamente. Deus faz referência não àquela maldição original, mas ao severo tratamento que ele, mais recentemente, submeteu ao solo, por meio da inundação. Portanto, Deus segue essa promessa com a resolução de nunca mais exterminar as criaturas viventes. Em uma escala mais cósmica, Deus agora assegura o ciclo anual de plantio e colheita, frio e calor, verão e inverno, dia e noite.

O motivo divino para essa garantia é especialmente notável. A razão é que "a inclinação do coração humano é má desde a sua juventude". Deus é surpreendentemente ilógico como só Deus pode ser. Seria mais lógico dizer: "Não destruirei a terra novamente, *embora* a inclinação do coração humano seja tão má." É assim que algumas traduções apresentam Deus dizendo. Todavia, ele usa a palavra comum para "porque", cujo significado quase nunca, se é que alguma vez, tem o sentido de "embora". Como esperado, o que Deus tem a dizer é mais profundo do que se poderia supor. A graça de Deus não opera *apesar* do pecado humano, mas *por causa* dele.

Há uma possibilidade cuja reflexão é importante. Embora essa determinação tenha origem na graça divina, ela é expressa após o sacrifício de Noé e como ele agradou a Deus. Agora, os sacrifícios são expressões de adoração e de gratidão, mas também são de orações. Quando Israel oferecia as suas ofertas inteiras, ao amanhecer e ao entardecer, isso também representava o pedido pela bênção e proteção de Deus durante o dia e a noite. Claro que era possível orar sem fazer uma oferta, em especial quando se estava distante do templo, ou após o templo ser destruído, mas, sempre que possível, a oração seria acompanhada por uma oferta. Assim, uma das implicações da oferta de Noé talvez fosse: "Agora que tudo terminou, concede-nos a tua bênção; por favor, não voltes a fazer isso." A resolução de Deus, então, é uma resposta a essa oração. Se for verdade, isso nos mostra outra faceta da importância de nossa adoração e oração. Por vezes, os atos divinos de graça e de misericórdia são respostas de oração. Se não orarmos, o mundo pode perder alguns desses atos misericordiosos e graciosos. Como enfaticamente expresso por Tiago 4, "Não têm, porque não pedem".

O fim do capítulo 8 expressa a resolução divina na forma negativa; Deus não desprezará ou atingirá o mundo novamente. Então, o início do capítulo 9 a expressa positivamente. No princípio, Deus abençoou os primeiros seres humanos e os encorajou a serem férteis. Agora, Deus coloca a Criação em movimento, uma vez mais, em um novo ato criativo; então, repetindo o que fizera antes, Deus abençoa os seres humanos, encorajando-os a serem férteis, numerosos e povoarem a terra. Como no princípio, Deus volta à questão do relacionamento deles com os animais. Em Gênesis 1, eles deveriam governar e manter o domínio sobre os animais, um projeto com implicações positivas para o mundo animado. O trabalho da humanidade era levar o mundo dos animais a viver em harmonia. Isso, porém, não aconteceu, e Gênesis passa a insinuar uma situação na qual as pessoas comem animais, em lugar de cuidar deles. Embora Deus esteja, agora, dando continuidade à Criação, as coisas não são as mesmas como eram no princípio. Isso fica implícito no aspecto patriarcal dessa bênção. Em Gênesis 1, Deus abençoou o primeiro casal, homem e mulher. Aqui, no capítulo 9, Deus abençoa Noé e seus filhos. E o mundo dos animais tem motivos para adotar uma atitude diferente em relação aos seres humanos. As palavras para reverência e temor são também palavras para medo e pavor, e, talvez, ambas as conotações sejam aplicáveis. Reverência e temor, uma atitude de submissão, era o que se esperava no princípio; Deus não deseja uma repetição da assertividade da serpente. Agora, porém, a humanidade passa a consumir carne, de modo que medo e tremor por parte dos animais também são apropriados.

Existe uma restrição na permissão para comer carne. As pessoas não devem consumir carne com sua vida, ou seja, com seu sangue. Uma implicação óbvia é que não se pode comer animais vivos, o que parece ser uma prática improvável, embora creio ser possível haver pessoas que o façam. Mais significante, porém, é a implicação de que o sangue deve ser drenado do animal quando ele for morto ou antes de cozinhá-lo, porque sangue é um sinal de vida. Ao perder sangue, você perde vida. Portanto, se você consome sangue, está consumindo vida, e a vida pertence a Deus. Drenar o sangue de um animal reconhece que a vida daquele animal veio de Deus e está retornando para ele.

Drenar o sangue de um animal antes de prepará-lo se tornou um princípio-chave na **Torá** em conexão com o consumo de carne, sendo até os dias de hoje um princípio fundamental na observância judaica da culinária *kosher*. Gênesis nos conta que isso ultrapassa a singularidade das expectativas da Torá de Israel, que não são obrigações para outros povos. Trata-se de uma premissa que abrange a humanidade como um todo (é um princípio-chave na observância muçulmana *halal*) e tema da primeira conferência cristã, em Jerusalém (descrita em Atos 15), sobre a sua aplicação a gentios, assim como a judeus cristãos. Agora, talvez não haja a necessidade de sermos legalistas quanto a essa observância, mas, como Gênesis 1:27-30, ela levanta questões sobre a maneira pela qual nós, no Ocidente, tratamos a carne como uma mercadoria hermeticamente embalada no supermercado, sem pensar sobre como aquele alimento chegou lá. Os métodos usados na criação de animais para consumo são extremamente insensíveis, e eles são criaturas com vida divina em seu interior.

GÊNESIS **9:5-13**
UMA VIDA POR OUTRA

[5]"E, certamente, o seu sangue, pela sua vida, pedirei contas. De todo animal pedirei contas, e de um ser humano pedirei contas de uma vida humana, um indivíduo por seu irmão. [6]Aquele que derramar sangue humano, por meio de um ser humano o seu sangue fluirá, porque foi à imagem de Deus que a humanidade foi feita. [7]Mas, vocês, sejam férteis, sejam numerosos, abundem sobre a terra, sejam numerosos nela." [8]E Deus disse a Noé e a seus filhos com ele: [9]"Agora, estou estabelecendo a minha aliança com vocês, com seus descendentes depois de vocês [10]e com todo ser vivo que está com vocês, aves, animais e todo ser vivente sobre a terra com vocês, todos os que saíram da arca, toda coisa vivente sobre a terra. [11]Eu estabelecerei a minha aliança com vocês. Toda a carne não será ceifada novamente pelas águas de um dilúvio. Não haverá mais um dilúvio para devastar a terra." [12]E Deus disse: "Este é o sinal da aliança que estou estabelecendo entre mim e vocês e toda criatura vivente que está com vocês, para todas as gerações futuras. [13]Coloco o meu arco nas nuvens. Será o sinal da minha aliança com a terra."

Certa feita, fui solicitado a visitar um homem na prisão que tinha depositado sua confiança em Cristo e, agora, estava tendo cursos *on-line* sobre fé cristã; ele esperava ser ordenado algum dia. Aquele homem tinha quase a mesma idade e constituição que eu e seu nome, na verdade, também era John. Quando ocupamos uma pequena mesa e, sentados, conversamos sobre livros teológicos que estavam lá, lembro-me de ter pensado como éramos parecidos e, ao mesmo tempo, tão diferentes. Nem imaginava quanto. A caminho da saída da prisão, naquela primeira visita, casualmente, perguntei à capelã que me acompanhava se ela sabia por que ele estava na prisão. Era por assassinato. "Lá, a não ser pela graça de Deus, vou eu", disse outro John, o reformador John Bradford, quando viu um criminoso sendo levado para execução (admite-se que ele quis dizer algo diferente do que a frase veio a sugerir, já que, na época, ele próprio era prisioneiro na Torre de Londres por suas crenças. Bradford acabou queimado na fogueira). Na realidade, a minha acompanhante disse: "Bem, ele matou dezenove pessoas." Aquele John havia sido o matador de uma gangue famosa, uma ou duas décadas atrás. Ele ainda estava vivo apenas porque a pena de morte por assassinato, no Reino Unido, fora abolida em 1969.

Para os cristãos, a maneira com que o Antigo Testamento fala da pena de morte tanto pode ser decisivamente importante quanto embaraçosa. Partes posteriores da **Torá** prescreverão a pena de morte para muitas ofensas, e o que a Torá tem a dizer sobre a execução por assassinato deve ser considerado à luz de um quadro mais amplo. Aqui, porém, quando o texto primeiramente fala sobre a pena capital, a questão é o assassinato. Assim, o homicídio é, mais ou menos, a única ofensa pela qual os cristãos advogariam a pena de morte. À parte da convicção de que a Bíblia assim o diz, por que eles iriam querer isso? Na semana passada, o noticiário trouxe a notícia de que a polícia teria conseguido provar que o assassinato, até então sem solução, de uma criança, vinte anos atrás, havia sido praticado por um homem que já tinha morrido na prisão. Os pais da criança afirmaram, mais de uma vez, que estavam satisfeitos agora não pela solução do caso, mas por terem justiça. Embora seja mais respeitável argumentar em favor da pena capital como meio de dissuasão, no íntimo a motivação é outra.

Deus concorda que uma pessoa que mata outra não deveria "sair impune", como dizemos, e determina que ela seja procurada, como a polícia foi à procura de Butch Cassidy e Sundance Kid, disposta a prosseguir na busca até encontrá-los. Repetidas vezes, Deus expressa essa questão por diferentes palavras e, então, articula o seu raciocínio. A pessoa que assassina outra ataca o próprio Deus. Desfigurar uma bandeira é uma ofensa grave porque a bandeira representa uma nação. Desfigurar uma foto minha é um ataque à minha pessoa. Matar um ser humano é um ataque a Deus porque esse ser humano é feito à imagem divina e, portanto, ele reflete Deus. Eis porque devemos nos respeitar como seres humanos. Fazemos isso por amor ao Criador.

"Pedirei contas da vida humana", Deus diz. A correção pertence a Deus. Todavia, as próprias famílias e comunidades tendem a buscar reparação pelo ataque que um homicídio representa para elas. Há um anseio por justiça. Uma morte, portanto, levará a outra. Ao comentar sobre isso, não fica claro se Deus está prescrevendo o que os seres humanos devem fazer ou predizendo o que eles farão. Um assassinato dá início a um ciclo de violência e busca por justiça no intuito de reparação e vingança. Caim sabia disso, e Deus não disse que ele deveria ser executado, mas tomou medidas para protegê-lo desse ciclo de violência. Da mesma forma, Jacó tinha ciência disso; é a razão de sua preocupação quando seus filhos mataram homens em Siquém como um ato de vingança (veja Gênesis 34).

Jesus sabia disso; ele adverte que as pessoas que lançam mão da espada, pela espada perecerão.

Não há, no Antigo Testamento, registro de alguém sendo executado por homicídio, o que sugere que as pessoas não assumiram que Deus, nessa passagem, estivesse baixando uma lei. Como as advertências em Gênesis 3, essa declaração aponta para problemas que sobrevirão à humanidade, possivelmente vistos por Deus como uma apropriada reparação pela desobediência dos seres humanos. Da perspectiva humana, será algo com que a humanidade terá que lidar se quiser que sua vida seja a mais civilizada possível. Como o sofrimento humano e a experiência parental, causados pela rebeldia humana, o instinto de buscar justiça, no sentido de reparação, é algo que a humanidade tem enfrentado.

Portanto, Gênesis deixa ambígua a relação entre "pedirei contas da vida humana" e "por meio de um ser humano, seu sangue fluirá". A implicação, talvez, seja a de que o instinto humano de buscar vingança é algo usado por Deus, sem que isso altere o fato de a busca por reparação ser errada. Isso estaria de acordo com o restante do Antigo Testamento quanto à compreensão da relação entre os atos divinos e os nossos.

Deus, então, deixa esse fato sombrio para reafirmar a comissão à humanidade sobre povoar a terra. A humanidade não deve ou não precisa assumir que o instinto de matar tornará isso impossível.

Ao anunciar o dilúvio, Deus disse a Noé: "eu estabelecerei a minha **aliança** com você". A preservação de Noé e sua família é, talvez, uma decorrência antecipada dessa aliança, mas, agora, Deus fala no tempo presente: "estou estabelecendo a minha aliança". Isso se aplica não apenas a Noé, mas aos seus futuros descendentes e, portanto, estende-se a muito além da família beneficiada pelo empenho divino de preservar Noé do dilúvio. Na realidade, extrapola os beneficiários humanos daquele compromisso de Deus e alcança as demais criaturas viventes da Criação. A aliança divina envolve todo o mundo animado. Nunca mais haverá um dilúvio para devastar a terra ou exterminar a vida. O propósito da criação que conferiu uma importância positiva a toda a Criação é reafirmado. O instinto humano de buscar justiça pode colocar o mundo em perigo, mas não o compromisso divino com a justiça. A misericórdia humana não pode ser assegurada, mas a divina sim.

Uma aliança não é uma convenção da qual você pode sair porque mudou de ideia. Ela, de fato, envolve um compromisso. Decerto, ninguém pode processar você por falhar em manter uma aliança. Mas (em teoria) você não deve nem sonhar em quebrá-la: isso significaria ser infiel à outra pessoa e a você mesmo. Assim, é encorajador quando Deus estabelece uma aliança, pois é um compromisso que tem a chancela do caráter divino. Ele não pode quebrar esse pacto sem deixar de ser Deus. Quando os seres humanos firmam alianças, não se pode garantir que eles a manterão, e uma das maneiras de se proteger contra a falta de confiabilidade humana é firmar essa convenção por meio de uma cerimônia solene. Deus aceita essa parte solene da convenção ao estabelecer um sinal dessa aliança, visível a qualquer um que olhe para o céu após uma tempestade horrível, como algumas que têm atingido o nosso planeta recentemente.

GÊNESIS **9:14-25**

NA CHUVA, AO VER O ARCO-ÍRIS

[14]"Quando eu trouxer nuvens sobre a terra e o arco surgir nas nuvens, [15]estarei atento à aliança que está entre mim e você e toda criatura vivente dentre toda a carne, e a água não mais se tornará um dilúvio para devastar toda a carne. [16]O arco estará entre as nuvens, e eu o verei e estarei atento à aliança perpétua entre Deus e toda criatura vivente dentre toda a carne que está

sobre a terra." [17]Deus disse a Noé: "Este será o sinal da aliança que estabeleci entre mim e toda a carne que está sobre a terra."

[18]Os filhos de Noé que saíram da arca eram Sem, Cam e Jafé, sendo Cam o pai de Canaã. [19]Esses foram os três filhos de Noé, e com eles toda a terra foi povoada.

[20]Noé, um homem do solo, como seu primeiro ato, plantou uma vinha. [21]Ele bebeu do vinho e embriagou-se, e expôs a si mesmo em sua tenda. [22]Cam, o pai de Canaã, viu a nudez de seu pai e contou aos seus dois irmãos, que estavam do lado de fora. [23]Sem e Jafé pegaram uma capa, colocaram-na sobre seus próprios ombros, caminharam de costas e cobriram o pai, com o rosto virado para trás para não ver a nudez dele. [24]Noé acordou de sua embriaguez e ficou sabendo o que seu filho mais novo lhe havia feito. [25]Ele disse: "Amaldiçoado seja Canaã: ele será o servo mais humilde de seus irmãos."

O teólogo e pastor escocês, do século XIX, George Matheson, perdeu a visão quando ainda era um estudante. Isso levou sua noiva a romper o compromisso porque ela não poderia enfrentar a vida ao lado de um homem cego. Ele jamais se casou; sua irmã cuidou dele por alguns anos em sua cegueira e o sustentou. Quando o casamento dela chegou, George, tomado de dor, tristeza e ansiedade, espontaneamente escreveu o hino endereçado ao "Amor que não me largas nunca". Ele escreveu: "Na chuva, ao ver o arco-íris, sei que a promessa cumprirás, que o pranto vai sumir." Ao verificar essa história, constatei que alguém havia postado esse hino em seu *blog*, comentando como o hino trouxe-lhe arrepios de emoção. Essa pessoa reagiu de uma forma apropriada à história de Matheson, bem como ao hino.

A maneira com que Gênesis 9 fala sobre o arco-íris me levou a refletir sobre a frase de Matheson. Quando eu era criança, em dias chuvosos intercalados com aparições temporárias do sol, minha mãe sempre nos dizia para procurar pelo arco-íris, que, em geral, sempre aparecia. Pode-se dizer que Gênesis nos convida a procurar pelo arco-íris na chuva e ver a promessa feita a todo o mundo. Ao refletir sobre o capítulo 9, constatei que jamais tinha notado que, no idioma inglês, a palavra para arco-íris é *rainbow*, ou seja, uma óbvia relação entre *rain* [chuva] e *bow* [arco]. O formato do arco-íris é, de fato, o de uma arma de guerra, mas é uma arma que Deus tem mantido guardada.

A natureza específica desse sinal de aliança é, portanto, significativa, não aleatória, como se Deus pudesse, com facilidade, ter transformado uma constelação particular de estrelas no sinal da aliança. Com efeito, ao trazer o dilúvio, Deus entrou em guerra com a humanidade. Então, Deus diz: "Agora, estou abaixando a minha arma de guerra." Ele, de fato, está tornando isso em algo belo (a seu tempo, Isaías 2 declara que Deus capacitará a humanidade a transformar suas armas de guerra em ferramentas agrícolas). Sempre que um arco-íris surgir, ele trará à lembrança o compromisso divino de nunca mais devastar o mundo. Mais adiante, em Gênesis, leremos sobre outra aliança, o sinal da circuncisão, e os cristãos, com frequência, falam do batismo como um sinal de aliança. No caso da circuncisão e do batismo, os seres humanos é que têm de implementar o sinal, e, se você não aceitar o sinal, coloca em perigo a sua participação na aliança. Quanto ao primeiro sinal de aliança, a humanidade nada pode fazer com relação ao seu efeito. Afinal, parte de seu pano de fundo é que "a inclinação do coração humano é má desde a sua juventude", de modo que é inútil para Deus fazer o futuro depender da humanidade. O arco-íris não precisa da cooperação humana para brilhar. É puramente um sinal que expressa a graça e a misericórdia de Deus.

O sinal funciona para Deus, como também para os seres humanos. Ao vermos um arco-íris, somos convidados a um suspiro de alívio por seu significado. Podemos fazer isso porque sabemos que Deus, ao olhar para o arco-íris, está atento (o termo de Gênesis 8:1 se repete) quanto ao compromisso daquela aliança. Será uma aliança "permanente" ou "perpétua". As traduções, em geral, trazem a palavra "eterna", mas quão "eterno" a palavra "perpétua" significa varia com seu contexto; por exemplo, pode significar "vitalícia". O ponto da palavra reside em seu significado de total confiabilidade. Essa aliança durará enquanto a humanidade durar.

Gênesis, então, manifesta a sua facilidade de passar do sublime ao ridículo. Teria Noé sido pego pelo resultado de beber vinho por não conhecer o que acontece quando se deixa uvas fermentando? Ou, como um homem do solo, ele saberia muito bem o que acontece? Foi apropriado ter plantado uma vinha como sua primeira atividade com o solo? Descobrimos, então, que Noé, o homem de grande integridade, o receptor de tamanha manifestação da graça divina, é um homem com pés de barro? Ou que o receptor de tamanha manifestação da graça de Deus pode também se tornar uma vítima do acaso?

Um ponto inicial para compreender essa história é que ela ilustra um padrão recorrente ao longo da Escritura. Quando Deus faz algo novo, induzindo a pensar que entramos em um novo estágio do cumprimento do propósito divino, logo em seguida as coisas dão errado, deixando claro que o reino divino ainda não chegou. Deus coloca a Criação em movimento e tudo vai bem, mas logo Adão e Eva dão ouvidos às lisonjas mentirosas de uma serpente. Deus promete fazer de Abraão uma grande nação; em breve, porém, este entrega Sara ao faraó. Deus sela uma aliança com Israel, no Sinai, mas, pouco tempo depois, o povo faz uma imagem de bezerro como objeto de adoração. Moisés ordena Arão e seus filhos, e, logo, os filhos de Arão oferecem fogo profano diante de Deus. O Espírito Santo desce sobre a comunidade de pessoas que creem em Jesus, mas, logo, dois deles estão mentindo sobre suas promessas e caem mortos. Então, aqui Deus reinicia o projeto da Criação, mas logo este falha. Os grandes atos divinos de bênção e livramento são, regularmente, seguidos por uma falha de algum tipo. Aceite isso.

Outro ponto de partida na compreensão dessa história é a ênfase maior no neto de Noé, Canaã, do que em seu filho caçula, Cam, pai de Canaã. Ao ouvirem essa história, os ouvidos dos israelitas se aguçam. Eles conhecem sobre os **cananeus**. Mais tarde, estes exercem um papel de grande subserviência em Israel. Apesar de a **Torá** dizer que os cananeus devem ser expulsos de Canaã ou aniquilados, nenhum desses destinos recai sobre eles. Embora alguns sejam mortos e outros fogem, outros, ainda, sobrevivem de um modo diferente, trabalhando para os israelitas. Em que pese terem sido, outrora, donos daquela terra, agora são servos (Josué 9 relata como isso ocorreu a alguns deles). Aqui, em Gênesis, as traduções os descrevem como destinados à "escravidão", mas isso é um equívoco. O mundo no qual Abraão e os israelitas viveram nada conhecia sobre o tipo de escravidão ocorrido no mundo ocidental. A posição dos cananeus era mais parecida com a dos hispânicos na Califórnia, que executam as tarefas mais humildes que os caucasianos não querem fazer.

Por que isso lhes ocorreu? Algo mais que os israelitas sabem sobre os cananeus (ou algo que ouviram dizer) é que eles são um povo que possui costumes sexuais a serem evitados por Israel. Ao falar sobre esse tema, o texto de Levítico 18, em algumas traduções, se refere ao sexo como "descobrir a nudez de alguém". Nessa passagem de Gênesis, Noé expõe a própria nudez, e Cam, seu filho, o vê despido e vai contar aos outros irmãos ("Venham ver o velho!"). A história não fala sobre um ato de abuso sexual, mas aponta para ligações com a reputação dos cananeus aos olhos dos israelitas. E por toda a sua representatividade, como a história em Gênesis 6, isso coloca à mesa, para discussão, questões que envolvem abuso sexual; aqui, no contexto familiar, é onde o abuso sexual, usualmente, acontece.

Essa história sugere que a atitude questionável dos cananeus quanto ao sexo remonta a longa data, ao ancestral do qual herdaram o nome e ao seu pai. Eis como foram destinados a ser servos, subordinados.

GÊNESIS **9:26—10:20**
AS NAÇÕES

[26]E ele disse: "*Yahweh*, o Deus de Sem, seja adorado. Que Canaã seja um servo para eles. [27]Que Deus 'estenda' Jafé, mas que ele habite nas tendas de Sem. Que Canaã seja um servo para eles." [28]Noé viveu 350 anos após o dilúvio. [29]Assim, todos os dias de Noé chegaram a 950 anos. Então, ele morreu.

CAPÍTULO 10

[1]Essa é a linha de descendentes dos filhos de Noé, Sem, Cam e Jafé. Filhos lhes nasceram após o dilúvio. [2]Os filhos de Jafé: Gômer, Magogue, Madai, Javã, Tubal, Meseque e Tirás. [3]Os filhos de Gômer: Asquenaz, Rifate e Togarma. [4]Os filhos de Javã: Elisá, Társis, Quitim e Rodanim. [5]Destes, as nações em costas distantes se separaram em suas terras, cada qual com sua língua, segundo as suas famílias dentre as nações.

[6]Os filhos de Cam: Cuxe, Mizraim, Pute e Canaã. [7]Os filhos de Cuxe: Sebá, Havilá, Sabtá, Raamá e Sabteca. Os filhos de Raamá: Sabá e Dedã. [8]Cuxe gerou Ninrode, o primeiro homem a se tornar um campeão na terra. [9]Ele se tornou um campeão de

caça diante de *Yahweh*; daí se diz: "Como Ninrode, um campeão de caça diante de *Yahweh*." [10]A base de seu reino era Babilônia, Ereque, Acade e Calné, na área de Sinear. [11]Daquela área, ele avançou para a Assíria e fundou Nínive, Reobote-Ir, Calá [12]e Resém, entre Nínive e Calá: esta é a grande cidade. [13]Mizraim gerou os luditas, os anamitas, os leabitas, os naftuítas, [14]os patrusitas, os casluítas, dos quais vieram os filisteus, e os caftoritas. [15]Canaã gerou Sidom, seu primogênito, Hete, [16]os jebuseus, os amorreus, os girgaseus, [17]os heveus, os arqueus, os sineus, [18]os arvadeus, os zemareus e os hamateus. Mais tarde, as famílias cananeias se espalharam, [19]e o território cananeu alcançava, desde Sidom, até chegar em Gerar, próximo a Gaza, e de lá até Sodoma, Gomorra, Admá e Zeboim, próximo a Lasa. [20]Estes são os descendentes de Cam, segundo as suas famílias e línguas, em seus territórios e nações.

Há um filme chamado *A excêntrica família de Antonia*, ambientado em uma vila holandesa, no fim da Segunda Guerra Mundial. Uma guarnição das tropas nazistas está estacionada na vila; os próprios homens do vilarejo estão todos ausentes, lutando ao lado dos exércitos aliados, trabalhando na resistência ou mortos. Um dos soldados nazistas estupra uma adolescente da vila, e a mãe dela lança sobre ele uma maldição que declara a vinda de um terrível julgamento sobre o estuprador. E o julgamento ocorre, de fato, como predito.

O Antigo Testamento reconhece a possibilidade de haver poder em maldições e bênçãos, como as de Noé. Essa consciência permanece subjacente às palavras de Noé sobre Sem, Cam e Jafé. Há um lembrete disso na palavra para "adorado" que, na verdade, é a mesma palavra para "bendito"; Noé prossegue abençoando Jafé, embora nessa conexão Gênesis não utilize a palavra real para "abençoar". A palavra de bênção de Noé faz uma ligação com o nome de Jafé, que possui as mesmas consonantes que a palavra para "estender". Ele será Jafé em conquistas, assim como no nome, enquanto se espalha pelo mundo. Os descendentes de Sem não se espalharão tanto, mas terão um foco. O Deus de Sem será adorado, pois esse Deus vive nas tendas de Sem, ou seja, vive em Israel, como os ouvintes sabem. Essa é uma conexão importante no sentido de que os **cananeus** atuarão como servos dos semitas quando eles passarem a cumprir as tarefas diárias no templo.

A ideia de maldição e bênção não significa que os seres humanos possuam poder para afetar o destino de outras pessoas de forma que ignorem os próprios desejos divinos. Bênçãos e maldições funcionam apenas se Deus der permissão para serem cumpridas.

Em Números 22—24, Balaão sabe que a vontade de Deus é abençoar Israel, de modo que sua tentativa de amaldiçoar os israelitas para atender aos anseios do rei que o contratou é, portanto, inútil. Se você não tem razão de temer que Deus possa lhe trazer problemas, uma maldição não é algo a ser temido. Todavia, se uma maldição expressa um desejo que Deus afirma, a maldição se cumpre. Os israelitas sabiam que poderiam ficar debaixo de maldição caso ignorassem as expectativas de Deus quanto a eles. E, quando veem o que ocorreu aos cananeus, testemunham uma maldição em curso.

No entanto, há novamente certa ambiguidade sobre a ação de Noé. É, de fato, incumbência de Noé lançar uma maldição sobre seu futuro neto? Ou Noé está apenas fazendo uma declaração de fato sobre as consequências que devem ocorrer das ações de Cam? O amor e a integridade dos pais podem gerar frutos na vida de seus filhos e netos, enquanto os pecados dos pais, igualmente, podem causar terríveis repercussões para os seus descendentes. O entrelaçamento da família significa que a vida funciona assim. Em parte, pelo menos, Noé está declarando qual será o resultado da ação de Cam. Quer Noé esteja fazendo isso acontecer quer simplesmente declarando o que irá ocorrer, suas palavras advertem os ouvintes dessa história sobre as poderosas consequências das ações dos pais. As pessoas podem ver a eficácia ou a verdade das palavras de Noé apenas verificando o que aconteceu aos cananeus, na sua decadente vida e na forma em que viveram. Se há alguma caricatura nessa imagem, isso funciona para sublinhar a lição que Israel necessita aprender.

Como outras genealogias em Gênesis, a lista de descendentes de Noé primeiramente cobre os dois que não são centrais no cumprimento do propósito divino de levar o mundo ao seu destino. Para leitores modernos, essas duas linhagens, a de Jafé e a de Cam, contêm nomes que podemos reconhecer e outros que nada significam para nós; o mesmo provavelmente ocorreria com os ouvintes israelitas dessa história. Na linhagem de Jafé, Madai seria conhecido como um poder distante do oriente (no devido tempo, haverá o envolvimento desse povo, os medos, no fim da opressão aos **judeus** pela **Babilônia**), e Javã como potência comercial no ocidente. Em contrapartida, Gômer, Magogue, Tubal e Meseque aparecem apenas em Ezequiel como poderes exóticos do norte, enquanto Tirás talvez seja o mesmo. Os descendentes de Gômer são igualmente povos do norte. *Asquenaz* se tornou a palavra hebraica para Alemanha e para os judeus europeus, em geral. Os descendentes de Javã formaram os povos mediterrâneos, embora sua identidade exata não seja totalmente determinada. Como é o caso de Canaã, as listas falam sobre indivíduos cujos nomes os israelitas conhecem como nomes de povos. Trata-se de uma forma narrativa de indicar que os povos estão relacionados uns aos outros.

Os descendentes de Cam incluem um número de países familiares do norte da África e do Oriente Médio. Pute é, usualmente, considerado responsável por ocupar o norte da África, incluindo a moderna Líbia. Os filhos e netos de Cuxe correspondem aos povos árabes. Alguns dos descendentes de Mizraim são nomes conhecidos da região em torno do Egito; outros, porém, são desconhecidos por nós. Os descendentes de Canaã são principalmente povos que, em geral, aparecem no Antigo Testamento como habitantes daquela região antes da chegada de Israel, ou povos, de outro modo, conhecidos como moradores da região correspondente à Síria-Palestina. O fato de os descendentes de Cam incluírem alguns povos do norte da África foi usado, no século XIX, para justificar o domínio colonial europeu no continente africano, bem como a escravidão americana, mas isso envolve enormes saltos de lógica quanto a Gênesis 9 e 10. Além do mais, os capítulos falam apenas em subordinação (não em escravidão) do próprio Canaã, não dos descendentes africanos de Cam.

Ninrode se destaca dos outros descendentes de Cam. Sua breve e alusiva história provocou o desenvolvimento de muitas tradições judaicas. Como grande parte da história da família de Noé, ela é repleta de ambivalências. Ninrode é citado como o primeiro "campeão" individual da Bíblia ou um notável guerreiro, a exemplo dos Caídos de Gênesis 6, que também eram "campeões" ou guerreiros; não haverá mais "campeões" na **Torá** (exceto Deus). Além disso, Ninrode é o único caçador, citado no Antigo Testamento, com exceção de Esaú. E ele assim é "diante de *Yahweh*": mesmo pelos padrões divinos, Ninrode impressiona. Ainda, ele é a primeira pessoa na Escritura associada às palavras como "rei" ou "reino", o primeiro na Bíblia citado com um reino. Os comentários sobre ele sugerem um julgamento antecipado sobre um reinado ou reino terrestre. A existência de Estados e governantes poderosos é, na melhor das hipóteses, um desenvolvimento ambíguo no desdobramento da história do mundo.

GÊNESIS **10:21—11:2**

UMA JORNADA E UM ASSENTAMENTO

[21]Filhos também nasceram a Sem, o ancestral de todos os descendentes dos hebreus, e o irmão mais velho de Jafé. [22]Os descendentes de Sem: Elão, Assur, Arfaxade, Lude e Arã. [23]Os descendentes de Arã: Uz, Hul, Géter e Meseque. [24]Arfaxade gerou Selá, e este gerou Héber. [25]Dois filhos nasceram a Héber: o nome do primeiro era Pelegue, porque em seus dias a terra foi dividida, e o nome do segundo era Joctã. [26]Joctã gerou Almodá, Salefe, Hazarmavé, Jerá, [27]Adorão, Uzal, Dicla, [28]Obal, Abmael, Sabá, [29]Ofir, Havilá e Jobabe. Todos esses foram descendentes de Joctã. [30]Seus assentamentos alcançavam de Messa até chegar em Sefar, nas montanhas a leste. [31]Esses são os descendentes de Sem, segundo as suas famílias e línguas, por seus territórios, e segundo as suas nações. [32]Essas são as famílias dos descendentes de Noé, segundo a sua linhagem por suas nações. Delas, as nações se dividiram sobre a terra, depois do dilúvio.

CAPÍTULO 11

[1]Agora, em toda a terra havia apenas uma língua e palavras comuns. [2]Quando as pessoas viajaram para o leste, encontraram um vale na área de Sinear e ali se assentaram.

Uma década atrás, migramos da Grã-Bretanha para os Estados Unidos, e uma indonésia se juntou a nós para auxiliar nos cuidados com a minha esposa, Ann, em sua invalidez. Quando ela e o marido regressaram para casa, uma queniana ocupou o seu lugar. Quando ela e o marido voltaram para o Quênia, uma filipina veio em seu lugar. Quando ela e seu marido retornaram para o país natal, uma mulher chinesa veio para nos ajudar. Quem poderá dizer qual a nacionalidade da próxima? Quando participo de uma reunião na faculdade, o faço na companhia de pessoas hispânicas, asiáticas, africanas e europeias. Quando entro na sala de aula, vejo rostos caucasianos, afro-americanos, hispânicos e asiáticos. A cada ano, na colação de grau, o presidente do seminário lê uma lista com dezenas de países dos quais os formandos originalmente vieram e para os quais, agora, estão retornando. Como Deus se relaciona com a existência de todas essas diferentes nações? Qual é o lugar da Líbia, da Turquia, do Sudão, da Grécia, da Grã-Bretanha, dos Estados Unidos, da Indonésia, do Quênia, da Austrália e da China no propósito divino? O relato dos descendentes de Noé nos sugere algumas reflexões, embora o relato da torre de Babel irá sugerir outras e nos lembrar de como o desenvolvimento das diferentes nações torna a comunicação complexa. (Talvez isso também explique a referência à terra sendo "dividida".)

Gênesis não traz uma lista de todas as nações que acabei de mencionar ou outras existentes em tempos antigos, como aquelas da Ásia Central e Oriental. O texto bíblico foca o mundo conhecido pelos ouvintes dessas histórias, nações localizadas em um raio de algumas centenas de quilômetros distante de **Canaã**. Para esses ouvintes, aquele *era* o mundo. Ao longo dos onze capítulos iniciais de Gênesis, a Sagrada Escritura inspira autores a usar tradições circulantes na cultura, transformando-as em uma mensagem teológica expressa por meio de uma história, ou, no caso, de uma lista. Pode-se, de novo, perceber como essa lista se altera, da descrição de indivíduos que podem ser "gerados" por alguém ou "nascidos" a eles, para a menção de países. Essa é uma das indicações de que não devemos esperar que Gênesis nos forneça um relato histórico da origem das nações e seus inter-relacionamentos.

Os descendentes de Sem são listados por último não porque ele era o filho mais novo (na realidade, era o mais velho), mas por ser esta a linhagem-chave no cumprimento do propósito de Deus. Isso é sinalizado pela referência inicial aos **hebreus**. Estranhamente, à luz de nosso uso (com base no Novo Testamento), "hebreus" não é simplesmente mais um termo para designar os israelitas, mas hebreus *incluem* os israelitas. Portanto, a linhagem de Sem é também aquela que fala às pessoas que ouvem esse relato. Não obstante, os povos descendentes de Cam e Jafé também são citados nessa lista. Os três filhos de Noé são os meios de reacender o propósito divino de povoar o mundo, e todos eles fazem parte do cumprimento desse desígnio. Assim como, extrapolando, fazem parte os países fora do horizonte das listas, como Coreia, Japão, Madagascar, Lesoto, Noruega, Portugal, Chile, Equador, Canadá, Fiji, Grã-Bretanha e Estados Unidos. Nenhum deles é unicamente especial para Deus, como os dois últimos precisam lembrar constantemente; não há exceções. Todos, porém, fazem parte do mundo de Deus, objetos do amor divino e cujo destino está diante dele.

Dos países que descenderam imediatamente de Sem, o Elão é um poder importante do Extremo Oriente, a leste da própria **Mesopotâmia**; seu rei aparecerá em Gênesis 14. A **Assíria** (já citada na genealogia de Cam, embora não explicitamente como descendente de Cam) virá a ser a primeira grande superpotência. Foi entre os arameus que Isaque e Jacó encontraram suas esposas; Arã, mais tarde, também será um destacado poder regional, vizinho de Israel, a nordeste, e um povo com o qual Israel mantinha relações quase sempre tensas. Não nos é possível identificar com precisão Arfaxade ou Lude, assim como muitos dos nomes seguintes. É provável que essa identificação também não fosse possível aos autores de Gênesis ou mesmo aos ouvintes da história. Na realidade, ouvir nomes de países cuja identificação não é possível pode apontar, com mais ênfase ainda, para a disseminação poderosa das nações pelo mundo, em cumprimento ao desígnio de Deus, e, assim, sob seu domínio.

De duas maneiras, a lista de nomes nos prepara para o que está por vir. Há o nome Pelegue e a nota de encerramento, em Gênesis 10, com referência à divisão da linhagem de Noé para povoar a terra, cumprindo o propósito divino.

Portanto, a história da torre de Babel, aparentemente, retrocede um pouco no tempo, porque ela pressupõe que os descendentes de Noé estão todos juntos e naturalmente falam uma mesma língua. Pode ser que esses grupos, que migraram para o leste, constituam um subgrupo; em todo caso, porém, como de costume, não deveríamos tratar a história como se fosse um relato que poderia ser lido em um livro de história moderna. Todavia, novamente, o Espírito Santo inspira os autores de Gênesis a usar uma história da cultura, ou criar uma, e fazer dessa narrativa uma mensagem.

Na verdade, da forma que o relato de Gênesis 11 começa, podemos estar de volta ao Éden. As pessoas estão viajando para o Oriente, onde Deus havia plantado o jardim (Gênesis 2:8). Há ainda algo parecido com o Éden em sua vida conjunta (ou estão eles em busca do Éden)? A história que se seguirá é outra daquelas que mostram uma colisão de trem. Dessa vez, o relato não envolve apenas um casal humano, uma família ou uma vila, como as histórias em Gênesis 2—4, mas uma entidade próxima de ser um povo. Sua vida é, de algum modo, similar ao Éden; eles estão viajando para cumprir o destino da humanidade de povoar a terra, e cada um compreende o que o outro diz. Então, encontram um lugar no qual desejam se assentar. Mas eles devem cumprir a missão de povoar a terra: tudo bem, então, se estabelecerem em um lindo vale que encontraram no caminho? Para os ouvintes dessa história, o próprio nome de Sinear pode fazer soar uma nota preocupante. No Antigo Testamento, esse nome está associado à adoração de falsos deuses e, portanto, talvez não seja um bom lugar onde morar.

GÊNESIS **11:3–7**
O DEUS QUE INTERVÉM

[3]Disseram uns aos outros: "Venham, vamos fazer alguns tijolos e cozê-los bem"; eles tinham tijolos em vez de pedras, e piche em lugar de argamassa. [4]Assim, disseram: "Venham, vamos construir uma cidade que tenha uma torre com seu topo nas nuvens, e façamos um nome para nós mesmos, de modo que não sejamos espalhados pela face de toda a terra." [5]*Yahweh* desceu para ver a cidade e a torre que os seres humanos tinham feito. [6]*Yahweh* disse: "Bem, um povo com uma linguagem comum para todos eles, e isso é a primeira coisa que fazem. E, agora, nada do que possam planejar fazer lhes está vedado. [7]Vamos, desçamos e façamos de sua linguagem um balbuciar, de modo que uma pessoa não compreenda a língua de outra."

Um jovem rapaz, em treinamento para ser conselheiro, veio conversar comigo. O programa envolve submeter-se a uma capelania em uma unidade de trauma e trabalhar com pessoas com danos cerebrais ou na espinha dorsal em consequência de acidentes esportivos, automobilísticos, ferimentos por bala ou similares. Como conselheiro e cristão, ele achava difícil saber como ajudar essas pessoas a conviver com sequelas que estão destruindo a vida delas, bem como com o fato de Deus não ter agido para evitar a catástrofe e, depois, nada fazer para aliviar o sofrimento dessas pessoas. Por que Deus não impediu que um motorista bêbado atingisse aquele homem, transformando-o em alguém que não consegue pensar direito e que está tomado de raiva pela devastação de sua vida? Por que Deus não o cura ou lhe concede forças para lidar com o que restou de sua vida? Por que Deus permitiu que a mãe daquele bebê usasse drogas durante a gravidez e, então, abusasse dele a ponto de o afetar pelo resto de sua vida?

"Eu não acredito em um Deus intervencionista", canta Nick Cave, na linha de abertura mais surpreendente de um disco de *rock* (*The Boatman's Call*; mande-me um *e-mail* se você acha que existe uma linha inaugural mais espantosa). "Mas, se acreditasse", o cantor prossegue, "eu pediria para ele não mudar um único fio de sua cabeça, pediria apenas para que ele enviasse você direto aos meus braços." Muitos cristãos fazem esse tipo de oração, mas Deus é, de fato, econômico em intervenções. Eis apenas como as coisas são. Deus decidiu criar um mundo que teria permissão para girar sozinho sob a soberania humana; esse era o ponto. Deus poderia ter criado um mundo diferente onde acidentes fossem evitados ou seus efeitos pudessem ser neutralizados, mas Deus não o fez. Outra noite, assisti ao filme de um tipo de super-homem, chamado Hancock, capaz de parar um trem que estava indo em direção a um carro encalhado num cruzamento da linha férrea, ou de interromper um assalto em pleno andamento, sem sacrificar a vida dos reféns. Na vida real, porém, não existem super-homens ou alguém como Hancock, e Deus não intervém, com frequência.

Em Gênesis 11, quando Deus intervém, até de modo mais solene, é para trazer dificuldades em vez de evitar ou desfazer algo, e podemos também contestar essa ação divina. Os viajantes que se estabeleceram, em lugar de se espalhar, decidiram fazer um projeto de construção. Isso demanda certa ingenuidade. A história, uma vez mais, nos faz lembrar de Gênesis 2—4, pois o projeto envolve algum desenvolvimento tecnológico ambíguo. Sempre sinto certo horror quando olho para as casas ou apartamentos sendo construídos na Califórnia; essas construções são feitas com aglomerado de madeira e arame de galinheiro revestido de gesso, sem alicerces adequados (isso, no entanto, possibilita colocar a casa em cima de um caminhão e, simplesmente, mudar de endereço). Qualquer britânico sabe que uma casa decente é feita de tijolos e que as paredes de tijolos penetram o solo para que a casa tenha fundações firmes. (Sei, claro, que esse tipo de construção também não resistiria a um terremoto.) Os israelitas, do mesmo modo, sabiam que, se você desejasse construir algo forte e impressionante, deveria usar pedras. Se não tivesse condições financeiras para construí-lo totalmente de pedras, você deveria construir fundações de pedra com uma superestrutura feita de tijolos de barro, embora uma pessoa comum, provavelmente, fosse capaz apenas de edificar a casa com tijolos de barro. Aqueles pobres homens, em Sinear, tentam construir uma cidade inteira com uma torre para impressionar as pessoas, mas não dispõem de pedras e, então, são obrigados a usar tijolos em toda a construção. Ainda, não possuem cimento adequado para unir os tijolos, de modo que usam piche para esse fim. De fato, eles se destacam em termos de inovação e ingenuidade, e cozinham os tijolos totalmente, mas, convenhamos...

Observamos algumas ambivalências quanto à construção de cidades em Gênesis 4, mas os materiais que esses construtores usam aqui não são a única ambiguidade. A torre levanta tantas questões quanto a própria cidade. A torre de uma cidade, em geral, é construída para servir de refúgio em caso de ataque inimigo, de modo que, se o inimigo tomar a cidade, ainda terá que sitiar a torre, de onde os moradores da cidade podem jogar pedras sobre a cabeça dos invasores. Como Caim, naquela história anterior de cidade, as pessoas em Gênesis 11 estão preocupadas com a sua própria proteção. Elas não desejam ser espalhadas para longe desse aprazível vale e querem que o resto do mundo fique tão impressionado com a torre delas que ninguém tente espalhá-los. Uma torre também poderia servir de refúgio em caso de inundações, que eram frequentes na **Mesopotâmia**. Então, será que essas pessoas estão tentando se precaver contra a possível vinda de outro dilúvio? Seria a torre mais alta do mundo (até o Japão, a Malásia ou alguém mais construir uma maior), com o topo no céu. No pano de fundo dessa história, estão os zigurates, na **Babilônia**, e em outros lugares na **Mesopotâmia**, dos quais os israelitas devem ter ouvido falar quando estiveram entre as pessoas exiladas na Babilônia. Os zigurates eram torres no formato de pirâmides, com um santuário dedicado a um deus no topo, construído por mãos humanas a fim de assegurar ao povo que o deus está presente no meio deles, embora apropriadamente acima deles. Isso indica outro significado para a torre ter o topo nos céus. É um lugar ao qual Deus terá fácil acesso.

Deus desce, mas não no sentido imaginado por aqueles homens, e decide intervir naquela situação, ou, pelo menos, investigar o que está acontecendo ali. Deus não precisou esperar até eles terminarem a construção para ter acesso ao mundo, pois ele possui meios independentes de esquadrinhar a terra. Decerto, Deus poderia saber simplesmente por causa de sua onisciência, ou poderia ter enviado alguém para investigar e informá-lo, ou, ainda, poderia apenas ter olhado para baixo dos céus. Todavia, Deus escolhe descer para verificar pessoalmente em vez de confiar em seu conhecimento, em boatos ou aprendizado a distância. Deus vem, trazendo ajudantes consigo ("Vamos, desçamos").

O desconforto divino com aquele projeto de construção reside no fato de ele constituir um tipo de declaração de independência, abrindo a possibilidade para outros atos similares. As questões, novamente, são paralelas àquelas em Gênesis 3, mas essa história as eleva ao nível de um povo, não apenas de um indivíduo ou casal. Do início ao fim, as Escrituras assumem que a união entre povos e nações está fadada a levar à autoafirmação contra Deus, não à promoção do propósito divino. Essa atitude contrasta com o instinto que conduz ao desenvolvimento de instituições como a Liga das Nações e as Nações Unidas. Não é preciso hipotetizar uma intervenção divina para explicar o fracasso dessas instituições; a vontade própria humana provoca a ruína delas, sem a necessidade de qualquer ação divina. Contudo, voltando ao princípio, Gênesis retrata Deus reconhecendo a necessidade de uma intervenção.

Muitas pessoas, cujo aprendizado de línguas estrangeiras é sofrível, decerto lamentam que Deus não tenha pensado em outros meios de restringir a vontade humana. Além disso, convenhamos, a existência de tantos idiomas distintos é fator de desastrosos equívocos e problemas entre os povos. Gênesis considera que, de um modo estranho, essa confusão idiomática, de fato, restringe o pecado, ainda que também o facilite. Como outra parábola histórica, Gênesis 11 declara que a falha da compreensão mútua e as dificuldades resultantes não estavam na Criação ou no plano original de Deus. Elas surgiram em razão do pecado humano e de uma intervenção divina específica. O primeiro Pentecoste cristão, em Atos 2, constitui uma intervenção contrária, uma reversão momentânea do ato de Deus na Babilônia. Esse ato traz a promessa de que Deus efetuará, no devido tempo, uma reversão permanente, de modo que todas as nações possam cantar a uma só voz em adoração a Deus, em lugar de resistir ao desígnio divino.

GÊNESIS 11:8-30
BABILÔNIA SE TORNA BALBÚRDIA

[8]Assim, *Yahweh* os dispersou dali por toda a superfície da terra, e eles pararam de construir a cidade. [9]Por isso, foi nomeada Babilônia, porque lá *Yahweh* fez da língua de toda a terra um balbuciar e de lá *Yahweh* os dispersou sobre toda a superfície da terra.

[10]Esta é a linha de descendentes de Sem. Quando Sem tinha vivido cem anos, ele gerou Arfaxade, dois anos após o dilúvio; [11]depois de gerar Arfaxade, Sem viveu quinhentos anos e gerou filhos e filhas. [12]Quando Arfaxade tinha vivido 35 anos, ele gerou Salá; [13]depois de gerar Salá, Arfaxade viveu 403 anos e gerou filhos e filhas. [14]Quando Salá tinha vivido trinta anos, ele gerou Héber; [15]depois de gerar Héber, Salá viveu 403 anos e gerou filhos e filhas. [16]Quando Héber tinha vivido 34 anos, ele gerou Pelegue; [17]depois de gerar Pelegue, Héber viveu 430 anos e gerou filhos e filhas. [18]Quando Pelegue tinha vivido trinta anos, ele gerou Reú; [19]depois de gerar Reú, Pelegue viveu 209 anos e gerou filhos e filhas. [20]Quando Reú tinha vivido 32 anos, ele gerou Serugue; [21]depois de gerar Serugue, Reú viveu 207 anos e gerou filhos e filhas. [22]Quando Serugue tinha vivido trinta anos, ele gerou Naor; [23]depois de gerar Naor, Serugue viveu duzentos anos e gerou filhos e filhas. [24]Quando Naor tinha vivido 29 anos, ele gerou Terá; [25]depois de gerar Terá, Naor viveu 119 anos e gerou filhos e filhas. [26]Quando Terá tinha vivido setenta anos, ele gerou Abrão, Naor e Harã.

[27]Esta é a linha de descendentes de Terá. Terá gerou Abrão, Naor e Harã, e Harã gerou Ló. [28]Mas Harã morreu antes de seu pai, Terá, em sua terra natal, Ur dos caldeus. [29]Abrão e Naor tomaram para si esposas; o nome da esposa de Abrão era Sarai, e o nome da esposa de Naor era Milca, a filha de Harã, o pai de Milca e de Iscá. [30]Mas Sarai era estéril; ela não tinha filhos.

Na Inglaterra, eu tinha um colega egípcio, cujo primeiro idioma era o árabe. Ao viajarmos para o Marrocos, durante um feriado, pedi-lhe que me ensinasse algumas frases em árabe para poder dizer, pelo menos, "Bom dia" e "Obrigado" às pessoas, mas ele, entre risos, me contou que isso não seria uma boa ideia. Ele podia apenas me ensinar o árabe do Egito, mas no Marrocos as pessoas apenas sorririam ao ouvi-las. Somente depois de residir nos Estados Unidos é que percebi quanto isso também é verdadeiro no caso da língua inglesa. Eu achava que as pessoas na Inglaterra e nos Estados Unidos falassem praticamente o mesmo idioma. Não fazia ideia do quanto estava errado. Como no caso do árabe, a forma do inglês escrito é mais ou menos uniforme, embora seja muito importante compreender que uma mesma palavra, como, por exemplo *pavement*, na Grã-Bretanha, tenha o significado de calçada, onde os carros supostamente não devem trafegar, enquanto, nos Estados Unidos, o mesmo termo, *pavement*, significa o lugar onde os carros devem trafegar, ou seja, estrada. E, a cada uma ou duas páginas deste livro, pergunto a mim mesmo: "Isso comunicará aos dois lados do Atlântico, sem dizer de outras partes do mundo de língua inglesa?" Todavia, essas diferenças são pequenas comparadas à língua falada. Uma década depois, eu ainda pergunto aos presentes em uma palestra se eles reconhecem uma expressão que acabei de usar. Embora possam responder: "Sim, claro", também podem replicar: "Não, mas podemos adivinhar o que isso significa", ou, ainda: "Não fazemos a menor ideia do que você está falando." Somos dois países divididos por um idioma comum (a frase é, em geral, atribuída a George Bernard Shaw, mas ninguém, de fato, conhece a sua origem). Portanto, a comunicação com pessoas cujo idioma nativo seja o inglês é muito mais complexa do que imaginei.

Contudo, é uma tarefa muito mais complicada quando se trata de pessoas para as quais mesmo o inglês norte-americano é a segunda língua ou a terceira. Ao relembrar o meu primeiro ano de ensino na Califórnia, me arrepio todo só de pensar quão pouco inteligível eu era.

A dificuldade muito maior de se comunicar entre as divisões linguísticas mais fundamentais constitui um dos encargos de viver num mundo dividido. Em seu paradoxo típico, Gênesis vê nessa divisão tanto um julgamento divino quanto um ato de misericórdia de Deus. Já enfatizamos os danos que as nações seriam capazes de fazer caso trabalhassem em conjunto sem o obstáculo das diferentes línguas. Não é por mero acaso que as superpotências mundiais, que tanto conquistaram e que são tão opressivas, sempre tiveram uma linguagem comum. Uma pesquisa indicou que 89% dos cidadãos norte-americanos responderam que novos imigrantes deveriam ser obrigados a aprender inglês, e que o primeiro-ministro britânico disse algo equivalente sobre os imigrantes na Grã-Bretanha.

Igualmente, não é mera coincidência que o nome **Babilônia** e o verbo *balbuciar* sejam parecidos, assim como a palavra hebraica equivalente. (A construção é, em geral, chamada de "torre de Babel", mas *Babel* é simplesmente a forma hebraica para o nome da cidade que convencionamos chamar de Babilônia.) Outro efeito do ato divino de confundir a língua das pessoas era forçá-las a se dispersarem da Babilônia e aceitar o papel de servir ao mundo em nome de Deus pelo povoamento de toda a sua superfície.

Gênesis, então, passa a relatar a genealogia de Sem, sobrepondo-se parcialmente à lista do capítulo 10, que será significante para o desenrolar da história a partir de agora, embora essa sobreposição igualmente mostre, de novo, como Gênesis tem entrelaçado versões de histórias diferentes e listas distintas. Essa forma de genealogia segue a linha registrada no capítulo 5. As idades são próximas àquelas com as quais a audiência estaria familiarizada, embora ainda um tanto excessivas. Isso indica que o relato está se aproximando da "história real", em lugar de algo mais próximo a uma parábola. Em adição, as informações não mais terminam com aquele toque solene de morte, "então, ele morreu". Claro que todos eles morreram, mas talvez a ausência dessa nota também indique que a narrativa está no caminho de se tornar mais esperançosa. Como sinal disso, ela nos introduz a Abraão. O público sabe que ele é uma figura de esperança, alguém cujo nome traz a promessa de que haverá um futuro. (Estritamente falando, somos introduzidos a "Abrão"; seu nome mudará para Abraão em Gênesis 17, e Sarai se tornará Sara.)

Somos igualmente introduzidos a outras pessoas que serão importantes no drama a ser revelado nos capítulos seguintes. Os amores da vida de Isaque e Jacó virão da linhagem de Naor. Por outro lado, Ló, o sobrinho de Abraão, complicará a sua vida em mais de uma forma. Na realidade, a história familiar aludida aqui, que fornece o pano de fundo para o drama que se avizinha, está repleta de seus próprios dramas, das tristezas e perdas que fazem parte da vida de uma família comum. Harã é o filho caçula de Terá, mas ele morre enquanto seu pai ainda vive. Dizem que os filhos é que deveriam enterrar seus pais, não o contrário, mas isso é dito porque, com frequência, as coisas não funcionam desse jeito, como não funcionaram para Harã. Desse modo, Terá vê-se às voltas com um neto para cuidar. Ainda, outro de seus filhos se casa com alguém que não pode ter filhos. Todos terão que lidar com essa inesperada tristeza.

GÊNESIS 11:31—12:2A
SAIA DAQUI

[31]Terá tomou Abrão, seu filho, Ló, o filho de Harã, seu neto, e Sarai, sua nora e esposa de Abrão, e juntos saíram de Ur dos caldeus para ir à terra de Canaã, mas, ao chegarem a Harã, estabeleceram-se ali. [32]Os dias de Terá chegaram a 205 anos, e Terá morreu em Harã.

CAPÍTULO 12

[1]*Yahweh* disse a Abrão: "Saia da sua terra, da sua casa e da casa de seu pai para a terra que eu lhe mostrarei, [2a]e farei de você uma grande nação."

Acabei de receber o telefonema de uma formanda de nosso seminário. Ela está deixando os Estados Unidos para se unir a outras pessoas, no esforço de estabelecer uma presença cristã num país onde há pouco desse testemunho. Ela sabe que, quando minha esposa e eu nos mudamos para os Estados Unidos, Deus nos forneceu inúmeras indicações de estar envolvido conosco nessa mudança. Foi uma decisão que tomei por motivos egoístas; eu precisava de um emprego, e havia alguém na Califórnia que desejava me oferecer um. Todavia, havia riscos envolvidos, além de desconhecer como as coisas funcionariam para a minha esposa em sua cadeira de rodas. Então, me pareceu especialmente gracioso da parte de Deus nos mostrar dois ou três sinais concretos de sua presença conosco nesse movimento. Em conexão com uma transição anterior na vida daquela formanda, quando mudou dos Estados Unidos para outro país onde não conhecia ninguém, ela também teve a experiência de ver Deus tornando as coisas sobrenaturalmente claras. Dessa vez, porém, não havia sinais sobrenaturais óbvios. As indicações de ser a decisão correta eram mais circunstanciais.

Deus é econômico com sinais, bem como com outras intervenções. Podemos, por vezes, ter a impressão de que Deus estava falando com Abraão o tempo todo, guiando cada um de seus movimentos, mas Gênesis não diz isso. O texto menciona Deus falando a Abraão somente uma vez a cada 25 anos, e este passa por muitas crises sem haver qualquer menção de Deus lhe falar em meio a elas. No entanto, a sua mudança para **Canaã** foi uma das vezes em que Deus falou.

Ao mesmo tempo, essa jornada é colocada no contexto de outra mudança que não faz menção a Deus. Terá e sua família embarcaram em uma viagem sem terem a menor ideia de sua importância histórica. A antiga cidade de Ur está localizada no extremo sul da **Mesopotâmia**. Nos dias de Abraão, localizava-se próximo à foz do Eufrates, no golfo Pérsico (a linha costeira mudou desde então). Naquela época, não era "Ur dos caldeus", porque os caldeus só chegaram lá depois dos dias de Davi. Por conseguinte, "caldeus" era a designação regular para os **babilônios**, em geral, que seriam os senhores de **Judá**, alguns séculos mais tarde. Isso, novamente, significa que a história faria soar alguns sinos em seus ouvintes, atraindo a atenção deles para a maneira pela qual seus ancestrais tinham saído daquela região para a qual, tempos depois, muitos judeus foram levados ao **exílio**.

Havia muitos grupos migratórios no Oriente Médio na época de Abraão, assim como há intensa migração hoje, e a mudança de Terá da terra de Ur parece fazer parte desse fenômeno. Há um sentido no qual o mesmo é verdadeiro com relação à minha mudança. As instituições acadêmicas norte-americanas, por vezes, gostam de contratar pessoas do Reino Unido e vice-versa.

Portanto, Gênesis primeiramente nos conta sobre Terá levar Abraão e o resto da família para fora de Ur e, então, sobre Deus ordenando a Abraão deixar aquela região e sua casa, sem deixar claro qual a relação entre elas. São duas maneiras de descrever o mesmo evento? Ou o chamado divino veio antes e, por essa razão, Terá fez o seu movimento? Ou Terá se mudou por suas próprias razões e Deus, então, trabalhou com aquela decisão? Em Gênesis 15, Deus será mais explícito sobre ter levado Abraão a sair de Ur. Naquele momento, porém, não sabemos como responder a tais questões, e essa incerteza nos ajuda porque constituem padrões que podemos procurar na vida das pessoas.

Ao voar de Ur para Canaã, você iria para o oeste, caso tivesse permissão de sobrevoar aquela área, mas, pelo fato de o deserto da Arábia ficar no caminho, ao viajar por terra você seria obrigado a ir para noroeste e, então, rumar para sudoeste (veja Mapa 1). Ainda assim, você não iria por Harã, a não ser que a companhia aérea oferecesse um bom desconto; Harã fica muito ao norte. (Gênesis cita a cidade como Harã [*Haran*], mas sua grafia usual fora do Antigo Testamento [*Harran*] é diferente daquela do nome do irmão de Abraão.) Talvez isso deixe subentendida a ideia de que, ao falar sobre a família se dirigindo para Canaã, Gênesis indica o destino futuro da jornada no tocante a Abraão, Sara e Ló em vez de nos contar o que Terá tinha em mente.

De todo modo, porém, seja um lugar, seja outro, Deus se torna diretamente envolvido. Abraão ouviu uma voz ou teve uma sensação interior de Deus direcionando-o. Tenho algumas Bíblias que chamam isso de o "chamado" de Abraão, mas precisamos ver que tipo de chamado é esse. Quando as pessoas falam em termos do chamado de Deus ou da "vocação" delas, em geral isso soa mais como um convite ou um pedido do que uma intimação ou diretriz. Quando Deus chama Abraão, é mais como uma ordem, como um senhor chamando o seu servo. "Vá até lá" é mais fiel à conotação inserida na maneira com que Deus fala; existem formas mais polidas de convidar alguém a sair de um lugar e ir para outro, mas Deus não usa nenhuma delas. Trata-se de uma intimação direta e categórica, semelhante ao "chamado" do Cristo ressurreto a Saulo, o fariseu.

Isso envolve deixar o país, seu lar e a casa de seu pai. Nossa amiga, ao deixar os Estados Unidos, está, portanto, abandonando o seu país, a sua casa e a sua família. Pelo menos por um tempo, eu mesmo fiz isso ao vir para os Estados Unidos. Contudo, em nossa cultura, isso parece mais natural. Nós mudamos. Ainda hoje de manhã, na igreja, conversava com uma senhora que simplesmente decidiu, cinquenta anos atrás, deixar New Jersey e sua família para viver na Califórnia, porque a mudança lhe pareceu interessante, quando tinha apenas dezessete anos. No caso de Terá, provavelmente, foi um motivo mais solene que o levou a sair de Ur, embora tenha levado sua família com ele. Da mesma forma, a convocação divina de Abraão envolveu deixar seu país, seu lar e sua família. Ele sempre saberá de onde veio e reconhecerá que aquele é seu país, seu lar e sua família. Mais tarde, enviará alguém de volta para lá a fim de buscar uma esposa para Isaque. Ele mesmo, porém, nunca mais retornará.

Por alguma razão, Deus deseja fazer de Canaã uma base para o cumprimento do propósito divino no mundo. As Escrituras não fornecem nenhuma indicação do motivo dessa escolha (o que havia de errado com Ur, Roma, Canterbury ou Los Angeles?). Talvez a geografia forneça uma razão; dentro do hemisfério oriental, Canaã constitui o ponto de cruzamento, de passagem entre leste e oeste, entre norte e sul. Ou, quem sabe, a escolha tenha sido aleatória. Seja qual for a razão de usar Canaã como base, não havia necessidade de Deus intimar alguém, distante centenas de quilômetros, para esse propósito. Deus poderia ter chamado alguém que já vivesse lá. Todavia, o chamado de Abraão talvez seja um sinal de que Deus está realizando algo novo.

Por meio de Abraão, Deus pretende formar uma grande nação naquele novo país. Lemos muito sobre nações em Gênesis 10; sobre nações no Mediterrâneo, na África e no Oriente Médio. Levar Abraão para fora de seu lugar "natural" naquele mundo não significa que Deus o está conduzindo para fora do mundo das nações. A ideia é propiciar a Abraão um lugar de proeminência naquele mundo. Ele não deve ser apenas mais uma nação, mas uma grande nação.

Para Abraão, seria razoável reagir pensando: "É mesmo?", e, mais tarde, a história irá sugerir que ele, de fato, pensou assim. Seria uma reação mais do que esperada, visto que a sua esposa não podia ter filhos, o que faz a intenção divina de trabalhar com Abraão parecer não apenas enigmática, mas perversa. Por que não escolher alguém cuja esposa possa ter filhos? Deus, todavia, não é inclinado a fazer coisas óbvias e sensíveis ou a usar caminhos fáceis. Embora a cultura de Abraão, como a nossa, tenha formas de lidar com a incapacidade de uma mulher de gerar filhos, como maternidade substitutiva ou adoção, quando Abraão e Sara têm acesso a um desses dispositivos, Deus deixa claro que Sara está diretamente envolvida na declaração "farei de você uma grande nação", ainda que, gramaticalmente, o termo "você" faça referência apenas a Abraão.

GÊNESIS **12:2B**
SEJA UMA BÊNÇÃO

[2b]"Eu o abençoarei e farei o teu nome grande, e você será uma bênção."

Ao falecer, minha avó deixou sua herança para ser dividida entre os netos. O valor deixado era cerca de duzentas libras esterlinas (cerca de trezentos dólares) e, assim, cada um dos netos recebeu por volta de trinta dólares cada um. Com o dinheiro, comprei duas gravuras: uma delas fica atrás de mim, em meu escritório; a outra, perto de nossa cama. Elas ainda me fazem lembrar dela. Mas, em outro sentido, o verdadeiro legado da minha avó é a lembrança da deliciosa torta de maçã que ela fazia, da ajuda que dava à minha mãe (nora dela) quando ela estava sob pressão, os meses que morei em sua casa durante uma emergência familiar, bem como as festas em família na época do Natal. Em nenhum sentido, ela pensou em deixar um legado ou uma herança, mas mesmo assim deixou. Há algumas semanas, meu médico solicitou-me a atualização de um formulário que eu havia preenchido anos atrás, contendo informações aos profissionais da saúde sobre decisões a serem tomadas em meu nome caso não possa tomá-las por mim mesmo. O formulário também pergunta como gostaríamos de ser lembrados. Escrevi: "Ele não era o tipo de pessoa que diz ao outros como deve ser lembrado."

Em contraste com a ausência em minha avó de uma preocupação quanto ao seu legado, ao longo das últimas semanas tenho notado inúmeras referências sobre o possível legado de algumas autoridades em fim de mandato, como um primeiro-ministro britânico, um presidente dos Estados Unidos, um líder do senado norte-americano e um presidente da União Europeia. Os relatos implicam uma preocupação por parte dessas pessoas em deixar um legado, um registro de suas conquistas que faça os outros se lembrarem delas como tendo "feito a diferença" de formas significativas. Pergunto-me se essa preocupação afeta o trabalho delas e, até mesmo, coloca em perigo o seu legado.

Deus promete abençoar Abraão e engrandecer o seu nome, assegurando-lhe um legado. Certamente, Deus fez isso, porque poucas pessoas na história mundial são tão conhecidas quanto Abraão. Ele é a pessoa que demonstra a natureza básica da relação com Deus à qual o Senhor nos convida. Paulo chamou Abraão de o "pai de todos os que creem" (Romanos 4:11).

O fato de Deus engrandecer o nome de Abraão estabelece um contraste com a história da torre de Babel. As pessoas que desejavam se estabelecer naquele vale de Sinear almejavam ficar famosas; elas queriam deixar um legado. E conseguiram, embora não da forma pretendida; o legado que deixaram sempre é motivo de reflexão. Sim, o anseio de deixar um legado pode não apenas afetar o seu trabalho e a sua vida, mas pode ser autodestrutivo.

Ao fazer de Abraão uma grande nação e engrandecer o seu nome, Deus o "abençoará". A bênção tem sido um tema importante desde Gênesis 1 e continua tendo diferentes conotações daquelas usualmente aplicadas ao pensamento cristão, em que tende a ser principalmente "espiritual" e focada nos relacionamentos com Deus. A ideia de bênção de Jesus combina o espiritual e o material, pois ele fala em termos de herdar a terra ou o país e ter a fome saciada. Como de costume, a sua atitude corresponde àquela da **Torá**. Em Gênesis, a bênção de Deus começa com o material, e aqui isso continua inalterado.

A ideia de bênção e maldição tem estado, de fato, presente ao longo de Gênesis até aqui. Deus abençoa os animais, a humanidade e o sábado, mas, então, declara maldição sobre a serpente, o solo e o próprio Caim. Antes do dilúvio, Gênesis lembra que Deus abençoou a humanidade, mas, então, o pai de Noé relembra como Deus amaldiçoou o solo. Após o dilúvio, Deus abençoa Noé e seus filhos, mas, então, Noé amaldiçoa o seu neto. É possível ver os capítulos iniciais de Gênesis como a expressão de bênçãos e maldições. Chegando ao fim desses capítulos, não é possível saber o que irá prevalecer, a bênção ou a maldição. Gênesis 1—11 é como uma temporada, em uma série de televisão, que prossegue por alguns anos, mas que, a cada verão, chega a um ponto e vírgula, com um impasse para manter o suspense durante a pausa do verão e, assim, assegurar a fidelidade do público no outono. O fim dessa história sobre as origens do mundo surge com um impasse em Gênesis 11.

Felizmente, na Torá, você só precisa virar a página para chegar ao próximo episódio, em Gênesis 12 (em uma de minhas Bíblias, de modo ordenado, vira-se literalmente a página nesse ponto). "Eu o abençoarei", diz Deus a Abraão. Assim como a promessa de engrandecer o nome de Abraão se conecta com o desejo das pessoas em Sinear de tornar seus nomes conhecidos, a promessa de abençoar Abraão vincula-se, em linhas mais gerais, com Gênesis 1—11 e declara que Deus não abandonou aquele desejo e compromisso de abençoar. Deus tentou trilhar um caminho com os primeiros seres humanos, mas essa tentativa não deu muito certo; então, fez outra tentativa com Noé, e o resultado também não foi bom. Agora, Deus tentará de outra maneira.

Portanto, a bênção sobre Abraão não significa que Deus desistiu da humanidade como um todo, pois ele não apenas abençoará Abraão, como fará dele uma bênção. Gênesis fornece outra ilustração de um aspecto característico do trabalho divino no mundo, ao escolher uma pessoa para fazer dela uma bênção para as demais. Gênesis não revela nada sobre Abraão que indique merecimento próprio em sua escolha como receptor da bênção divina. O texto silencia-se sobre o que Abraão já conhecia de Deus ou como ele se relacionava com Deus antes. Abraão não está sendo abençoado porque merecia isso. Esse ponto é fundamental para o argumento formulado por Paulo em Romanos. Deus fez promessas a Abraão *antes* de este ter feito algo para merecer a aprovação divina, não depois de ele obter algum mérito. Abraão, com frequência, é citado como "o pai dos fiéis", mas acabo de constatar que essa expressão não está presente na Escritura. Suspeito que seja uma releitura da expressão usada por Paulo em Romanos 4, quando o apóstolo descreve Abraão como o pai daqueles que creem. Mesmo depois de ser levado por Deus a sair de Harã rumo a **Canaã**, Abraão não foi modelo em sua fidelidade, em fazer a escolha certa, como veremos nos capítulos seguintes. Mas o que ele estava preparado para fazer era acreditar no que Deus lhe disse (nem sempre, na verdade), como também veremos. Talvez houvesse algo que o recomendava pessoalmente a Deus, mas, se for verdade, Gênesis não revela o que é, sugerindo não ser esse um fator importante para o ocorrido. Deus simplesmente escolheu Abraão.

Sua história, portanto, sugere uma reflexão similar àquela que emerge do relato de que Noé "encontrou favor aos olhos de Deus". A grande queixa das crianças, quando os pais fazem algo que as desagrada, é "isso não é justo", em especial quando envolve privilegiar um dos filhos em detrimento de outro. Os adultos, em geral, não crescem com essa reação. A resposta de um pai (bem, uma de minhas respostas quando nossos filhos eram mais jovens) pode ser, no fim, "dura", como é, normalmente, a resposta de Paulo, em Romanos 9, a esse protesto. Todavia, Paulo também subentende outras respostas, uma das quais a de que a intenção de Deus em escolher algumas pessoas, não outras, não é excluir estas, mas incluí-las. Trata-se apenas de um modo particular de Deus fazer essa inclusão. Ele escolhe uma pessoa a fim de fazer dele ou dela a forma de incluir as outras. Esse é um aspecto característico do trabalho de Deus no mundo.

Supostamente, Deus poderia ter encontrado uma forma de abençoar o mundo que implicasse a bênção direta de cada pessoa, sem a mediação de outros seres humanos. Desconheço por que Deus escolheu operar dessa forma, mas parece consistente com o modo divino de agir. Um dos resultados desse *modus operandi* é nos unir como povo e nos tornar devedores uns dos outros. Outra pessoa, cujo legado conheço bem, é meu pastor, que ajudou a despertar em mim o interesse pela teologia, quando eu ainda era um adolescente. Há algo intencional sobre o fato de adquirir esse entusiasmo (essa bênção) por meio de outro ser humano. (Isso será ainda mais claro se alguns de meus alunos adquirirem isso por meio de mim.) Ainda suspeito que um dos objetivos divinos ao (por exemplo) operar por meio de uma pessoa comum como Abraão era unir pessoas que compartilham da sua bênção. Não que ela tenha funcionado sem problemas; as três crenças abraâmicas — o judaísmo, o cristianismo e o islamismo — não constituem grandes exemplos de união por compartilharem a mesma relação com Abraão (e mesmo diferentes grupos judeus, cristãos e muçulmanos não são bons em seus relacionamentos mútuos). Contudo, isso fornece outra ilustração de um ponto que está claro, com base no relato de Gênesis: que os planos divinos tendem a não funcionar muito bem. Essa é outra bênção da qual Deus não abre mão.

GÊNESIS **12:3-6A**

ASSIM, ABRAÃO PARTIU

[3]"Abençoarei as pessoas que o abençoarem, mas a pessoa que o menosprezar eu amaldiçoarei. Todas as famílias da terra abençoarão a si mesmas por meio de você." [4]Abrão partiu como *Yahweh* lhe dissera, e Ló partiu com ele. Abrão tinha 75 anos quando deixou Harã. [5]Abrão levou Sarai, sua esposa, Ló, o filho de seu irmão, todos os bens que acumularam e todas as pessoas que tinham adquirido em Harã, e foram para a terra de Canaã. Quando chegaram à terra de Canaã, [6a]Abrão atravessou a terra até Siquém, até o carvalho de Moré.

Visitei o Oriente Médio, pela primeira vez, seis anos após Israel ocupar a Cisjordânia. Ficamos sediados principalmente em Tel Aviv, não por muito tempo antes de irmos a Nablus, na Cisjordânia, uma das três cidades mais importantes daquela região. O nome é uma abreviação de Neápolis, a "cidade nova", fundada pelos romanos após a queda de Jerusalém em 70 d.C. A "cidade velha" é Siquém, no extremo leste da cidade moderna, o primeiro lugar onde Abraão parou, ao chegar a Canaã. Sempre foi um centro importante, um lugar dotado de bom suprimento de água, circundado por boa região agrícola e localizado em um grande cruzamento rodoviário, onde a rota leste-oeste (onde rodamos), do Mediterrâneo até o vale do Jordão, atravessa a principal rota norte-sul, ao longo da espinha montanhosa do país (por onde Abraão teria viajado). Também fica próximo ao poço de Jacó, cenário da narrativa em João 4, bem como ao túmulo de José. Recordo-me da extraordinária sensação de estar seguindo as pegadas de Abraão, olhando para as mesmas colinas ao redor e as mesmas pedras daquele lugar de adoração dos cananeus, cujas ruínas ainda são visíveis (embora, agora, seja mais difícil visitá-las, já que o povo palestino está em campanha por sua independência). A palavra para "sítio", em geral, é relativa a um lugar de culto. Um dos elementos característicos daquele sítio arqueológico é um enorme e destruído pilar de pedras que os arqueólogos reergueram. Na época, imaginei como Abraão teria olhado para aquela mesma edificação.

Contudo, teria ele andado pelo vale, entre aquelas colinas, e olhado para aquela pedra? Terá ele existido? Ainda que você ache possível aceitar que a história da Criação, no livro de Gênesis é mais como uma parábola do que um relato histórico, talvez ache difícil pensar o mesmo sobre Abraão, e esse instinto é plenamente justificado. Ao entrarmos na história de Abraão, a narrativa passa a falar mais claramente de lugares reais e, ao que parece, de pessoas reais. Elementos significativos da história do Antigo Testamento (sem falar da história do Novo Testamento) fundamentam-se no que Deus disse e fez a Abraão.

As tendências acadêmicas mudam com relação a questões como a existência de Abraão. No princípio do século XX, a tendência entre os acadêmicos era um tanto quanto cética. Quando visitei Siquém pela primeira vez, a tendência era por menor ceticismo. Ao final do século XX, entretanto, o consenso reverteu novamente. Isso mostra quão insensato é atrelar firmemente o próprio vagão a qualquer que seja o consenso acadêmico corrente, assim como é imprudente ficar muito deprimido por isso. Abraão viveu cerca de três mil anos atrás, em uma área e em meio a uma cultura que não deixou registros históricos. Jamais haverá o tipo de evidência que tornará viável um julgamento definitivo sobre sua vida com fundamentos puramente históricos.

Tendo dito isso, uma característica notável de sua história é para mim a peça de evidência mais forte de um tipo de narrativa que é mais do que uma parábola. Há uma enorme diferença entre como Gênesis retrata a fé de Abraão e como a fé de Israel, mais tarde, funciona. A referência aqui ao carvalho de Moré ilustra o ponto; também leremos sobre Abraão ir morar próximo aos carvalhos de Manre, mais ao sul. Por que mencionar isso? O Antigo Testamento, mais tarde, ataca Israel por oferecer sacrifícios "debaixo de um carvalho, de um estoraque ou de um terebinto, onde a sombra é agradável" (Oseias 4:13). Tais estilos de culto são muito parecidos com as tradicionais práticas de adoração em **Canaã**. A **Torá**, igualmente, proíbe os israelitas de erguerem postes ou pilares sagrados, embora Gênesis registre ancestrais de Israel fazendo o mesmo sem qualquer tom de crítica. Em geral, pessoas como Abraão são muito mais amigáveis em seus relacionamentos com outros povos em Canaã do que a recomendação que o Antigo Testamento dará, mais tarde, aos israelitas. Se os autores de Gênesis estivessem inventando uma história, seria mais provável que retratassem a maneira de Abraão se relacionar com Deus mais próxima às suas próprias e menos improvável que o descrevessem agindo de uma forma que será vista pela Torá como não ortodoxa. Esse não é um argumento categórico para provar que as histórias relatadas em Gênesis sejam factuais, mas sugere a improbabilidade de terem sido simplesmente inventadas.

Há duas maneiras pelas quais Deus deseja fazer de Abraão uma bênção. Primeira, Abraão é designado para ser um meio de bênção. Em última análise, o Messias nascerá de Abraão; eis onde o Novo Testamento começa, em Mateus 1. Todavia, Gênesis desconhece isso. O texto revela que Abraão será um canal de incalculável bênção a Israel, pois recebeu as promessas divinas que estabeleceram os alicerces da vida de Israel como uma nação com sua terra, seu relacionamento com Deus e seu lugar no propósito divino. Por vezes, Abraão será usado como um meio mais direto de bênção ao povo, como, por exemplo, quando ele ora pelo rei de Gerar (Gênesis 20), apesar de precisar orar pelo rei apenas porque o meteu em uma confusão, de modo que esse episódio não conta muito.

Segunda, Abraão deve se tornar o tipo de pessoa que as demais vejam como uma personificação da bênção, constituindo um exemplo da bênção que elas buscam para si mesmas. Uma bênção, então, é uma oração que segue a frase "Senhor, abençoa a pessoa A como abençoaste a pessoa B" ou "Por favor, Senhor, abençoa-me como o/a tens abençoado". Abraão deve personificar a forma pela qual Deus pode abençoar as pessoas de modo que constitua o padrão a ser rogado em oração. Numa cerimônia de casamento, a oração tradicional foca os noivos: "Deus de Abraão, de Isaque e de Jacó, abençoa os teus servos [...]. Assim como enviaste tua bênção sobre Abraão e Sara, para conforto deles, graciosamente envia tua bênção sobre esses teus servos." Cada vez que a oração é feita, a promessa de Deus a Abraão é cumprida novamente. Não existe um registro no Antigo Testamento de alguém fazendo esse tipo de referência a Abraão em suas orações, mas há o exemplo de Jacó orando dessa forma ao abençoar os dois filhos de José, quando diz: "O povo de Israel usará os seus nomes para abençoar uns aos outros com esta expressão: 'Que Deus faça a você como fez a Efraim e a Manassés'" (Gênesis 48:20). Contar a Abraão que ele se tornará uma bênção nesse sentido constitui boas notícias para ele, pois indica a magnitude da bênção que irá receber. Igualmente, são boas-novas para os ouvintes da história, porque implica que uma oração de bênção como a de Abraão será respondida por Deus.

Esse segundo sentido, no qual Abraão deve ser uma bênção, é expresso nas palavras adicionais de Deus sobre as famílias da terra "abençoarem a si mesmas" por meio dele. Algumas versões da Bíblia esclarecem o que isso significa: as pessoas orarão para serem abençoadas como Abraão é abençoado. Elas, na verdade, buscarão o mesmo tipo de bênção para si mesmas. Repetindo, um efeito dessa promessa é elevar a magnitude da bênção de Abraão. Todavia, a narrativa de Gênesis até aqui sugere que a promessa também implica a resposta de Deus quando as pessoas orarem. Assim, essa promessa também constitui boas notícias para os ouvintes dessa história. O compromisso de Deus com Abraão é o plano C com respeito ao desejo de abençoar todo o mundo (Adão e Eva eram o plano A, e Noé, o plano B). O desejo divino era abençoar o mundo, e Deus não abre mão dele.

O comentário sobre maldição está relacionado a essa ideia. A determinação divina de abençoar e o compromisso de amaldiçoar não são simplesmente dois lados de uma mesma moeda, duas intenções de valor igual. A bênção é aplicada ao mundo, ao passo que a maldição é lançada sobre o indivíduo que tratar Abraão com desprezo. Imagine alguém que não considere Abraão ou os seus descendentes como povo com o qual Deus está envolvido e ativamente trabalhando para fazer dele uma bênção. Ao longo dos séculos, têm havido muitas pessoas assim (Hamã, no livro de Ester, é um exemplo notável). Deus promete que tal pessoa não prosperará. Deus não deseja amaldiçoar ninguém, mas, caso necessário, assim o fará.

GÊNESIS 12:6B-10
IMPREVISTOS ACONTECEM

[6b]Os cananeus estavam naquela terra, então. [7]Mas *Yahweh* apareceu a Abrão e disse: "À sua descendência darei esta terra." Abrão construiu ali um altar para *Yahweh* que tinha aparecido a ele. [8]Dali prosseguiu até as montanhas a leste de Betel e armou as suas tendas, tendo Betel a oeste e Ai a leste. Construiu um altar ali para *Yahweh* e invocou o nome de *Yahweh*. [9]Abrão continuou em viagem até o Neguebe, [10]mas havia fome na terra. Então, Abrão desceu ao Egito para permanecer lá, porque a fome era severa na terra.

Há três ou quatro anos, um amigo arrumou um emprego como pastor de jovens na Costa Leste. Por conseguinte, sua esposa foi obrigada a deixar o trabalho na Califórnia, mas, por ser originária daquela região dos Estados Unidos, ficou feliz com a mudança. Encontraram uma casa com certa facilidade, mas ela enfrentou tempos difíceis à procura de um novo emprego. Isso, porém, acabou sendo importante porque logo descobriram que ela estava grávida. Então, foi a vez de meu amigo perder o emprego. O ministério de jovens não estava crescendo como o pastor sênior esperava. Admiro a forma com que eles lidaram com aquela experiência. Nesse meio-tempo, a sua esposa encontrou um emprego de meio período, adequado para conciliar com a missão de mãe da maneira que sonhava. Por seu turno, ele também arrumou um emprego que, apesar de não ser o tipo de trabalho no qual gostaria de permanecer muito tempo, era muito bem-vindo naquelas circunstâncias. Talvez precisasse curar as suas feridas (eu precisaria, se estivesse em seu lugar). Imprevistos acontecem.

Tudo estava correndo muito bem para Abraão e Sara. Eles fizeram a mudança que Deus lhes ordenara: Abraão tinha deixado Harã "como *Yahweh* lhe dissera". Eles abriram mão de muita coisa ao realizar aquele movimento, embora também tenham sido capazes de levar muito com eles. Em seu início, o capítulo nos conta que partiram levando consigo todos os bens que haviam acumulado em Harã, bem como todas as pessoas que tinham adquirido. Embora a incapacidade de Sara em gerar filhos significasse a presença de um buraco no seio daquela família, eles não estavam sós. Juntamente com seu sobrinho, Ló, decerto havia servos e outros dependentes, como aqueles que cuidavam de seus rebanhos.

Eles realizaram um tipo de excursão preliminar pela terra, parando em Siquém, a principal cidade na metade norte da cadeia de montanhas, e em Betel, ao centro. Então, viajaram rumo ao sul. É como se estivessem espionando o território por Deus, por si mesmos e por seus descendentes, dada a promessa divina em lhes dar aquela terra. Claro que há um detalhe: o fato de os **cananeus**, na época, habitarem aquela região, o que suscita uma questão moral da qual Gênesis 15 irá tratar. A essa altura, porém, Gênesis não se mostra preocupado com isso, muito menos Abraão. Ele está muito entusiasmado com o que está acontecendo. Em certo sentido, Siquém era o seu aterro sanitário naquela terra, embora isso viesse a ocorrer muito tempo depois de sua jornada ali. Eles chegariam à terra vindos da região nordeste, viajando pelas colinas de Golã, descendo até o vale do Jordão, rodeando a noroeste do lago da Galileia e do vilarejo de Nazaré (caso existisse naqueles dias), atravessando a planície central e, então, subindo até as colinas onde Siquém estava localizada.

Ali Deus aparece a Abraão. Embora lhe tenha falado em Harã, aqui, pela primeira vez, Deus "aparece". Creio que essa aparição de Deus não teria sido muito diferente daquela relatada em Gênesis 3. Seria, provavelmente, ainda mais similar à ocorrida em Gênesis 18, o que deixa claro que, quando Deus aparece, ele assume a forma humana. Seria como receber um visitante humano, mas, de algum modo, ficaria claro não se tratar de um mero humano. Alguém poderia chamar isso de uma visão, embora a desvantagem de falar dessa maneira seja a implicação de estarmos falando sobre algo que aconteceu na mente de Abraão, algo subjetivo, enquanto falar sobre a "aparição" de Deus deixa claro que falamos de algo real.

Por que Deus apareceria ali? Uma implicação é que Deus está presente naquela terra, onde é livre para aparecer. Apesar de não conhecermos nada sobre a afiliação ou experiência religiosa de Abraão antes da ordem divina para ele ir para **Canaã**, às vezes as pessoas pensam em seu deus como associado a uma terra em particular. Abraão podia associar a divindade que ele cultuava com Ur ou com Harã. Se assim fosse, a comissão de ir para Canaã levantaria algumas questões. Quem é o deus em Canaã? Ao falar com Abraão, em sua terra natal e, então, aparecer a ele em Siquém, o Deus de Abraão não reconheceu limitações geográficas. ***Yahweh*** não está confinado a uma região; na realidade, ele reclama a posse daquela terra. Isso pressupõe estar em posição de prometê-la aos descendentes de Abraão.

Construir um **altar** onde sacrifícios possam ser oferecidos é a resposta de Abraão ao aparecimento de Deus, e essa aparição divina em Siquém sugere que esse local pode ser uma espécie de portal, um lugar onde céu e terra estão especialmente abertos um ao outro. Abraão não construiu um santuário ali. Os cananeus construíam santuários; há mais de um no sítio arqueológico de Siquém. Ao contrário dos cananeus, que eram um povo estabelecido e, assim, capaz de cuidar de um santuário, a família de Abraão não irá se estabelecer em Siquém; eles seguirão em frente. Isso não lhes permite cuidar de um santuário e fazer ofertas regulares lá. Faria sentido, contudo, se houvesse alguns lugares onde poderiam estar diante de Deus em adoração, oração e entrega pessoal, e Siquém era o primeiro. Se Deus apareceu ali, eles sabem que podem responder a Deus naquele lugar. Betel constitui, então, esse segundo lugar, embora não haja registro do aparecimento de Deus aqui, como não há qualquer registro similar quando Noé edificou o seu altar. Buscar a Deus pode ser uma resposta à procura de Deus por nós; pode ser uma iniciativa humana. Em Siquém, Abraão "invocou o nome de *Yahweh*" como as pessoas começaram a fazer ao tempo de Sete (Gênesis 4:26). Isso poderia, novamente, sugerir adoração, oração ou proclamação.

Então, Abraão prossegue em sua jornada pela terra, uma espécie de posse simbólica dela, declarando o nome de Deus no norte, no centro e no sul. Todavia, eis que o inesperado acontece. Há uma onda de fome na região. A maior parte do Neguebe é desértica, onde é mais provável haver escassez de alimentos. Em sua região norte, o cultivo é viável, mas a terra é sempre marginal, no limite, e, enquanto Abraão está lá, a fome alcança também aquela área. O que Abraão deve fazer? Ele é responsável por uma substancial comitiva. Há muitas pessoas que trouxe consigo e, presumivelmente, rebanhos, gado e animais de montaria. Talvez a severidade da fome indique que toda aquela terra está afetada, não apenas o Neguebe, de modo que não há como retroceder para o norte. Abraão decide ir para o sul. O Egito, com o rio Nilo, não é dependente da chuva para irrigar suas plantações, como Canaã, sendo, portanto, menos suscetível à fome (embora não seja imune, como a história de José irá mostrar). Ir para lá é um movimento lógico.

À luz do que ocorrerá a seguir, essa pode parecer uma decisão ruim. Devemos, porém, ter empatia com Abraão. O que mais ele poderia fazer? Não parece uma ação totalmente errada, e será o que Jacó e sua família farão tempos depois.

GÊNESIS **12:11-20**
UMA COISA LEVA À OUTRA

[11]Quando estava para entrar no Egito, ele disse a Sarai, sua esposa: "Ora, sei que você é uma mulher de aparência adorável. [12]Quando os egípcios a virem e disserem: 'Ela é a esposa dele', podem me matar e deixar você viver. [13]Você dirá que é minha irmã, de modo que tudo corra bem para mim por sua causa e possa salvar a minha vida por meio de você?" [14]Quando Abrão chegou ao Egito, os egípcios viram que a mulher era muito atraente. [15]Os oficiais do faraó a viram e a elogiaram diante do faraó, e a mulher foi levada à sua residência. [16]Ele tratou bem a Abrão por causa dela; ele recebeu ovelhas, bois, jumentos e jumentas, servos e servas, e camelos. [17]Mas *Yahweh* atingiu o faraó e sua casa com graves epidemias por conta de Sarai, a esposa de Abrão. [18]O faraó chamou Abrão e disse: "O que você fez a mim? Por que não me disse que ela era sua esposa? [19]Por que disse 'Ela é minha irmã', de modo que eu a tomasse como minha esposa? Agora, aqui está a sua esposa, tome-a e vá." [20]O faraó deu ordens aos seus homens a respeito dele e o mandou embora, a ele e a sua esposa, com tudo o que possuía.

O filme *Espanglês* mostra as aventuras de uma família de Los Angeles que contrata uma mexicana como empregada. Embora não se enquadre na categoria de beleza de Sara, ela não passa despercebida, e o chefe daquela família não a ignora. Sua esposa também é atraente, mas é instável como um castelo de cartas. Inúmeras situações levam a várias outras no filme, mas uma possibilidade sugerida pelo enredo, sem ser explícita, é o processo pelo qual aquele chefe de família se apaixona pela empregada. Coisas assim acontecem. A questão é: o que vem depois?

Na fronteira do Egito, Abraão percebe que há um possível problema. A solução é uma mentira. Sendo mais específico, Abraão simplesmente foi econômico com a verdade. Sara é, de fato, sua meia-irmã, como ele confirma, ao repetir esse engano, mais tarde (Gênesis 20:12), e o hebraico usa palavras equivalentes a irmão e irmã (bem como a pai e mãe) de modo mais livre que em nossa língua. Por exemplo, Abraão pode descrever a si mesmo e a Ló como "irmãos", mas não resta dúvida quanto à sua intenção de enganar, nem sobre o resultado daquela ação. Dar a impressão de que a atraente Sara é livre significará que alguém irá se apegar a ela. Talvez Abraão considerasse aquela ação certa para manter a família viva em meio à onda de fome, mas não seria em momentos assim que Abraão precisaria confiar em Deus? Tem ele o direito de arriscar a vida de Sara a fim de salvaguardar a própria pele? Deveria Sara recusar a sua cooperação? Ela não consegue ver aonde tudo aquilo irá levar? (Os capítulos seguintes mostrarão que ela pensa por si mesma, não apenas baseada no que Abraão lhe diz.) A adorável Sara é, por conseguinte, levada à casa do faraó; em outras palavras, ao seu harém. Gênesis delicadamente evita dizer o que aconteceu a seguir; talvez a doença tenha intervindo antes que algo pudesse acontecer a Sara. Tampouco o relato nos diz como o faraó conseguiu somar dois mais dois.

Gênesis não tece qualquer comentário sobre os erros e acertos da ação de Abraão — daí, em parte, a dificuldade de saber exatamente quando ele agiu errado. Essa incerteza é típica nas histórias em Gênesis. Há inúmeras possíveis implicações. Uma delas é que Gênesis não considera importante a questão sobre quando Abraão errou. Isso pode parecer estranho aos leitores ocidentais em razão das presunções que temos sobre o propósito da Bíblia. Em geral, pensamos que ela existe para nos dizer como devemos viver, que suas histórias fornecem ilustrações do tipo de vida correto e do errado e que, para atuarem dessa forma, elas precisam transmitir julgamentos explícitos sobre o que acontece. A presunção de que a Bíblia existe para nos ensinar como viver possui, obviamente, alguma verdade em si, mas a natureza das histórias tais como essa coloca um enorme ponto de interrogação quanto à segunda e terceira presunções.

É como se Gênesis não nos contasse histórias principalmente ou apenas para nos fornecer exemplos bons e maus. Um dos fatos sobre livros como Gênesis, de difícil aceitação pelas pessoas, é que ele é principalmente um livro sobre Deus. O texto discorre sobre um propósito que Deus está buscando cumprir no mundo por meio de Abraão e Sara. Os relatos sobre esse casal não estão lá apenas para contar a história deles, mas para nos mostrar a relação de Deus com eles no cumprimento desse propósito. De uma forma ou de outra, essa história nos conta como eles entraram em apuros, e sua importância, então, reside no fato de Deus livrá-los da dificuldade. Eles passaram por uma experiência um pouco parecida com a de Adão e Eva, ao depararem com a estranha criatura que apareceu no jardim, ou como a de Noé, quando o fruto da vinha resultou em algo para o qual ele não estava preparado. Coisas assim acontecem. A boa notícia é que Deus não os abandonou. À luz desse relato, não tem muita importância se podemos dizer exatamente onde Adão e Eva erraram, ou Noé, ou mesmo Abraão e Sara. As suas ações não constituem o fator preponderante na realização do propósito divino no mundo; esse fator é a ação de Deus.

As histórias até aqui *são* designadas a nos moldar como pessoas, implicando (paradoxalmente) que elas podem, na realidade, alcançar esse objetivo não por trazer julgamentos morais explícitos, mas, em vez disso, deixando a reflexão sobre as suas implicações para nós. Eis uma das razões pelas quais Jesus contava parábolas. Falar às pessoas de forma concreta, direta e explícita pode alcançar alguns objetivos, mas fazer isso de modo misterioso e provocativo, levando as pessoas à reflexão, pode atingir outros alvos. Quando descobrimos coisas por nós mesmos, tendemos a considerá-las mais a sério do que se as recebêssemos numa bandeja. Assim, em nossa formação pessoal, é útil refletirmos sobre onde Abraão e Sara cometeram erros e o que deveriam fazer em substituição. Isso nos ajuda porque está mais próximo do processo de pensamento que devemos seguir, em nossa própria vida, ao vivenciarmos uma situação na qual uma coisa leva à outra.

Pode parecer uma ação injusta de Deus afligir o faraó e sua família por causa daquilo que Abraão iniciou. Na história similar em Gênesis 20, Deus aparece ao rei e lhe revela o que está acontecendo. Uma verdade, ilustrada pela história, é que, embora acidentes e doenças possam ser apenas "mais uma daquelas inevitáveis coisas da vida" (imprevistos acontecem), às vezes esses eventos são mensagens. Mais de uma vez, Jesus sugere que a enfermidade de alguém resulta do pecado (veja Marcos 2, onde ele declara o perdão a um homem paralítico, e João 5, onde Jesus fala a outro paralítico para ele não pecar mais), assim como Paulo (veja 1Coríntios 11:30-32). Ambos, Jesus e Paulo, indicam em outros contextos que nem sempre esse é o caso. O Antigo Testamento, de modo similar, deixa claro que a dificuldade, em geral, não possui conexão com o pecado, mas também oferece relatos de Deus alcançando pessoas por meio de desastres de um tipo ou de outro. Eis o que Deus está fazendo aqui. E, quando o faraó responde, Deus acerta a situação.

Outro aspecto doloroso nessa história é que os nossos erros podem ter consequências para outra pessoa, e isso é especialmente triste no presente contexto. Gênesis 12 começa com a visão divina de Abraão se tornar uma bênção para o mundo. O evento seguinte é que, em vez de ser um meio de bênção, ele é um agente de problemas. Gênesis não fala exatamente em termos de "maldição", mas a ação de Abraão poderia ser descrita como causadora de uma maldição sobre o faraó. Então, contrariamente, ao final de sua aventura, Abraão sai extremamente beneficiado. Ele tinha explicado que esperava que as coisas corressem bem para ele por causa da beleza de sua "irmã". De fato, tudo correu bem. Gênesis, do mesmo modo, não fala explicitamente em termos de "bênção" com relação às ovelhas, gado, jumentos, servos e camelos que recebeu de presente, mas a ação do faraó poderia ser descrita como um meio de abençoar Abraão. Quão cabeça-dura e pouco moralista Deus é! Tudo está subordinado a tornar Abraão em uma personificação de bênção de modo que as pessoas, de fato, orem para serem abençoadas como ele. Esse relato ilustra como Deus está preparado a sujeitar os direitos efêmeros de algumas pessoas em prol da bênção duradoura de muitas outras.

GÊNESIS 13:1-13
COMO SER UM PACIFICADOR

[1]Então, Abrão saiu do Egito, ele e sua esposa, com tudo o que possuía, e Ló estava com ele, rumo ao Neguebe. [2]Ora, Abrão era muito rico em animais, em prata e em ouro. [3]Ele saiu do Neguebe até alcançar Betel e o lugar onde sua tenda já tinha sido armada anteriormente, entre Betel e Ai, [4]o lugar do altar que ele havia feito lá, da primeira vez. Ali Abrão invocou o nome de *Yahweh*. [5]Ló, porém, que ia com Abrão, também tinha ovelhas, gado e tendas, [6]e a região não conseguiria sustentá-los morando juntos, porque suas posses eram muito grandes. Assim, não poderiam viver juntos; [7]havia conflito entre os pastores dos rebanhos de Abrão e os pastores dos rebanhos de Ló (os cananeus e os ferezeus, na época, habitavam na região). [8]Então, Abrão disse a Ló: "Não deve haver conflito entre você e mim, e entre os meus pastores e os seus pastores, porque somos irmãos. [9]Toda a região está diante de você, não está? Vamos nos separar? Se você for para o norte, eu irei para o sul, ou, se você for para o sul, eu irei para o norte." [10]Ló ergueu os olhos e viu que toda a planície do Jordão era bem irrigada, tudo (antes de *Yahweh* devastar Sodoma e Gomorra) era como o jardim de *Yahweh*, como a terra do Egito, até chegar a Zoar. [11]Então, Ló escolheu para si toda a planície do Jordão. Ló partiu rumo ao leste, e eles se separaram, cada qual de seu irmão. [12]Abrão viveu na terra de Canaã, e Ló viveu nas cidades da planície e mudou as suas tendas para perto de Sodoma. [13](As pessoas de Sodoma eram perversas, extremamente ofensivas contra *Yahweh*.)

Quando é necessário que as pessoas dividam os seus bens, isso se mostra muito difícil, por uma razão ou outra. Escrevo em meio a um contexto no qual tem havido um colapso no preço dos imóveis, provocando o bizarro resultado de alguns casais serem obrigados a desistir do divórcio porque sua casa passou a ser um passivo financeiro em vez de ativo. Escrevo também em meio a um cenário no qual algumas congregações deixaram a minha denominação, na esperança de levarem consigo seus prédios, mas, nesta semana, uma corte de justiça declarou que isso não é possível. Citei antes o pedido de meu médico para eu declarar quem deveria tomar decisões por mim, quanto a cuidados médicos, caso me tornasse incapaz de tomá-las. Uma necessidade relacionada é ter de fazer um testamento e decidir como os seus bens devem ser divididos; caso contrário, essa discussão caberá à família (gosto da ideia de meus filhos disputando os meus livros de teologia). Em outro nível, bem mais trágico e sério, israelitas e palestinos prosseguem em constante conflito que, na realidade, consiste em como dividir a terra que ambos amam. Gênesis 13 repercute, de modo especialmente enfático, esse conflito.

Abraão e Sara, com sua família, "desceram" ao Egito e, agora, "sobem", saindo de lá. Há uma mensagem sutil aqui aos ouvintes dessa história que conhecem como os descendentes de Abraão e Sara "descerão" ao Egito e, então, "subirão" novamente. O problema daquele casal, no Egito, é um modelo antecipado desses eventos posteriores e um sinal de padrão recorrente no trato divino conosco. Eles encorajam as gerações futuras a confiarem que Deus agirá da mesma forma novamente. De fato, é possível imaginar os israelitas no Egito, antes do êxodo, recontando essa história e encorajando uns aos outros a crerem que Deus poderia socorrê-los, assim como fizera com Abraão e Sara. Há outro aspecto nessa comparação: como Abraão e Sara deixaram o Egito em melhor situação do que quando lá entraram, assim também sucederá a Israel no êxodo. Não obstante, é um Abraão castigado que refaz sua jornada de volta a Betel, ao lugar onde vivera antes de a situação piorar, de volta ao **altar** e à invocação ao nome de Deus. Imagina-se que Abraão deve ter invocado também no Egito, mas a história silencia-se a esse respeito.

Contudo, a história agora está de volta aos trilhos, exceto por uma outra questão que surge. Isso é típico na história de Abraão e Sara. Dessa vez, o problema é o lado negativo do sucesso. Sim, o negócio da família de Abraão vai muito bem, obrigado, mas isso também traz problemas. Simplesmente, a quantidade de ovelhas e gado é grande demais, sem mencionar os jumentos e camelos, para pastarem juntos. Não existe grama e água suficientes para todos. É uma grande região, mas Gênesis observa que, ao tempo de Abraão, os **cananeus** e **ferezeus** ainda habitavam lá, fato que podia ser desconhecido por muitos ouvintes da história. Os dois grupos, em geral, não são mencionados juntos, mas talvez a importância de citá-los resida no fato de como o termo "ferezeus" lembraria às pessoas a palavra para um acampamento não fortificado, sugerindo que eram "aldeãos", enquanto os cananeus eram conhecidos como pessoas que viviam em cidades como Siquém. Os dois termos poderiam indicar a existência de muitas cidades e assentamentos naquele território, pertencentes aos seus moradores de longa data. Cidades e assentamentos situavam-se, principalmente, em vales e planícies, onde havia terra para o cultivo. As tendas de recém-chegados, como Abraão e Ló, teriam que ser armadas nas montanhas, onde havia poucas cidades e assentamentos. Com efeito, a região não era tão grande e, portanto, não suportaria a presença de um grande grupo como aquele.

Embora o relato não procure, de modo consistente, retratar pessoas como Abraão e Sara como bons exemplos, é difícil não considerar Abraão como exemplar no modo com que lidou com o problema. Ele poderia ter cruzado os braços e esperar que o conflito esfriasse; ou dito a Ló para ir embora e encontrar outro lugar para o seu grupo; ou pesquisado o interior da região, escolhido a melhor área e a reivindicado para si. Em vez disso, ele deixa Ló fazer a escolha. A preocupação com relacionamentos pacíficos entre o povo de Deus e a reconciliação onde há desavenças são recorrentes nas histórias de Jacó e Esaú, de Jacó e Labão, e de José e seus irmãos. O povo de Deus constitui uma família, e espera-se que seus membros sejam pacificadores. Às vezes, é possível que a paz signifique divisão: "Essa cidade é pequena demais para nós dois."

O cenário é o cume da cordilheira que forma a espinha dorsal da região. De Betel, onde a história ocorre, é possível avistar ao norte a cidade de Siquém e, ao sul, Hebrom. Ló poderia escolher ir para o norte, ou sul, para a região que tinham acabado de passar, ao voltarem do Egito. (Mais literalmente, Abraão convida Ló a ir para a "esquerda" ou para a "direita", porque no pensamento israelita você fica de frente ao leste quando está buscando uma orientação; dessa forma, o norte fica à sua esquerda, e o sul, à sua direita.) Todavia, Ló não quer que sua escolha fique restrita ao norte e ao sul daquela região montanhosa. Olhando para o oeste, do ponto onde estavam, é possível avistar a planície onde os cananeus viviam em suas cidades e os filisteus, mais tarde, iriam habitar, como também o Mediterrâneo. Não há muita perspectiva de se estabelecer lá. Olhando para o leste, vê-se as encostas mais íngremes que descem em cascata até o vale do Jordão, abaixo do nível do mar, e, então, subindo do outro lado em uma cordilheira paralela, o coração do moderno país da Jordânia. Embora grande parte do vale do Jordão seja desértico, em um dia claro é possível ver algumas árvores em ambos os lados do rio e, de alguns pontos, o verdejante oásis de Jericó, onde nascentes naturais transformam o deserto em jardins e pomares. É nessa direção que Ló olha. Além de Jericó, há alguns poucos oásis na planície hoje em dia, mas a história pressupõe que, no tempo de Abraão e Ló, Sodoma e Gomorra também eram bem supridas de água e abundância, como era Zoar. Portanto, toda a área lembrava o jardim do Éden ou o país do Egito (um antigo poema egípcio desdenha de regiões cuja irrigação depende das chuvas, como um tipo de substituto para o rio Nilo). Embora o calor seja sufocante no verão, não há aquela neve absurda que existe nas montanhas (é possível comprar morangos frescos em Jericó quando está nevando em Jerusalém).

Não há dúvidas. Aquela era a direção mais óbvia a seguir. O problema reside no parágrafo sobre Sodoma; Ló levantou o seu acampamento próximo aos muros dessa cidade.

GÊNESIS **13:14-18**
UMA PROMESSA IMPROVÁVEL

[14]*Yahweh* disse a Abrão, após Ló separar-se dele: "Agora, olhe e veja, do lugar onde você está, para o norte, para o sul, para o leste e para o oeste, [15]porque toda a terra que você consegue avistar eu darei a você e à sua descendência para sempre. [16]Tornarei a sua descendência como o pó da terra, de tal modo que, se alguém puder contar o pó da terra, a sua descendência também será contada. [17]Levante, percorra a terra, em seu comprimento e em sua largura, porque eu a darei a você". [18]Então, Abrão moveu suas tendas e passou a viver próximo aos carvalhos de Manre, que estão em Hebrom, e construiu ali um altar para *Yahweh*.

Lembro-me de duas promessas que Deus me fizera, cujo cumprimento parecia muito improvável. Ambas ocorreram quando me tornei diretor de uma faculdade de teologia na Inglaterra, cargo que, nos Estados Unidos, equivale a uma mescla de presidente, diretor e reitor de seminário. Entre nós, havia um líder cristão que estava cumprindo um período sabático. Certa noite, ele orou por diferentes membros da faculdade e trouxe-lhes uma palavra de Deus. Sua palavra para mim foi: "Você tem uma visão para a faculdade e começou a pensar que ela nunca vai se realizar, mas ela se realizará." E, de fato, houve um ou dois aspectos da vida do seminário em que isso ocorreu, como maior integração entre teologia, oração e vida. A segunda promessa foi expressa por um antigo colega em minha posse como diretor: "Farei do vento norte o seu aquecimento; da neve, a sua pureza; da geada, o seu brilho; e do céu noturno de inverno, a sua iluminação." Acho que era uma referência ao modo com que Deus tornaria o lado mais difícil da minha vida, em particular a necessidade de viver com a crescente incapacidade de minha esposa, um recurso, não apenas um passivo; essa promessa também se cumpriu.

Refletindo sobre essas promessas, à luz do que Deus prometeu a Abraão, percebo que elas têm em comum não apenas a sua improbabilidade, mas também o fato de me unir, como indivíduo, ao propósito mais amplo de Deus. As promessas de Deus a Abraão foram feitas não apenas para beneficiá-lo, mas em benefício de Israel e do mundo. As promessas divinas foram feitas a mim não somente para o meu bem, mas para o bem do seminário e do ministério que seus alunos iriam exercer.

Gênesis relata que ***Yahweh*** declara sua promessa a Abraão; a história tem usado aquele nome especial para Deus de modo consistente, nos capítulos 12 e 13, e prosseguirá fazendo isso. O uso desse nome declara que o Deus conhecido por Israel é quem se envolve com Abraão e lhe faz essas promessas. Embora o pensamento de *Yahweh* falando com Abraão ou aparecendo a ele seja anacrônico (estritamente falando), pois, antes de Moisés, as pessoas não teriam pensado em Deus como "*Yahweh*", ao escolher Abraão e lhe fazer essas promessas, na realidade, Deus o faz como parte de um propósito que ele continuará a perseguir na vida dos israelitas que leem essa história.

Até aqui, Abraão, por diversas vezes, desistiu de seu futuro, de seus recursos e de sua família, ou, pelo menos, indicou o pouco apego que tem por eles. Isso ocorreu quando deixou Ur e quando saiu de Harã. Mostrou-se, novamente, ao deixar Ló escolher a melhor área daquela terra. Além disso, dado que Sara não podia gerar filhos e seu sobrinho havia, com efeito, se tornado parte de sua família, Ló representaria o futuro da família e de seus negócios. No entanto, para evitar conflitos, Abraão encorajou Ló a sair por conta própria, demostrando, assim, não ter muito apego em relação ao seu futuro e, tampouco, à promessa divina de se tornar uma grande nação.

Agora, uma vez mais, ele está naquele ponto elevado na cadeia de montanhas, próximo a Betel, de onde pode ver uma larga distância ao norte, ao sul, a leste e a oeste, e Deus o convida a olhar não somente para escolher uma área particular, mas para se ver como herdeiro de todo aquele território, até onde a sua vista alcançasse. Ou, ainda, Deus faz essa promessa em relação à sua descendência, o que significa que a separação entre Abraão e Ló não frustra a promessa de fazer de Abraão uma grande nação. De algum modo, Abraão ainda terá uma família, embora ainda não esteja claro como isso irá ocorrer.

Abraão deve percorrer o território em seu comprimento e em sua largura com base no fato de que, em última análise, tudo aquilo irá pertencer à sua família. A terra jamais irá lhe pertencer pessoalmente, por uma razão que será revelada em Gênesis 15:16: não seria justo simplesmente tomar todo o território e entregá-lo a Abraão, considerando que os moradores de então nada fizeram para merecer a perda da sua terra. Isso ilustra como há uma complexa interação entre os desejos e planos divinos e as questões humanas envolvidas. Deus não age de modo impulsivo, decidindo o que fazer e colocando em prática o que decidiu sem qualquer consideração pelos fatores humanos a serem inseridos na equação. O propósito divino é desenvolvido em diálogo com tais fatores. Assim, embora Deus fale sobre entregar a terra para Abraão, ele mesmo jamais tomará posse dela.

Para Abraão, portanto, há um toque de pungência em sua caminhada pelo território. Ele olhará tudo ao redor, mas o fará como alguém que sempre será um estrangeiro lá. A posse se encontra no futuro. Ele, por conseguinte, ilustra um elemento consistente na vida do povo de Deus. Vivemos no presente e no futuro. (Vivemos no passado também, recordando o que Deus fez para nos redimir, mas isso é outra história.) É possível viver totalmente no presente, sem qualquer expectativa quanto ao futuro. Em certo sentido, Abraão teve que fazer isso; ele nunca deixou de ser apenas mais um estrangeiro naquela terra. Todavia, Deus o convida a não se considerar isolado do que irá ocorrer futuramente. Ele é parte integrante de um grande projeto que Deus está implementando. O projeto não será concluído em seus dias, mas Abraão é parte dele. Sua verificação da terra o lembrará disso.

Como primeiro estágio dessa exploração, ele retorna a um caminho no qual já esteve. Sua jornada de Betel, através do Neguebe, o levará por Hebrom até os carvalhos de Manre. Hebrom é uma cidade localizada no centro da região ao sul da cordilheira de montanhas, na direção norte-sul, através de **Canaã**, um tipo de cidade gêmea de Siquém, na região norte, com Betel situada mais no centro (Hebrom e Siquém/Nablus ainda são as duas cidades dominantes ao sul e ao norte da área montanhosa da Palestina, com Ramallah, próxima a Betel, no centro). Refazer a jornada já realizada antes, pode parecer pouco aventureiro, mas a localização-chave de Siquém, Betel e Hebrom significa que fincar os pés e estabelecer suas tendas perto dessas três cidades constitui uma peregrinação simbólica da terra, um tipo de declaração de fé na promessa divina.

Abraão começou essa ação simbólica antes de sua malfadada aventura egípcia e a completa depois. Aquela desventura no Egito foi uma interrupção, mas não arruinou o propósito de Deus. É possível voltar aos trilhos. O ponto é sublinhado por não haver menção a Manre e Hebrom antes e, agora, pelo fato de Abraão ter construído um **altar**, junto aos carvalhos de Manre, em complemento àqueles levantados em Siquém e Betel. Toda a terra pertence a *Yahweh*, e *Yahweh* pode ser adorado em todo aquele território.

GÊNESIS **14:1-13**
E UM TEMPO PARA A GUERRA

[1]Nos dias de Anrafel, rei de Sinear, Arioque, rei de Elasar, Quedorlaomer, rei de Elão, e Tidal, rei das Nações, [2]entraram em guerra contra Bera, rei de Sodoma, Birsa, rei de Gomorra, Sinabe, rei de Admá, Semeber, rei de Zeboim, e o rei de Belá (ou seja, Zoar). [3]Todos estes se reuniram no vale de Sidim (ou seja, o mar Morto). [4]Por doze anos, eles serviram a Quedorlaomer, mas no décimo terceiro ano se rebelaram.

[5]No décimo quarto ano, Quedorlaomer e os reis que estavam com ele vieram e derrotaram os refains em Asterote-Carnaim, os zuzins em Hã, os emins em Savé-Quiriataim, [6]e os horeus em suas montanhas, de Seir até El-Parã, que está próximo ao deserto. [7]Ao retornarem, foram a En-Mispate (ou seja, Cades), onde dominaram todo o território dos amalequitas e também dos amorreus, que viviam em Hazazom-Tamar.

[8]Assim, o rei de Sodoma, o rei de Gomorra, o rei de Admá, o rei de Zeboim e o rei de Belá (ou seja, Zoar) saíram e os envolveram em guerra no vale de Sidim: [9]Quedorlaomer, rei de Elão, Tidal, rei das Nações, Anrafel, rei de Sinear, e Arioque, rei de Elasar, quatro reis contra cinco. [10]No vale de Sidim,

havia muitos poços de betume, e, quando os reis de Sodoma e Gomorra fugiram, caíram neles, enquanto os demais fugiram para as montanhas. [11]Eles [os quatro reis] tomaram todos os bens de Sodoma e Gomorra, todos os seus mantimentos, e partiram. [12]Então, levaram Ló, filho do irmão de Abrão, e seus bens, e partiram; ele estava vivendo em Sodoma. [13]Um sobrevivente veio e contou a Abrão, o hebreu. Ele estava morando próximo aos carvalhos de Manre, o amorreu, irmão de Escol e Arner; estes eram parceiros de aliança de Abrão.

Por ocasião do primeiro Dia de Martin Luther King Jr., depois que cheguei aos Estados Unidos, sua irmã, Bernice King, pregou na capela do seminário. Ao caminhar para a capela naquele domingo, lembro-me de haver refletido sobre que tipo de pessoa ela seria, mais focada em um evangelho social, na necessidade de desenvolver uma sociedade na qual as pessoas de todas as etnias pudessem desempenhar um papel completo, ou se ela seria mais focada em nossos relacionamentos pessoais com Deus. Ao retornar da capela, senti que havia sido colocado em meu devido lugar. Ela tinha personificado a unidade do interesse de Deus por nós. Deus não está preocupado apenas com o social ou com o "espiritual". O espiritual é social; o social é espiritual. Se a espiritualidade não transbordar em preocupação social, não é espiritualidade, e se a preocupação social não incorporar questões sobre o relacionamento com Deus, não é preocupação social. Minha falha em assumir que Bernice King personificaria a unidade dessas duas áreas mostrou como essa unidade não está presente nas tradições das quais venho. A comunidade afro-americana não pode se dar ao luxo (ou infortúnio) de mantê-las separadas.

Nem Abraão. Ele havia deixado a antiga e impressionante cidade de Ur, bem como a igualmente antiga e impressionante civilização da **Babilônia**, com sua sofisticação militar e política, para se tornar parte de um propósito no qual Deus trabalhava longe do alcance dos radares. Ninguém no mundo do poder político sabia sobre Abraão e sua extrema importância. Não obstante, isso não significava que ele havia se retraído do mundo. Quando uma crise mundial atingiu Ló, Abraão, o **hebreu**, não conseguiu dizer que aquilo não lhe dizia respeito.

A maneira com que ele se envolveu nessa crise constitui uma extraordinária história. Imagino que os israelitas, ao ouvirem esse relato, ficaram perplexos. A história começa com quatro valentões, entre os quais os israelitas talvez pudessem reconhecer os nomes de Sinear e Elão. Se estivessem ouvindo o relato de Gênesis de forma sequencial, ao ouvirem o nome de Sinear, o ligariam a Ninrode e à torre de **Babel**, e reconheceriam Elão como um dos descendentes de Sem. Contudo, não sabemos quem eram os quatro reis, nem a localização de Elasar, e, convenhamos, "rei das Nações" é um título estranho. Todos esses nomes provavelmente seriam tão intrigantes para os israelitas quanto são para nós; eles apenas sugeririam reis e nações exóticas do Oriente Médio.

O que está claro é que uma aliança de reis muito distantes impôs sua autoridade sobre a região onde Ló vivia, porque os fracotes na história são os reis de cinco cidades do vale do Jordão. As cinco cidades figuram em outras passagens do Antigo Testamento e parecem lugares acerca dos quais as pessoas tinham conhecimento. Elas, pelo menos, reconheceriam os seus nomes, ainda que não conhecessem os nomes de seus reis (assim como nós, que nada sabemos sobre eles). Os ouvintes poderiam saber também que o termo "rei" aqui possui um significado diferente daquele referente aos quatro grandes reis. Os quatro representam grandes potências, enquanto os cinco são apenas governadores de pequenas e obscuras cidades.

O grupo formado pelos quatro poderosos manteve a sua autoridade durante doze anos, após o que as cinco cidades do vale do Jordão emitiram uma declaração de independência. Elas não aceitarão mais a autoridade dessa aliança imperial distante e, obviamente, consideram ser possível praticar essa ação e escaparem ilesos. Talvez não fossem as únicas cidades a fazer isso. Seja como for, o grupo dos quatro derrotou uma lista de outros povos na área geral; na medida do que foi possível descobrir, esses povos viviam a leste e ao sul do mar Morto. Pode ser que o grupo dos quatro estivesse expandindo o seu império ou, talvez, colocando outros povos rebeldes em seus devidos lugares. Era o típico cenário político e militar ao qual Israel estava acostumado: o controle de um império estrangeiro do leste, rebeliões e expedições punitivas. Israel mesmo viveu, por algum tempo, sob a autoridade dos sucessores desses quatro reis — da **Assíria** e da Babilônia —, e os próprios israelitas tendiam à rebeldia, de tempos em tempos, sendo, em geral, subjugados.

Quer estivessem dominando esses outros povos como primeira conquista quer sufocando uma rebelião, o fato é que as cinco cidades são citadas em seguida. Elas não esperaram ser atacadas, mas tomaram a iniciativa. Contudo, não foram páreo para os valentões. Os cinco reis foram logo à lona. Três fugiram para os montes, enquanto dois caíram em poços de betume. Teriam eles se jogado? Seria o refúgio deles? Ou simplesmente caíram? De qualquer modo, trata-se de algo humilhante. Imagino os ouvintes da história contendo o riso. Grandes eram as pretensões dos reis do vale do Jordão, que pareceram impressionantes aos olhos de Ló quando ele avistou o vale, mas que agora pareciam bem menos imponentes.

Na ausência dos reis e seus exércitos (ou seja, os homens), o grupo dos quatro reis não encontrou resistência para fazer a costumeira pilhagem nas cinco cidades. E lá, acampado não muito longe do portão principal de Sodoma, estava o desafortunado Ló. No capítulo anterior, ele parecia ter feito uma escolha inteligente quanto ao lugar onde viver; agora, sua decisão parecia pouco prudente.

Abraão deve ter pensado que conceder a Ló a liberdade de escolha tornaria a sua própria vida mais simples. Isso, porém, tornou-a muito mais complicada. Essa não foi a única vez que isso ocorreu. Ló é "irmão" de Abraão, um membro de sua família estendida. Isso impõe obrigações. No entanto, Abraão é afortunado por ter alguns "parceiros de **aliança**", ou seja, aliados. No contexto familiar, não há alianças, pois ser da mesma família já implica um compromisso mútuo. Esse compromisso de sangue existe entre Abraão e Ló, bem como outro entre Manre, Escol e Aner, como "irmãos", provavelmente no sentido mais amplo de membros da mesma família estendida (aqui Manre e Escol são nomes de pessoas, não de lugares, como em outras passagens). Além disso, Abraão, de um lado, e esses três, do outro, estabeleceram uma aliança de relacionamento. Eles não se beneficiarão às custas uns dos outros, mas defenderão e apoiarão uns aos outros de maneiras práticas.

GÊNESIS **14:14-18**
O QUE VOCÊ PRECISA SABER?

[14]Quando Abrão ouviu que seu irmão havia sido capturado, ele reuniu os seus homens treinados, nascidos em sua casa, trezentos e dezoito deles, e saiu em perseguição até Dã. [15]Ele e seus servos se dividiram em grupos contra eles, à noite, derrotando-os e, então, perseguindo-os até Hobá, que está ao norte de Damasco. [16]Ele recuperou todos os bens e trouxe de volta seu irmão, Ló, e todas as suas posses, e também as mulheres e o povo. [17]O rei de Sodoma veio ao seu encontro, após Abrão retornar da vitória contra Quedorlaomer e os reis que estavam com ele, no vale de Savé (ou seja, o vale do Rei), [18]e Melquisedeque, rei de Salém, trouxe pão e vinho. Ele era sacerdote do Deus Altíssimo.

Se você fosse Abraão, o que presumiria sobre o discernimento religioso de alguém como Melquisedeque, referido como "sacerdote do Deus Altíssimo", mas não sabe o que você sabe sobre Deus? Tenho amigos que se mudaram para a Turquia, para a Ásia Central, para uma região particular dentro das Filipinas, para o interior da Índia e para outro país asiático que eles nem mesmo mencionam porque a situação de cristãos lá é muito delicada. Em cada caso, eles desejam fazer o possível para que mais pessoas conheçam Cristo, embora não se declarem como "missionário", em seu pedido de visto, porque seria improvável que isso facilitasse a sua aprovação. Assim, eles precisam declarar uma outra razão para estarem onde estão, a fim de se concentrarem diretamente no ministério à comunidade cristã já existente, se houver uma, ou em alcançar pessoas com necessidades sociais e no desenvolvimento de outras assistências, como no passado, quando o movimento missionário usou a medicina e a educação como seu ponto de entrada em outro país. Poderíamos discutir sobre a ética dessa economia com a verdade, mas faremos isso em outra oportunidade, provavelmente em *Êxodo para todos*, quando considerarmos a mentira das parteiras ao faraó. No tocante à história de Melquisedeque, a questão mais imediata é: o que presumir sobre o discernimento religioso existente nos adeptos de outra fé (em nosso mundo, essa questão poderia ser feita quanto a pessoas muçulmanas, por exemplo)? Presumimos que são totalmente incultos? Abraão não parece presumir isso com respeito a Melquisedeque, embora subentenda que há algo mais que o sacerdote deva saber.

A questão surge como resultado de uma missão de resgate surpreendente e decisiva realizada por Abraão. Ao ouvir o que aconteceu no vale do Jordão, ele sabe que não pode simplesmente dar de ombros. Ló é seu "irmão", no sentido mais amplo, membro de sua família estendida. Laços familiares ligam um ao outro. Além disso, Abraão sabe que há um tempo para a paz e um tempo para o conflito. Quando é possível manter a paz pelo sacrifício de seu próprio bem-estar, a solução pacífica é a coisa certa a ser feita. Todavia, quando a manutenção da paz demanda o sacrifício do bem-estar de outra pessoa, a situação é diferente. Com efeito, o grupo dos quatro reis tinha "menosprezado" familiares de Abraão; essa é a possibilidade da qual Deus falou na promessa original a Abraão. Deus, então, prometeu não ficar de braços cruzados quando isso ocorresse. Abraão compreende que seu trabalho não é simplesmente ficar sentado e confiar no resgate de Ló por Deus, mas sabe que deve tomar a iniciativa pela ação. Como já vimos em conexão com sua permanência no Egito, e veremos novamente, Abraão é capaz de agir com covardia, mas não é o que vemos em sua reação à captura de Ló.

Além de nos revelar outro lado do caráter de Abraão, essa narrativa mostra outro lado de sua comitiva. Temos, em geral, um retrato romântico (fomentado por aquarelas do século XIX e livros da escola dominical) do antigo e sereno casal, Abraão e Sara, assentados pacificamente em frente à sua tenda, com suas túnicas esvoaçantes, rodeados por algumas ovelhas sonolentas. Acontece que eles possuem um quadro de empregados com mais de trezentos homens — isso compreende apenas os homens nascidos na casa de Abraão e treinados para a luta. Os negócios familiares de Abraão envolvem uma comitiva e tanto.

A dramática missão de resgate, iniciada por Abraão, o leva primeiramente ao norte de **Canaã**. Em Hebrom, ele está próximo da cidade situada no extremo sul da terra, Berseba; Dã é a cidade que fica mais ao norte, ainda hoje marcando a fronteira do moderno Estado de Israel. A jornada até lá demoraria muitos dias A história diminui o ritmo nesse ponto, implicando que Abraão diminuiu o seu ritmo também. Seu grupo está prestes a sair do território e cruzar a "fronteira" com a

Síria. Trata-se de um movimento crucial. Contudo, eles prosseguem, obtêm uma vitória contundente e recapturam tudo o que os quatro reis haviam tomado. É uma conquista notável. Os quatro reis são líderes de uma poderosa coalizão com uma impressionante lista de vitórias sob essa aliança. Nada ouvimos sobre Abraão em luta com alguém antes; há, de fato, um outro lado de seu caráter.

Em seu retorno para casa, o castigado rei de Sodoma vai ao seu encontro, ainda cheirando a betume. Há duas maneiras de viajar rumo ao norte, para Dã ou Damasco, ou retornar ao sul; ou segue ao longo da cordilheira de montanhas, como fizera Abraão no começo, passando por Betel e Siquém, ou segue ao longo do vale do Jordão, passando por Jericó. A última seria a rota mais natural em relação a Sodoma, mas a primeira seria a rota natural para o acampamento de Abraão, em Hebrom. Havia o "vale do Rei", próximo a Jerusalém, e, ao que tudo indica, esse encontro ocorre em algum ponto da cordilheira, quando Abraão faz o caminho de volta por lá, rumo a Hebrom. O nome Salém é praticamente o mesmo que a segunda metade do nome Jerusalém, sendo que Jeru-salém parece um nome composto, como Ber-seba ou Minnea-polis. Além disso, a segunda e última menção de Salém, no Antigo Testamento (Salmos 76:2), parece ser uma referência a Jerusalém, enquanto a outra menção a Melquisedeque (Salmos 110:4) parece vê-lo, em algum sentido, como um predecessor de Davi. Assim, o autor e os leitores da história estariam pensando em Abraão chegando perto de sua casa, e o rei de Jerusalém (que está, repetindo, próximo à cordilheira de montanhas pela qual Abraão retornaria) indo ao seu encontro para cumprimentá-lo por sua vitória.

Notavelmente, da perspectiva israelita, Melquisedeque era ambos, sacerdote e rei. O clã de Abraão não possuía reis ou sacerdotes; por motivos práticos, Abraão *era* o rei e o sacerdote de seu clã. Ele tomava as decisões e liderava a adoração no sentido de ir à frente na oferta de sacrifícios. Mais tarde, as coisas mudam em Israel. Embora Israel não acreditasse na separação entre igreja e Estado, havia separação entre a liderança de culto e a liderança política. Acreditava-se na separação de poderes a fim de não se permitir que poder excessivo ficasse nas mãos de uma só pessoa. Reconhecidamente, houve ocasiões em que o rei exerceu a liderança de culto. Salmos 110 observa que o rei de Jerusalém, na realidade, sucedeu a Melquisedeque e que ele também era o (ou um) sacerdote na cidade. Isso implica que essa sucessão concedeu à liderança davídica, em Jerusalém, uma base para reconhecer o exercício de ambos os papéis por uma mesma pessoa.

Ao cumprimentar Abraão, Melquisedeque traz pão e vinho. Como na ceia do Senhor, lembrará um cristão. Há, de fato, uma conexão indireta nessa passagem. Enfrentei alguns problemas com meu médico por contar a ele, com alguma satisfação, que bebo café de manhã, chá à tarde e vinho à noite e que, então, escovo os dentes com água. Ele havia descoberto que eu estava um pouco desidratado. Excedendo em minha reação contra o costume de os californianos carregarem água para todos os cantos, eu estava negligenciando a sua importância. A água é o refrigério de todos os dias, enquanto o vinho é uma bebida celebratória. Uma taça de vinho é uma bebida festiva para o fim do dia, embora consumir mais de uma taça seja apenas para ocasiões especiais. O vinho, portanto, ocupa um lugar de proeminência na Páscoa e, por conseguinte, na ceia do Senhor. Melquisedeque oferece a Abraão vinho não apenas para saciar a sua sede (embora isso também fosse bem-vindo), mas como celebração. Talvez faça isso também com o alimento, porque a palavra para "pão" significa "alimento", de uma forma mais ampla.

Melquisedeque vem para celebrar com Abraão e abençoá--lo, pois ele é o "sacerdote do Deus Altíssimo", o que levanta a questão quanto ao que mais ele precisa saber sobre Deus. "Deus Altíssimo" é a quem a pessoa de Salmos 57 clama. Daniel pode concordar com seus chefes **babilônios** de que "Deus Altíssimo" é aquele que ambos reconhecem (Daniel 3:26; 5:18). Os muçulmanos se referem a Deus como "Alá", que simplesmente é a palavra em árabe para Deus, relacionada à palavra hebraica *elohim*. Seria equivocado sugerir que os muçulmanos cultuam e pensam em Deus de uma forma totalmente diferente da maneira que cristãos ou judeus cultuam e pensam de Deus. O testemunho cristão se baseia no que as pessoas conhecem em vez de exigir que comecem novamente do zero. Isso, pelos menos, é subentendido da interação de Abraão com Melquisedeque.

GÊNESIS 14:19-24
BÊNÇÃO E DÍZIMO

[19]E ele [Melquisedeque] o abençoou, dizendo:

"Bendito seja Abrão pelo Deus Altíssimo,
Senhor do céu e da terra,

[20]E bendito seja o Deus Altíssimo,

Que entregou os seus inimigos nas suas mãos."

E Abrão lhe deu um décimo de tudo. [21]O rei de Sodoma disse a Abrão: "Dê-me as pessoas, mas tome os bens para você". [22]Mas Abrão disse ao rei de Sodoma: "De mãos levantadas eu digo a *Yahweh*, o Deus Altíssimo, Senhor do céu e da terra: [23]'De um fio a uma tira de sandália, se eu tomar qualquer coisa que seja sua...'. Para que você não diga: 'Eu sou aquele que tornou Abrão rico'. [24]Não eu. Somente o que os jovens comeram. E a porção dos homens que foram comigo, Aner, Escol e Manre — eles devem ter a sua porção."

Na igreja não denominacional a que meus pais me levavam e à minha irmã para a escola dominical, o dízimo era uma parte importante do compromisso cristão. Mas, na adolescência, também me envolvi com a paróquia da Igreja Anglicana. Naqueles dias, ninguém ouvia falar sobre dízimo na Igreja Anglicana; no mínimo, os congregados sabiam que se tratava de algo que aquelas pessoas estranhas da "igreja livre" faziam. A Igreja Anglicana possuía ativos do passado que pagavam os salários dos pastores e outras despesas paroquiais, de modo que seus membros não precisavam dizimar; outras igrejas não possuem tais bens. Ao longo dos anos, porém, a inflação reduziu o valor desses ativos e, então, os membros da Igreja Anglicana passaram a ouvir a palavra "dízimo". Isso foi bom para nós. Aprendemos a dar como os demais cristãos.

A história de Abraão e Melquisedeque sugere que o dízimo, como o sacrifício, era uma prática bem conhecida antes de Deus falar qualquer coisa sobre esse ato. Era um instinto natural. Abraão o conhecia, assim como Melquisedeque, pois ele não ficou surpreso quando Abraão dizimou daquilo que havia obtido em batalha, dando-lhe essa porção.

Ao que tudo indica, essa ação foi a resposta de Abraão por Melquisedeque ser um sacerdote, fato evidenciado por sua bênção sobre Abraão. Admite-se que, naquele contexto, a ideia de alguém abençoar Abraão é surpreendente. Pode-se argumentar que Abraão precisava que alguém orasse e o abençoasse antes de sair com seu grupo para a missão de resgate. Talvez não houvesse tempo para isso; Abraão saiu sem consultar ou pedir a oração a alguém. Há momentos em que você deve agir sem demora. Tenho assistido a uma série médica, na televisão, e, de tempos em tempos, o coração de um paciente cessa de bater. Quando isso ocorre, seja em comédia, seja em drama, seja na vida real, o médico não dispõe de tempo para consultar um colega ou pedir para alguém orar por ele. É preciso agir imediatamente e realizar uma ressuscitação cardiopulmonar (RCP). Após escrever o capítulo sobre o sítio arqueológico em Siquém, em conexão com Gênesis 12:6, sonhei que estava andando por um sítio arqueológico um pouco abandonado, com o mais conhecido arqueólogo de Siquém, G. Ernest Wright. Ele estaria agora com quase cem anos, de modo que não me surpreendi quando ele caiu de cara em uma poça de lama e não se mexeu mais. Pensei: "Terei que fazer respiração boca a boca? Será que vai funcionar com toda essa lama em sua boca? Mas, se não o fizer, ele vai se asfixiar." Então, abri sua boca para remover a lama, e ele voltou a respirar. Necessitei apenas de uma fração de segundo para pensar em tudo isso e, então, agi. Depois disso, acordei.

Quando Abraão age, retorna e Melquisedeque reconhece a importância do que ele havia realizado, a bênção pode simplesmente expressar uma congratulação, um louvor ou cumprimento a Abraão. Todavia, o que ocorre a seguir sugere que há algo mais nisso. O mais provável é que Melquisedeque esteja declarando a bênção de Deus pela corajosa ação empreendida por Abraão. Deus o comissionou para deixar seu povo e ir para Canaã, prometendo que a bênção o seguiria. Agora, Abraão havia praticado aquela brava e decisiva ação em benefício de outro membro familiar, e Melquisedeque confirma que a bênção de Deus o seguirá.

Nos dias de Abraão e posteriormente, pessoas como os chefes de clãs ou o rei tinham autoridade de abençoar pessoas, mas, em virtude de sua ordenação, apenas um sacerdote em particular possuía autoridade para declarar a bênção de Deus, e, por meio dessa capacitação, é que Melquisedeque o faz. Ele fala em nome do Deus Altíssimo, a quem, então, descreve como "Senhor do céu e da terra". Sua descrição de Deus como "Senhor" é uma referência direta à posse divina dos céus e da terra. É esse fato que concede a Deus o poder de abençoar Abraão. Deus pode levar os recursos dos céus e da terra a operar em seu favor.

Assim, Melquisedeque tem uma bênção para Abraão e uma bênção para Deus também. Ele, portanto, estabelece um contraste com Noé, que tem uma bênção para Deus, mas uma maldição para **Canaã** (entre os quais Melquisedeque pode ser contado). Da mesma forma que "abençoar" o sétimo dia foi algo estranho de fazer, igualmente estranho é abençoar a Deus, e, nessa conexão, é provável que a palavra, uma vez mais, signifique algo como louvor. Apesar de a história não mencionar a busca de Abraão pela bênção divina em sua ação, descrevendo apenas a sua iniciativa, Melquisedeque sabe que Abraão não poderia ter obtido uma vitória tão espantosa sem o envolvimento de Deus, como sabe também que Deus merece bênção no sentido de louvor.

São as palavras de bênção e louvor de Melquisedeque que incentivam Abraão a dar o seu dízimo. Esse ato expressa o reconhecimento de que Deus é que possibilitou aquela vitória, ainda que a iniciativa tenha vindo de Abraão. É possível que essas palavras de bênção e louvor também tenham incentivado as palavras do rei de Sodoma a Abraão, embora não fique claro se ele estava sendo generoso ou avarento. Como a pessoa que obteve a vitória, Abraão tem o direito de acrescentar os despojos da batalha à sua riqueza e as pessoas à sua comitiva? Ou é moralmente obrigado a devolver os despojos e os homens às cidades das quais foram tomados? Seja como for, o rei de Sodoma propõe algo que Abraão rejeita não porque deseje tudo, mas porque não quer receber nada. Essa posição lembra a sua generosidade anterior com relação a Ló. Abraão não deixou a sua expedição porque desejava fazer algo fora dela, mas para cumprir suas obrigações familiares. Ele não quer obter dividendos dessa aventura sem fins lucrativos. Aceitar a oferta do rei implicaria estabelecer relações com

Sodoma das quais poderia se arrepender, pois o submeteria a uma obrigação recíproca. Ele promete a Deus que não obterá lucro algum disso; quer apenas as suas despesas e as de seus três parceiros de **aliança**, que se uniram a ele por causa do compromisso mútuo.

Em conexão com essa recusa pela oferta do rei é que Abraão subentende a questão sobre o que Melquisedeque e o rei de Sodoma precisam conhecer com respeito a Deus; e talvez isso também esteja relacionado ao seu desejo de não se envolver com o rei. Melquisedeque falou em nome do "Deus Altíssimo, Senhor do céu e da terra". Abraão, por seu turno, fala de "*Yahweh*, Deus Altíssimo, Senhor do céu e da terra". A adição faz toda a diferença. ***Yahweh*** é o nome que Deus revelou a Israel, usado aqui a despeito de as pessoas não o usarem no tempo retratado em Gênesis. Quando esse nome é revelado a Moisés, em conexão com o êxodo, ele representará o fato novo que Deus, então, estará fazendo com Israel, pois ele promete estar com Israel de uma forma distinta. O propósito disso é, em última análise, cumprir o desígnio divino de abençoar o mundo todo, mas esse propósito se cumprirá por meio de Israel.

Como Jesus afirmará em João 4:22, "a salvação vem dos judeus". O nome "Yahweh" representa a maneira pela qual Deus pretende cumprir aquele propósito. Ele é o Deus de graça e verdade em relação ao mundo todo, mas a suprema expressão dessa verdade é a forma pela qual Deus esteve envolvido com Israel na história que leva a Jesus. Embora, num sentido literal, Abraão não tenha usado o nome de *Yahweh*, a história deixa explícito que, apesar de Melquisedeque ter algum conhecimento de Deus, como expresso pelo fato de conhecer o Deus Altíssimo, Senhor do céu e da terra, mesmo ele necessita conhecer as verdades sobre o envolvimento divino com Israel, simbolizado pelo nome *Yahweh*.

GÊNESIS 15:1-6A
NÃO TENHA MEDO

[1]Depois desses eventos, a palavra de *Yahweh* veio a Abrão, em uma visão. Ele disse: "Não tenha medo, Abrão. Eu sou a sua libertação, e a sua recompensa será grande." [2]Abrão disse: "Senhor *Yahweh*, o que me darás, se irei morrer sem filhos, e o herdeiro da minha casa será um homem de Damasco, Eliézer? [3]Abrão continuou: "Ora, tu não me deste descendência. De fato, alguém da minha casa herdará de mim." [4]Mas, na realidade, a palavra de *Yahweh* veio a mim, dizendo: "Esse homem não herdará de você. Não, somente alguém que venha de seu interior — ele herdará de você." [5]Ele o levou para fora e disse: "Olhará para o céu e contará as estrelas, se é que pode contá-las?" E prosseguiu: "Eis como a sua descendência será." [6a]E ele creu em *Yahweh*.

Quando minha mãe faleceu, viajei para o funeral dela com o nosso pároco. Escrevo "nosso pároco", embora ele tenha chegado à igreja somente após a minha própria ordenação. Ele me lembrou que um dos seus primeiros atos religiosos foi o funeral de meu pai. Enquanto viajávamos para o funeral de minha mãe, contávamos histórias sobre ela. Ele, com um sorriso no rosto, relembrou uma conversa particular quando minha mãe lhe perguntou se ele já experimentara a sensação de ter desistido de muita coisa ao escolher o ministério. Enquanto alguns candidatos ao ministério vão direto da universidade para o seminário (como eu) e, nesse sentido, não desistem de nada, outros candidatos passam por carreiras anteriores, abrindo mão delas, para seguir o chamado de Deus. Nosso pároco era um desses. Ele diria que não havia sacrificado nada ao assumir a vocação que amava, mas, na realidade, abandonou um emprego vantajoso com perspectivas futuras em troca de outro sem perspectivas, além de servir em uma paróquia suburbana como a nossa.

Abraão tinha feito algo semelhante, ao recusar a oferta do rei de Sodoma. Ele tem ciência disso, assim como Deus, que sabe que isso o está preocupando. No relato até aqui, às vezes Abraão toma a iniciativa de buscar a Deus (ao construir um **altar**) e, em outras ocasiões, ele apenas lida com as situações (ao propor uma solução para o conflito entre os seus servos e os de Ló). Todavia, há momentos em que Deus é quem toma a iniciativa (ao obrigar Abraão a sair de sua casa rumo a uma nova terra), e essa passagem é uma dessas ocasiões. Deus fala a Abraão para não ter medo. Deus diz essa mesma palavra a todas as três grandes figuras ancestrais em Gênesis — Abraão, Isaque e Jacó (assim como Hagar) — e depois a Moisés, a Josué, a profetas como Jeremias e Ezequiel e ao povo de Israel. Isso não significa que todos eles sejam caracterizados por um temor interior injustificado. Todos terão boas razões para ter medo.

Abraão tinha motivos para temer ao assumir a obrigação de ir e resgatar Ló, embora nenhum temor seja mencionado. Contudo, quando declara: "Eu sou a sua libertação", Deus usa a palavra usada por Melquisedeque ao comentar como Deus "livrara" Abraão. De modo mais concreto, a palavra hebraica para libertação significa um escudo. Deus está comprometido a proteger Abraão. Ao falar a Abraão dessa forma, é como se Deus tentasse evitar que ele perdesse de vista a importância do que acabara de lhe acontecer. Seria uma vergonha se Abraão falhasse em refletir sobre isso, da mesma forma que seria vergonhoso se os ouvintes dessa história não parassem um pouco para pensar na significância do relato. "Você entendeu, Abraão [e vocês, israelitas]? Eu protegi você, não? Isso não ocorreu por acaso, nem é um evento único. Eu *sou* o seu escudo." Abraão terá motivos futuros para temer novamente, e Israel terá outras razões em diferentes circunstâncias; eles, porém, precisam lembrar que sempre estarão protegidos.

O fato de Deus ser o escudo de Abraão significou que o lucro de sua aventura, em Gênesis 14, foi abundante. Todavia, há certa ironia em Deus chamar a atenção para isso, pois Abraão tinha se recusado a obter benefícios. Isso implica outra razão para sua apreensão. Recusar-se a obter lucros com sua empreitada era uma ação altruísta incomum. Como Abraão pode viver no mundo com essa abnegação? Aqui o encorajamento de Deus quanto a isso é vago; apenas ao final do capítulo isso será expresso de maneira mais concreta.

Nesse meio-tempo, a própria apreensão de Abraão tem outro foco. Ainda que possua toda a riqueza do mundo, ele não terá ninguém a quem passá-la. O modo com que ele expressa esse temor apresenta alguns elementos intrigantes. A referência a Eliézer surge do nada, embora, novamente, haja alguma ironia no fato de esse nome significar "Meu Deus é ajuda" (como indicado por Moisés, ao dar esse nome a seu filho, em Êxodo 18). Isso é o que Deus está indicando a Abraão. Mas ele realmente acredita nisso? Talvez "Damasco" represente a terra no extremo nordeste de onde Abraão veio (é preciso passar por Damasco para chegar a Harã). Em outras palavras, seu argumento é que, se ele não tiver filho, sua casa simplesmente colapsará, indo para sua família estendida, da mesma forma que Ló acabou vindo para a sua. Ela irá para os cuidados de alguém em meio a seus familiares, alguém, na realidade, pertencente à casa de Abraão, mas não à própria descendência dele. A referência específica a Damasco também estabelece uma ligação de volta à missão do grupo, porque foi depois de Damasco que eles alcançaram o grupo dos quatro reis; assim, a pejorativa referência de Abraão a Damasco, novamente, insinua que a sua fé não foi construída com base naquela vitória. Deus prometeu dar a terra à descendência de Abraão, mas ele não possui descendentes.

Deus não pode negar essa realidade. O que ele pode e faz, quando uma promessa ainda não foi cumprida, é simplesmente reiterá-la, em uma versão cinematográfica. Onde eu moro, por causa da poluição e/ou da própria iluminação da cidade, a noite nunca é muito escura e, portanto, as estrelas não são visíveis a olho nu. Contudo, aparentemente 73 sextilhões de estrelas podem ser vistas com o auxílio da tecnologia; no límpido céu do Oriente Médio, Abraão seria capaz de ver alguns milhares de estrelas. Isso, portanto, sugere que Deus estava subestimando o que ocorreria com relação a Abraão. Ele terá muito mais do que apenas um ou dois milhares de descendentes. Todavia, considerando as circunstâncias, aqueles milhares certamente seriam suficientes para satisfazê-lo.

E, assim foi, embora não houvesse razão lógica para isso. Deus não fornece a Abraão nenhuma base para crer no cumprimento da promessa divina. Ele simplesmente tem que acreditar na palavra de Deus, e assim "ele creu em *Yahweh*".

GÊNESIS **15:6B–7**
EU NÃO TRANSPIRO

[6b]E isso lhe foi creditado como fidelidade. [7]Ele lhe disse: "Eu sou *Yahweh*, que o tirei de Ur dos caldeus para dar esta terra a você como uma posse."

Um dia antes de sua posse como presidente, alguém perguntou a Barack Obama se ele estava transpirando. "Não, eu não transpiro. Você já me viu transpirar?", respondeu ele. "Não, mas ainda é cedo", provocou um jornalista.

Quando estava perto de mudar para os Estados Unidos, com minha esposa em sua cadeira de rodas, eu não transpirei, mas me senti extremamente grato por uma promessa que Deus me fizera. Após um culto na capela do seminário, uma aluna me disse que durante o culto Deus lhe havia falado: "Diga ao John: Juízes 18:6." Não sabíamos o que esse texto dizia, de modo que fomos conferir. Na ARA, esse versículo diz: "Ide em paz; o caminho que levais está sob as vistas do Senhor." Na NVI, o texto é: "Vão em paz. Sua viagem tem a aprovação do Senhor." Essa promessa tornou mais leve a mudança com a qual me comprometera, mas também, é claro, exigiu que eu confiasse nela. Com efeito, creditei isso à **fidelidade** de Deus. Em outras palavras, considerei que a promessa era uma expressão genuína da fidelidade divina e que assim se cumpriria, como realmente se cumpriu.

Há algo estranho no relato desse diálogo entre Deus e Abraão. As palavras "ele" e "lhe" se repetem e, em geral, é difícil dizer a quem fazem referência. Quem creditou o que a quem? No contexto, parece que Abraão considerou a promessa de Deus como uma expressão da fidelidade divina. O que, de fato, era.

Todavia, é possível ver isso como uma declaração de que Deus considerou que a fé de Abraão na promessa divina era algo que contava como fidelidade da parte de Abraão. É dessa última forma que Paulo e Tiago consideraram no Novo Testamento. Para o apóstolo, trata-se de uma passagem absolutamente importante, que nos coloca no caminho de uma característica fundamental da fé cristã. Na época de Paulo, havia cristãos que acreditavam ser obrigatório para eles e para os demais cristãos viver pelas exigências da **Torá**. Não era possível ser realmente um cristão sem essa observância. Se você fosse um judeu convertido a Cristo, teria que continuar obedecendo à Torá. Caso fosse um gentio convertido a Jesus, tinha que passar a obedecer à Torá como prática cristã. Havia um tipo de lógica nisso. Jesus tornou possível que gentios se tornassem parte do povo escolhido de Deus. Assim, seria lógico eles passarem a viver de acordo com a Torá, como o restante do povo de Deus. Paulo viu que isso comprometia algo essencial sobre a natureza da fé cristã, na verdade da fé bíblica (ou seja, da fé como o Antigo Testamento a compreende, bem como da fé como os primeiros cristãos a entendiam). A única exigência a pessoas que desejam entrar em um relacionamento correto com Deus é confiar em Deus, confiar em Cristo. Você não precisa fazer mais nada. Israel *não fez* nada para se tornar povo de Deus. Os cristãos *não fazem* nada para se unir a esse povo.

Agora, claro que o "fazer" conta, como enfatizado no capítulo 2 de Tiago, ao citar esse versículo de Gênesis. Tiago indica que a fé de Abraão foi aperfeiçoada por suas ações quando, na sequência, ele ofereceu Isaque a Deus (Gênesis 22). O tipo de fé que lhe concede "crédito" com Deus é aquela expressa em atos como aquele. Se não for assim, não pode ser uma fé adequadamente genuína.

Ao mencionarem esse versículo de Gênesis 15, Paulo e Tiago se salvaguardam, portanto, de dois tipos opostos de erros. Algumas pessoas consideram que nosso relacionamento com Deus depende simplesmente de crer naquilo que é certo. Tiago encontrou pessoas assim. Ele sabe que a história de Abraão mostra que isso não está correto. Mas, então, há pessoas que se comportam como se o nosso relacionamento com Deus dependa essencialmente de cumprirmos o tipo correto de atitudes (assiduidade à igreja, batismo, ceia do Senhor, lava-pés, dízimo). Paulo também sabe que a história de Abraão mostra que isso não está certo. Em Romanos 4, o apóstolo sublinha que Deus "creditou" a confiança de Abraão como fidelidade antes de ele fazer alguma coisa, como circuncidar-se (o que ocorreu em Gênesis 17). Em Gálatas 3, Paulo estabelece um ponto mais abrangente, ao afirmar que apenas séculos depois de Abraão é que Israel recebeu os detalhados requerimentos da Torá, descritos em Êxodo e Levítico. Isso demonstra vividamente que o relacionamento de **aliança** entre Deus e Abraão não dependia da obediência de Abraão à Torá, mas da graça e da promessa de Deus. Assim, a nossa relação com Deus não pode estar condicionada às nossas ações, tais como ser circuncidado, observar o sábado, ser batizado ou ir à igreja. Essas coisas virão como consequências, mas não são condições.

O teólogo judeu Martin Buber, certa feita, estabeleceu um contraste entre o que judeus e cristãos querem dizer com o termo "fé". Para os cristãos, disse ele, a fé envolve acreditar que certas coisas são verdadeiras; para os judeus, a fé é uma questão de confiar em uma pessoa. Um cristão pode se horrorizar com esse contraste, porque muitos deles diriam que um relacionamento pessoal de confiança é fundamental e central à fé cristã. No entanto, é possível ver como Buber chegou à sua conclusão, pois crer nas coisas certas é importante para muitos cristãos de uma forma que não é para muitos judeus. Não obstante, Buber não poderia ter confiado em Deus caso não tivesse algum conhecimento de quem Deus era. Ambos, fatos e compromisso, são importantes. Para alguém inclinado a confiar em fatos, o ato de compromisso de Abraão funciona como um lembrete de que a fé é, de fato, uma questão de confiança, não meramente de crer nas coisas certas.

Há um ponto relacionado e, de certo modo, contrário. Para judeus e cristãos, a fé não é apenas uma questão de confiança, mas de confiança em uma pessoa em particular. Por vezes, nos referimos à "pessoa de fé" ou de alguém "vindo para a fé", como se a fé é o que importa. Não é somente a fé que importa, mas a pessoa em quem você deposita a sua fé. Se colocada no lugar errado, a fé é inútil, e a dúvida não importa tanto se você estiver duvidando da pessoa certa. Em seu relato sobre o desenvolvimento do testemunho cristão na China e das exigências que isso impôs à sua fé, o missionário pioneiro do século XIX, Hudson Taylor, comentou sobre como as pessoas oram "Senhor, aumenta a nossa fé", apesar da advertência de Jesus aos seus discípulos sobre essa oração. Na realidade, ele observa, Jesus disse que não precisamos de uma grande fé, mas de fé em um grande Deus. Uma fé tão pequena quanto um grão de mostarda é suficiente se corretamente depositada. Abraão não meramente acreditou; "Ele creu em ***Yahweh***."

Dessa forma, Abraão aceita e crê na impossível promessa divina quanto a uma incontável descendência. Deus, então, reverte para o outro aspecto da promessa. As promessas com respeito a uma descendência e a uma terra onde possam viver caminham juntas. Se não houver descendência, eles não precisarão de uma terra. Se houver uma terra, haverá a necessidade de uma descendência para viver lá. Deus reafirma a intenção de dar uma terra à descendência. O que ocorre a seguir é surpreendente.

GÊNESIS **15:8-15**
COMO VOCÊ SABE?

[8]Mas ele disse: "Senhor *Yahweh*, como posso saber que a possuirei?" [9]Ele disse: "Traga-me uma novilha, uma cabra e um carneiro, todos de três anos, um pombo e um filhote de pássaro." [10]Ele lhe trouxe todos esses, cortou-os ao meio e colocou cada metade em frente à outra, mas não cortou as aves ao meio. [11]Aves de rapina desceram sobre as carcaças, mas Abrão as espantou. [12]Quando o sol estava prestes a se pôr, um torpor caiu sobre Abrão, com um grande terror sombrio, de fato, vindo sobre ele. [13]Ele [*Yahweh*] disse a Abrão: "Você pode ter certeza de que os seus descendentes serão estrangeiros em uma terra que não é deles. Eles os servirão e serão maltratados por quatrocentos anos. [14]Mas a nação à qual eles servem, eu, realmente, irei julgar. Depois disso, eles sairão com muitos bens. [15]Você, porém, irá aos seus ancestrais em paz. Você será sepultado em boa velhice."

Certo amigo está em processo de namoro com alguém que ele conheceu por meio de um serviço virtual. Ela mora numa cidade um pouco distante, o suficiente para ir de carro, durante o fim de semana, mas não para tornar a viagem divertida. Assim, com frequência, ele vai de avião, sem que isso, contudo, torne menos complexa a tentativa de desenvolver um relacionamento desse tipo. A situação ficou ainda mais complicada quando ela ligou para ele, algum tempo atrás, dizendo que estava com alguns sintomas físicos estranhos e que os médicos, intrigados e preocupados, queriam interná-la no hospital para investigá-los. Ele não havia planejado visitá-la naquele fim de semana, mas, obviamente, o fez, dirigindo todas aquelas horas. Ele me contou como foi estranho apreciar aquela viagem tediosa, como a paisagem lhe pareceu agradável e como ele permaneceu conversando com Deus sobre o que estava acontecendo. Durante a sua estada lá, não apenas o relacionamento deles floresceu, mas a relação de ambos com Deus se fortaleceu à medida que eram levados a uma confiança maior nele.

Meu amigo repetiu a viagem de carro no fim de semana seguinte e, então, foi de avião na outra semana, quando os médicos descobriram o que estava errado com ela. O tratamento foi eficaz, e o temor foi eliminado. Eles sentiram como se tivessem dado enormes passos em relação a Deus, como indivíduos e como casal, e um com o outro. Então, tiveram uma acalorada discussão sobre algo tolo; de como ele iria ao aeroporto para o voo de volta a sua casa. Ela queria levá-lo de carro, mas ele disse que ela ainda não estava bem o suficiente. Ele queria pegar o ônibus, mas ela argumentou que isso reduziria o tempo que os dois ainda poderiam desfrutar juntos. Você sabe como essas discussões acontecem e quão estúpidas elas parecem depois. Todavia, o que realmente afligiu o meu amigo foi sentir que o avanço em seu relacionamento com Deus, por meio daquela experiência difícil, parecia ter ido por água abaixo. Ele era a mesma pessoa de sempre.

Quando Deus reafirma a promessa sobre dar a terra de **Canaã** a Abraão, este responde, perguntando: "Mas como posso saber isso?" Essa, definitivamente, não é a resposta que esperamos ouvir de um homem que acabou de realizar um ato de fé, a ponto de impressionar pessoas como Paulo. (O Novo testamento tende a focar o que os grandes heróis fizeram em seus dias bons, considerando que isso deveria nos inspirar.) Na vida dos cristãos, há, às vezes, grandes pontos de virada, momentos em que damos um salto à frente em reflexão e compromisso. Você pode até pensar que as coisas nunca mais serão as mesmas, e talvez esteja certo. Entretanto, pode descobrir que esse salto à frente não soluciona todos os seus problemas. Parece que o mesmo ocorreu com Abraão. Isso não o tornou alguém para quem as questões sobre fé passaram a ser simples. Embora Deus lhe tenha dado um tipo de sinal quanto à promessa sobre a sua descendência, agora Abraão está, implicitamente, pedindo outro sinal.

Pode-se esperar, portanto, Deus exclamar: "Como assim?" De modo típico, Deus se inclina e diz: "Tudo bem", instruindo Abraão a reunir uma impressionante coleção de animais. Algo como um sono profundo e uma escuridão densa e apavorante cai sobre Abraão, sinalizando, subjetiva e objetivamente, que algo assombroso e inspirador está para acontecer. O torpor sugere que Abraão precisa estar protegido contra o efeito avassalador do que está por vir. A escuridão simboliza o mistério divino e a necessidade de assegurar que ninguém veja o brilho cegante de Deus. Deus está prestes a realizar um ritual que irá sustentar a promessa a Abraão, que Deus, primeiro, reafirma e, depois, explicita mais. O texto em Gênesis não explica o ritual; os ouvintes da história o identificariam, pois é um procedimento que eles conheceriam de cerimônias humanas. Há alguma referência a isso em Jeremias 34, onde o profeta se refere a uma **aliança** que os líderes do povo estabeleceram quando cortaram o bezerro em dois e andaram entre as partes do animal. Esse ato ritualístico está relacionado a uma forma estranha de o Antigo Testamento falar sobre o estabelecimento de uma aliança. Quando Gênesis discorre sobre Deus "selar" uma aliança, falando mais literalmente, Deus "corta" uma aliança, pois esse compromisso envolve o ato de desmembramento. Há um fundo adicional, em um tratado do Oriente Médio entre o rei da **Assíria** e o rei de Arpade, uma cidade na Síria. O documento descreve como um cordeiro foi trazido à cerimônia de confirmação do tratado para ser desmembrado e registra a oração que o rei de Arpade deveria fazer na cerimônia. Ele ora para que lhe aconteça o mesmo que ocorrera ao cordeiro, caso não mantenha o compromisso de seu tratado. Deus pretende fazer algo similar para dar a Abraão o seu sinal. Fazer uma aliança pode envolver trazer sobre si uma punição terrível caso falhe em manter o seu compromisso. Deus também aceita essa parte da convenção de aliança.

À luz disso, agora, Abraão pode ir aos seus ancestrais em paz e ser enterrado em boa velhice, mas esse pedaço de promessa contém outras implicações. Até aqui, Gênesis tem falado de morte apenas em termos quase solenes. Embora não fosse a intenção de Deus que a vida simplesmente terminasse em morte, mas que a humanidade comesse do fruto da árvore da vida e vivesse para sempre, agora isso não é possível. As pessoas podem viver por muitos anos, mas, por mais tempo que vivam, elas morrerão. Homens como Caim e Lameque podem fazer que as pessoas nem mesmo vivam por toda uma vida. Deus e a vida podem fazer o mesmo, como ocorria já naquela época. O irmão de Abraão, Harã, morre quando ainda era relativamente jovem, e não há qualquer sugestão de que mereceu esse destino ou que alguém o matou. As pessoas adoecem e morrem. Tais coisas acontecem.

Nessa passagem, Deus convida Abraão a ser mais receptivo com a morte, e essa aceitação é uma nota recorrente em Gênesis. Se você tiver a chance de viver o seu ciclo normal de vida, então a morte não é tão terrível. Isso é apenas natural, não constituindo algo que deva temer ou se arrepender quanto a não ter feito o que precisava fazer. A morte significa ir ao encontro de seus ancestrais e reunir-se novamente aos seus amados. Isso ocorre ao seu corpo, quando é enterrado junto aos seus, e ocorre ao seu espírito, quando se reúne a eles no Sheol, onde todos os mortos se encontram, um lugar um pouco enfadonho, mas não de sofrimento.

Assim, você pode morrer em paz. Existem várias conotações a essa promessa. Uma delas é que o esforço, o empenho e o sofrimento envolvidos na vida cessarão, mas a **paz** possui implicações mais amplas. Ela sugere que a vida de Abraão, como um todo, correrá bem. A promessa que Deus está lhe dando tem um aspecto solene. Ele quer a boa ou a má notícia? A boa-nova é que Deus está séria, irrevogável e inescapavelmente empenhado a dar aquela terra à descendência de Abraão, tão publicamente comprometido que será impossível a Deus não cumpri-lo. A má notícia é que a promessa não se cumprirá por gerações. Abraão estaria perdoado caso pensasse: "Ah, obrigado. E quanto a mim?" As palavras de Deus sobre a vida de Abraão anteveem essa questão. Ele não irá, pessoalmente, compartilhar da posse daquela terra. Sempre viverá lá como um mero residente estrangeiro, pagando impostos, mas sem qualquer representação, como um professor de Antigo Testamento, vivendo nos Estados Unidos. Mas tudo correrá bem. Abraão pode viver pacificamente a sua vida ali, em bem-estar, felicidade e segurança; como o faz (e como o professor de Antigo Testamento também espera).

Quando os cristãos pensam em "paz", em geral focam a paz interior. Contudo, esse não é um foco frequente quando o Antigo Testamento fala de paz. Deus disse a Abraão que ele não precisava ter medo; essa é a forma mais comum de o Antigo Testamento se referir ao que pensaríamos em termos de paz. As palavras de Deus sobre paz aqui, porém, carregam algumas implicações nesse sentido. Abraão não verá a promessa de Deus ser cumprida, mas pode ter a certeza de estar vivendo dentro do contexto da promessa divina. Ele sabe que Deus está trabalhando para esse fim, aguardando um tempo para ser justo com os **amorreus**, mas comprometido com o cumprimento. E Abraão sabe que faz parte desse movimento. Martin Luther King Jr. não viveu para ver a eleição de Barack Obama, mas morreu em paz porque tinha um sonho. Abraão estava em posição similar. Deus lhe havia concedido um sonho. Se o seu sonho é dado por Deus, então você pode morrer em paz.

GÊNESIS **15:16-21**

SOBRE SER JUSTO COM OS POVOS DE CANAÃ

16"Na quarta geração, eles retornarão para cá, porque a desobediência dos amorreus ainda não está completa." **17**O sol se pôs e estava escuro, e eis que um fogareiro fumegante com uma tocha ardente passou entre aqueles pedaços. **18**Naquele dia, *Yahweh* selou uma aliança com Abrão, dizendo: "À sua descendência estou dando esta terra, desde o rio do Egito ao grande rio, o Eufrates, **19**os queneus, os quenezeus, os cadmoneus, **20**os hititas, os ferezeus, os refains, **21**os amorreus, os cananeus, os girgaseus e os jebuseus."

A primeira vez que fui a Hebrom, a principal cidade na região sul da Cisjordânia e, presumivelmente, o cenário dessa história (pelo menos, Abraão estava acampado lá, ao final do capítulo 13, e lá permanecia, no capítulo 18), visitamos o santuário onde Abraão e Sara estão enterrados, assim como o mercado onde um espirituoso mercador me ofereceu seis vacas por Ann e nossos dois filhos. Ao longo de todos esses anos, com frequência, ainda me pergunto o que teria acontecido com aquele mercador. Não muito tempo depois, também visitamos Gaza, onde nossos garotos brincaram nas areias douradas da praia, enquanto observávamos os surfistas e conversávamos com um adolescente palestino, que esperava ir à faculdade de medicina do Cairo no ano seguinte. Com o desenrolar dos eventos, nas décadas posteriores também sempre me questiono quanto ao que ocorreu àquele jovem. A maneira pela qual os episódios subsequentes envolveram aquela parte da "Terra Santa" poderia levar alguém a pensar se o país onde o comerciante e o adolescente viviam não estaria debaixo de maldição. As pessoas de Hebrom, assim como as de Gaza, praticamente todas de origem palestina, desejavam obter a sua própria liberdade. No entanto, para muitos israelitas e muitos cristãos a cidade de Hebrom, em particular, não é tanto parte da "Cisjordânia" ou da "Palestina", mas parte de "Judeia e Samaria", parte do território prometido a Abraão. Pode parecer estranho, até mesmo errado, a Israel abrir mão disso. No entanto, como poderia Deus simplesmente dar essa terra a outro povo, como os **cananeus**? Eles não têm direitos? Os palestinos não têm direitos?

Como é o caso da escolha de Abraão em vez de qualquer outro, por vezes a reação divina a tais questões é dizer: "Eu sou Deus. Faço o que me apraz. E há um quadro maior a ser considerado que, em geral, é mais importante do que os direitos de indivíduos ou povos em particular." Em outras ocasiões, a Bíblia reconhece a propriedade de tais questões, como nessa passagem de Gênesis. Quando Deus promete que a família de Abraão tomaria posse daquela terra, alguém poderia imaginar que isso ocorreria em breve. Talvez Abraão viesse a ser avô antes de a promessa se cumprir, mas certamente aconteceria enquanto ainda estivesse vivo.

No entanto, não foi isso o que aconteceu, e Abraão foi informado disso. Ele, seus filhos, seus netos e seus bisnetos, todos passaram antes de seus descendentes deixarem o Egito rumo a essa terra, como a quarta geração, com base na história em Gênesis e Êxodo. Êxodo, porém, sugere que um número de gerações adicionais de descendentes anônimos de Abraão e Sara passou antes de isso ocorrer; eis porque Gênesis fala em quatrocentos anos, em uma passagem anterior desse capítulo. Qual a razão disso? Gênesis aqui explica que a desobediência dos **amorreu**s ainda não estava completa. Nessa passagem, assim como em outras, "amorreus" é um termo genérico para os povos da Palestina, traçando um paralelo a "cananeus"; quem eles são, nesse sentido geral, é expresso na lista subsequente de povos.

Nos livros seguintes a Gênesis, ficará claro que a desobediência dos amorreus se torna completa, atingindo plena medida e alcançando o ponto em que Deus dirá: "Basta!" Pode-se ver algumas das razões no relato que o Antigo Testamento faz das práticas religiosas desses povos, que incluíam o sacrifício de crianças. (Israel imitará as mesmas práticas, como a **Torá** teme, e a sua própria inconstância atingirá um ponto em que Deus dirá: "Basta!", e Israel será expulso da terra, assim como seus predecessores haviam sido.)

É provável que os amorreus/cananeus já estivessem envolvidos em tais práticas. Gênesis 13 nos contou que as pessoas de Sodoma eram notoriamente más. Gênesis 18 e 19 fornecerá um relato mais concreto disso e ilustrará como Deus já está preparado para exclamar: "Basta!" Apesar disso, Abraão consegue manter uma boa relação com os demais povos da terra, como vimos em Gênesis 14. Quanto a Israel, nos últimos séculos Deus aguardou por gerações antes de finalmente declarar: "Basta!" Como o Antigo Testamento afirma, Deus é longânimo. Usualmente, você não é julgado assim que faz algo errado; Deus gosta de esperar para ver se há arrependimento por seu mau procedimento. Talvez Deus estivesse aguardando e ansiando por isso com relação aos amorreus/cananeus. Todavia, seja porque a vida deles não é tão terrível agora, seja porque necessitem de mais oportunidades para mudar, Deus ainda não está disposto a expulsá-los daquela terra. Portanto, Abraão terá que esperar. Não seria justo removê-los naquele momento.

O capítulo pode nos ajudar a vislumbrar algo sobre como Deus talvez esteja olhando para o Oriente Médio hoje. Deus estabeleceu um compromisso com o povo judeu, com respeito especificamente ao seu florescimento como nação e quanto a serem capazes de ver a terra de Canaã como sua posse. Entretanto, Deus está comprometido a ser justo e misericordioso com relação a todos os povos, incluindo os palestinos, que também possuem um profundo e duradouro amor e envolvimento com aquela terra. Deus, então, tem que encontrar uma solução que concilie esses dois compromissos. Ser Deus não faz esses problemas desaparecerem. O Antigo Testamento retrata Deus frequentemente envolvido em ponderações sobre se, em dado momento, é para ser severo ou misericordioso e como alguém que toma decisões com base em uma maioria simples. Eis uma das razões por que é sempre válido clamar a Deus por uma mudança de mente, como Abraão faz em Gênesis 18. Pode não ser preciso muito para Deus reverter as probabilidades.

Ao trabalhar para implementar os compromissos, Deus, portanto, considera os fatos em questão antes de tomar uma decisão quanto ao que fazer, como o presidente dos Estados Unidos e o comandante das Forças Armadas visitando o campo em vez de simplesmente tomar decisões na sala de guerra da Casa Branca com base no conselho de seus assessores.

O ponto é aqui ilustrado pelas referências às dimensões e aos povos do território. Deus promete aos descendentes de Abraão um domínio que se estende do Nilo ao Eufrates. Isso incluiria grande parte do Egito, assim como da Mesopotâmia, o que deve ter feito Abraão arregalar os olhos de espanto. O reino de Salomão não chegou nem perto de tamanha extensão, mas no Antigo Testamento há inúmeros relatos de quão extenso o território de Israel deve ser. O desenvolvimento do plano divino varia segundo as circunstâncias políticas e históricas, quando Deus, então, pensa sobre a melhor forma de implementar princípios conflitantes.

Por meio do ritual aqui descrito, Deus está afirmando: "Quando ando entre as partes desses animais, quero dizer: 'Que aconteça a mim o mesmo que aconteceu a esses animais se eu não cumprir as promessas que fiz a Abraão'." Isso mostra quão longe Deus irá para dar a Abraão um sinal de que a promessa realmente será cumprida. Deus não será capaz de fugir à sua promessa, porque isso envolveria colocar em risco a sua própria vida. Essa é uma figura de linguagem, claro, mas expressa algo profundo: o próprio ser de Deus é posto em risco quando ele faz uma promessa. Caso não a cumpra, Deus deixa de ser Deus. Seja como for, portanto, Deus tem que descobrir uma forma de cumpri-la.

GÊNESIS **16:1-4A**

SOBRE NÃO SER CAPAZ DE GERAR UM FILHO

[1]Ora, Sarai, esposa de Abrão, não lhe deu filhos. Mas ela tinha uma criada egípcia, cujo nome era Hagar. [2]Então, Sarai disse a Abrão: "Ora, *Yahweh* me impediu de ter filhos. Durma com a minha criada; talvez eu deva ser edificada por meio dela." Abrão deu ouvidos à voz de Sarai, [3]e Sarai, esposa de Abrão, tomou a Hagar, a egípcia, sua criada (após Abrão ter vivido na terra de Canaã por dez anos) e a entregou a Abrão como uma esposa, [4a]e ele dormiu com Hagar.

As pessoas que não podem ter filhos não medem esforços para tornar o seu anseio em realidade. Ontem mesmo, vi no jornal um anúncio convidando para um almoço e um seminário sobre como iniciar uma família por maternidade substitutiva. Isso envolvia ir à Índia, onde os médicos podem implantar um óvulo de uma mulher em uma pessoa local para ela gerar o bebê quando a primeira mulher descobre-se incapaz de levar a gravidez a bom termo. A razão para considerar essa ideia é que esse processo custa por volta de trinta mil dólares (nos Estados Unidos, o custo é duas a três vezes maior).

Na primeira vez em que fala sobre Sara, Gênesis nos revela que ela não pode ter filhos, de modo que as palavras iniciais do capítulo 16 não trazem nenhuma novidade. Todavia, quatro capítulos e dez anos depois, o relato acrescenta algumas novas e graves considerações. Com relação às figuras do Antigo testamento, isso significa que Sara tem 75 anos (se você quiser verificar os cálculos, eles se baseiam em Gênesis 12:4; 16:3; 17:17). Sara também era muito bonita, a ponto de Abraão supor corretamente que o faraó a desejaria para o seu harém. Talvez seja necessário dividir os números em dois para obter uma idade mais literal, mas, seja qual for a idade correta, o relógio biológico de Sara está correndo, se é que não parou. Outra consideração é que, com o passar dos anos, Abraão e Sara serão cada vez menos capazes de estar à frente dos negócios da família. Quando seus filhos são jovens, você cuida deles. Na sua velhice, os filhos é que cuidam de você. Além disso, o fato de Sara ter que gerar filhos assume, agora, uma importância monumental que não tinha quando a encontramos pela primeira vez. Deus prometeu que Abraão terá milhares de descendentes.

Agora, de tempos em tempos, as pessoas passam a crer que Deus lhes fez promessas impossíveis, perguntando-se como viverão com tais promessas, ou mesmo duvidarão de Deus realmente tê-las feito. Igualmente, questionarão se precisam descobrir um meio de reinterpretá-las, ou até se precisam ajudar Deus a cumpri-las. Ainda, a promessa divina a Abraão diz respeito não apenas a satisfazer uma necessidade e uma expectativa humana normal por filhos, mas tem relação com o propósito divino de abençoar não somente aquele casal, mas todo o mundo por intermédio deles. Sara é a primeira de uma linhagem de mulheres que terão filhos contra todas as probabilidades, unindo o anseio do próprio coração ao propósito divino. Ana, em 1Samuel, e Isabel, em Lucas, constituem dois exemplos espetaculares. Quando Abraão e Sara viram os anos passarem sem que Sara ficasse grávida, não apenas a satisfação ou segurança pessoal deles estava em risco, mas o propósito de Deus.

"***Yahweh*** me impediu de ter filhos", afirma Sara, com impressionante ousadia. Ela está certa? Gênesis não tece qualquer comentário, embora não considere a conclusão de Sara incongruente. Gênesis 20:17-18 relata Deus tornando estéril o ventre de outras mulheres, assim como

1Samuel 1:5-6 menciona Deus fazendo o mesmo com Ana. Em Gênesis 29 e 30, Deus descerra o ventre de Lia, e Jacó fala de Deus impedindo que Raquel tenha filhos, mas, no devido tempo, Deus a torna fértil. O mais importante de assumir que Deus está envolvido nesses eventos é poder orar sobre eles, como em Gênesis 20:17-18 e 1Samuel 1. Se Deus cerra ventres, ele pode descerrá-los.

A proposta de solução para aquele problema, feita por Sara e aceita por Abraão, em geral choca os leitores ocidentais, e essa é a reação que o autor busca provocar, embora os fatores que perturbam os leitores ocidentais sejam diferentes daqueles que incomodariam os ouvintes originais da história. Primeiro, pode parecer que Sara está propondo que Abraão cometa adultério e que ele, então, faça isso. Todavia, não é o caso, pois Sara propõe que Abraão tome para si outra esposa. Isso pode parecer tão ruim quanto a primeira possibilidade, visto que as sociedades ocidentais não aprovam a poligamia, considerando-a, em geral, ilegal. Entretanto, isso simplesmente mostra a diferença entre sociedades ocidentais e as tradicionais. Um de meus alunos, nascido na África, me contou como o seu pai, ao se tornar chefe de seu vilarejo, quis ter outra esposa em razão da posição que agora ocupava; sua primeira esposa concordou, sugerindo uma amiga do casal. Um de meus alunos egípcios, igualmente, descreveu como ainda hoje, nas áreas rurais, uma mulher pode sugerir que seu marido tenha uma segunda esposa exatamente pelas razões retratadas na história bíblica. Então, se a segunda mulher engravidar, ela terá o seu filho deitada entre as pernas da primeira esposa, para que esta compartilhe do nascimento e a criança pertença a ambas. De forma simbólica, a primeira mulher tem o bebê, de maneira que a comunidade verá a criança como filho da primeira mulher. (A proposta de Raquel em Gênesis 30:3 segue a mesma lógica.)

Embora a Bíblia desde o início considere implicitamente que a intenção de Deus é o casamento heterossexual, monogâmico e duradouro e, assim, não repute a poligamia, em princípio, como a melhor atitude, sua prática não encontra proibição no Antigo e no Novo Testamentos. Diversas histórias em Gênesis mostram como isso pode ser a solução para alguns problemas, mas também como acarreta outros.

Para Hagar, isso significa deixar de ser uma criada para se tornar uma esposa. Como ela veio a ser uma criada, em primeiro lugar? Talvez Abraão e Sara a tenham trazido do Egito. Nesse caso, é possível que a receberam em sua casa como serva por ela não ter família ou porque sua família estivesse com problemas financeiros. Ou, ainda, Hagar pode ter fugido do Egito por motivos similares (ou porque já era serva em uma família que a maltratava), juntando-se à casa de Abraão e Sara como criada.

Em lares poligâmicos, as esposas possuem diferentes posições; as mulheres, em geral, chamadas de concubinas, são, na realidade, esposas secundárias, por isso a palavra "concubina" aparece enganosamente em nosso idioma. Elas são esposas verdadeiras, mas dispõem de uma posição legal menos favorecida; por exemplo, seus filhos podem não ter os mesmos direitos à herança que os filhos da esposa principal. Todavia, era melhor ser esposa secundária do que uma serva ou alguém com quem o senhor da casa poderia ter relações sexuais apenas por ser uma criada ou escrava. Abraão precisa estabelecer a nova condição social de Hagar antes de poder dormir com ela, e Hagar tem o direito de recusar essa mudança de *status*, embora seja irreal imaginar que ela tivesse liberdade de escolha, como o desejo de Noé para Canaã. Sua posição, guardadas as devidas proporções, é semelhante à de muitas trabalhadoras mexicanas nos Estados Unidos, que talvez não se importem em gastar sua vida limpando as casas de cidadãos norte-americanos, pois, afinal, não têm alternativa. Caso Hagar recuse Abraão como marido, estará arriscando tornar a sua posição mais vulnerável ainda. Se aceitar a nova posição, desfrutará de maior condição e segurança, exceto pelo fato de as circunstâncias não ocorrerem como o esperado.

Como sugerido em Gênesis 1 e 2, tudo isso pressupõe que o casamento (e o sexo) não esteja centralizado meramente no amor. O romance não constitui o princípio e o fim de uma compreensão de casamento, assim como ocorre na cultura do Ocidente.

GÊNESIS **16:4B–7**
AS COMPLICAÇÕES DA MATERNIDADE SUBSTITUTIVA

[4b]Ela engravidou, e, quando ela viu que estava grávida, sua senhora foi menosprezada aos seus olhos. [5]Sarai disse a Abrão: "A violência feita a mim é falha sua. Eu mesma coloquei a minha criada em seus braços. Ela vê que está grávida, e eu sou menosprezada aos seus olhos. Que *Yahwe*h decida entre você e mim!" [6]Abrão disse a Sarai: "Bem, a sua serva está sob o seu poder. Faça com ela o que for melhor aos seus olhos." Assim, Sarai a maltratou, e Hagar fugiu de sua presença. [7]Mas um ajudante de *Yahweh* a alcançou junto a uma fonte de água no deserto, a fonte no caminho de Sur.

Descobrir se o problema de um casal para ter filhos está no homem ou na mulher envolve processos de investigação médica estressantes. Quando uma mulher, que já passara por tais procedimentos, me contou que o seu marido tinha uma contagem de espermatozoides próxima a zero, fiquei atônito por muitas razões. Uma é a liberdade com que as pessoas nos

Estados Unidos compartilham os detalhes de suas questões médicas ("informação demais", um britânico estaria inclinado a pensar). Outra, a coragem de aceitar um fato como esse sobre si mesmas e, por fim, o estresse que isso pode colocar sobre o casamento, quer o problema esteja no marido, quer na esposa. Isso pode tanto unir o casal quanto separá-lo, em definitivo. Ouve-se sobre as complicações que podem surgir quando uma mulher recorre a outra para gerar o bebê para ela. A quem aquele bebê realmente pertencerá? É possível alugar um ventre assim, como se aluga um quarto? Uma vez que a mãe substituta der à luz e amamentar, ela realmente será capaz de entregar o bebê?

No caso de Sara e Hagar, há uma sequência dessas complicações. Sara tinha externado a esperança de poder ser "edificada" por meio de Hagar. O bebê será considerado como seu. Muitas mulheres impossibilitadas de ter filhos (nem todas elas) sentem-se incompletas; os homens podem sentir o mesmo. Um aspecto da sua existência não encontra expressão. Esse sentido pode vir do íntimo e/ou pode ser reflexo de estereótipos da sociedade. Ainda, existem considerações práticas sobre quem cuidará de nós em nossa velhice. Então, a imagem de Sara sobre "ser edificada" é reveladora. Além disso, há uma similaridade entre a palavra para "edificar" e a palavra para "filho", uma equivalência que o Antigo Testamento, por vezes, utiliza. Sara espera ser "elevada". O que ocorre, na realidade, é que Sara é colocada para baixo, não edificada. Hagar é a esposa de segunda classe, mas possui um ventre fértil, o que a promove para a primeira classe. Ela está em posição superior à de Sara. As palavras, de novo, são arrepiantes, pois Deus prometera amaldiçoar qualquer um que menosprezasse Abraão (Gênesis 12:3). Hagar está arriscando-se à maldição divina?

No entanto, há certa ambiguidade quanto aos pronomes no versículo 4b, assim como a existente em Gênesis 15:6.

Hagar se vê grávida, de modo que Sara é menosprezada aos olhos de Hagar? Ou Sara vê a gravidez de Hagar como menosprezo aos seus próprios olhos? Pode-se imaginar que as duas situações sejam verdadeiras. Sara prossegue deixando claro que, em sua visão, o problema é ser menosprezada aos olhos de Hagar. Mas, se todo o problema fosse esse, não estaria Sara exagerando em sua reação? Afinal, ela ainda detém a posição de esposa principal. Hagar, no entanto, possui um ventre fértil; Deus abençoou o ventre de Hagar, enquanto mantém o ventre de Sara fechado. Aos seus próprios olhos, assim como diante dos demais, é que Sara precisava ser edificada, mas a gravidez de Hagar a empurra para baixo.

É como se ela tivesse sofrido uma "violência"; pode-se dizer que ela se sente violentada. Hagar violou a própria ordem da família não por dormir com Abraão, mas por desonrar a senhora da casa, mesmo sendo também agora uma esposa. Há duas outras ocasiões em que Gênesis usa a palavra "violência": Gênesis 6, na descrição do mundo como cheio de violência, o que leva Deus a decidir destruí-lo; e Gênesis 49, em que o texto descreve duas pessoas que tinham assassinado todos os homens na cidade de Siquém. Sara utiliza uma palavra muito forte ao falar em violência. Com certeza, ela se sente seriamente violentada, diminuída. Isso é o que um colega meu chamaria de "conversa dolorosa".

O pobre Abraão leva a culpa por isso. "A violência feita a mim é falha sua?" Como assim? Quem teve essa ideia? Antes mesmo de Abraão ter a chance de argumentar, Sara o faz: "Eu mesma coloquei a minha criada em seus braços." Ela prossegue, manifestando a esperança de que Deus possa ser envolvido naquela situação. O fato de pedir que Deus decida entre eles, claro, não significa que Sara veja isso como uma questão aberta sobre quem está certo. Ela quer que Deus decida a seu favor e que a justifique, declarando que ela está em seu pleno direito. Que bem isso faria? Mas, novamente, trata-se de uma conversa dolorosa.

O que Abraão faz? Ele age como um herói às segundas, quartas e sexta-feiras, mas como um covarde aos domingos, terças e quintas-feiras. Hoje, é terça-feira. Emparedado entre as duas mulheres de sua vida, ele lava as mãos e indica que Sara é quem manda em Hagar; o problema é dela, e ela possui autoridade para lidar com ele.

Assim, Sara maltrata Hagar. Não sabemos como ela fez isso (talvez tenha feito Hagar trabalhar em excesso ou, quem sabe, a agrediu fisicamente). Contudo, "maltratar" é o verbo que Gênesis 16 acabou de usar para descrever o que os egípcios farão aos israelitas. O capítulo inicial de Êxodo usará essa palavra quando esse episódio chegar. Antes de os egípcios maltratarem os israelitas, a progenitora deles já havia feito isso a uma egípcia. O substantivo relacionado a esse verbo refere-se a uma pessoa fraca, sem posição social, que pode ser maltratada impunemente. Isso é recorrente no Antigo Testamento. Deuteronômio 24, por exemplo, ordena que Israel não abuse de uma pessoa pobre e necessitada e, em especial, de estrangeiros (como Hagar) nessa posição.

Hagar faz o que talvez já fizera antes, aquilo que, em geral, os servos fazem: ela foge. Ir no caminho de Sur significava ir em direção ao Egito, retornar à sua terra natal. É possível que Hagar tivesse esse destino em mente, embora Gênesis não faça essa afirmação. Seria improvável que isso resolvesse os problemas de Hagar no longo prazo. O Egito, como outros países do Oriente Médio (exceto Israel), tinha leis quanto ao retorno de servos fugitivos de seus senhores. Talvez Hagar não tivesse definido sobre para onde ir, mas apenas decidido fugir para longe de Sara.

No entanto, um ajudante de Deus foi ao encontro dela. A palavra para "ajudante" é normalmente traduzida por "anjo", mas isso transmite uma impressão equivocada. Trata-se de uma palavra comum significando um representante, um mensageiro ou enviado (pode também referir-se a um profeta como representante, mensageiro ou enviado de Deus). Os anjos são como assessores presidenciais, enviados para ações em nome do presidente. Eles detêm o poder presidencial ao fazer isso e representam o presidente em um sentido poderoso. Falar com o assessor presidencial é o mesmo que falar com o próprio presidente. Assim, se um dos assessores divinos vier falar com você, é como se Deus em pessoa viesse ver você, embora seja menos assustador. Se Deus envia um ajudante ao seu encontro, é como se o próprio Deus estivesse ali.

GÊNESIS **16:8-16**
MELHOR COM ABRAÃO E SARA DO QUE NO EGITO

[8]Ele disse: "Hagar, criada de Sarai, de onde você vem e para onde está indo?" Ela disse: "De Sarai, minha senhora – estou fugindo dela." [9]O ajudante de *Yahweh* lhe disse: "Volte para a sua senhora. Deixe-se ser maltratada sob a mão dela". [10]E disse mais o ajudante de *Yahweh*: "Tornarei sua descendência muito numerosa; eles não poderão ser contados por causa de seu número." [11]Disse-lhe ainda o ajudante de *Yahweh*: "Agora, você está grávida e terá um filho. Você deve chamá-lo Ismael, porque *Yahweh* tem 'prestado atenção' aos seus maus-tratos. [12]E ele será um homem selvagem como um jumento, sua mão será contra todos e a mão de todos será contra ele, e habitará contra todos os seus irmãos." [13]Hagar chamou a *Yahweh* que falou com ela: "Você é *El-roi*", porque (disse ela), "teria eu realmente 'visto' aqui aquele que me 'vê'?" [14]Por isso, o poço é chamado "O Poço Daquele que Vive e Me Vê"; que fica entre Cades e Berede. [15]Então, Hagar deu um filho a Abrão, e este deu ao seu filho, que Hagar lhe dera, o nome de Ismael. [16]Abrão tinha 86 anos de idade quando Hagar deu Ismael a Abrão.

Em meus últimos anos como diretor de seminário, na Inglaterra, as exigências do trabalho me cobraram um elevado preço. Umas das razões de o chefe de alguma coisa ganhar mais é porque é ele quem fica acordado à noite preocupado com o que chefia. Se há problemas, a culpa é dele por não os prever, bem como é sua a responsabilidade por resolvê-los. Tudo se tornava mais complexo pelo fato de minha esposa ser uma pessoa com deficiência física. Ao chegar em casa à noite, eu saía de uma situação de grande responsabilidade para outra. O seminário não me "maltratava", de forma alguma; ao contrário, fazia o melhor para tornar a minha vida mais gerenciável, tanto quanto fosse possível. No fim das contas, porém, eu era o diretor, assim como era marido e pai. Certo ano, lembro-me de ter dito a Deus: "Não posso mais fazer isso." Deus respondeu: "Aguente firme. Você terá que persistir. Mas eu serei a sua força." E Deus foi (e, então, me deu permissão para, no ano seguinte, entregar meu pedido de demissão).

Hagar ouviu: "Eu sei que é difícil. Mas você terá que voltar." Primeiramente, o ajudante lhe faz umas perguntas. Decerto, ele sabe as respostas, mas elas propiciam iniciar uma conversação sobre as questões levantadas pelas respostas. Como um político em um programa de entrevistas, Hagar não dá uma resposta direta às perguntas. Ela tem uma boa resposta para a primeira pergunta, mas não responde à segunda. Sua localização sugere que há uma resposta: "Estou a caminho de casa, no Egito." Talvez Hagar se sinta um pouco envergonhada para admitir isso.

Ela, pelo menos, pensa ter uma boa resposta à primeira indagação. Como alguém poderia questionar seu direito de fugir dos maus-tratos? Mas não se pode jamais prever Deus. Por que ela tem que voltar e aceitar ser maltratada? Nada do que o ajudante diz a seguir explica o motivo disso, embora haja uma pista na pergunta sem resposta sobre para onde Hagar estava indo. Além disso, Gênesis 17 oferecerá outra versão da mesma pista. Pode ser que Hagar não quisesse falar sobre o fato de estar voltando para o Egito, e os ouvintes dessa história sabem o motivo. O Egito não é um lugar para retornos. Hagar, de algum modo, escapou do Egito e foi parar na família dos ancestrais de Israel. Não importa quão sombrias foram as suas circunstâncias em Canaã, ainda assim é o melhor lugar para Hagar estar, onde a promessa e o propósito divinos para o mundo estão em andamento. O Egito é um lugar onde os israelitas serão escravizados, oprimidos e de onde serão resgatados por Deus. Naquele mesmo deserto onde Hagar se encontra, os israelitas desejarão voltar ao Egito porque a vida continua difícil. (Peço desculpas aos meus inúmeros amigos egípcios e ao médico egípcio que, certa vez, salvou a vida da minha esposa; "Egito", aqui, é um tipo de símbolo.) Hebreus 11 comentará que o próprio Moisés preferiu ser maltratado com o povo de Deus a desfrutar os tesouros do Egito; Hagar é desafiada a adotar uma visão similar, ainda que, em seu caso, deva suportar os maus-tratos *do* povo de Deus.

Talvez haja uma ligação com a promessa que o ajudante continua a lhe fazer, embora, de novo, esteja implícito. Como esposa de Abraão, ela será mãe de uma inumerável descendência. Essa foi a promessa de Deus a Abraão. Poder-se-ia pensar, então, que ela deve ser *o* cumprimento daquela promessa. Na realidade, as coisas serão mais complexas, como as palavras adicionais do ajudante deixam claro. Todavia, ela será o meio para *um* cumprimento daquela promessa.

Dada a importância dos nomes em Gênesis, não nos surpreende o fato de o ajudante informar o nome do futuro filho de Hagar, mas ele o faz com certa insolência. "Ismael" significa "Deus ouve" ou "Deus presta atenção". Repetindo, não se pode prever Deus. Ele persegue Hagar, que escapou de maus-tratos, lhe diz para voltar e aguentar mais e ainda diz que "está prestando atenção aos seus maus-tratos"? Então, como seria ignorá-los? Paradoxalmente, isso significaria deixá-la retornar ao Egito e desaparecer da história. Seria não fazer o tipo de promessa que Deus faz, ao declarar que ela teria uma descendência numerosa. Deus não a retira de seu infortúnio e, ao contrário, a envia de volta para mais, mas fará isso valer a pena. Quando encontrarmos Hagar no céu, acho que ela não estará reclamando da mensagem divina.

As palavras do ajudante prosseguem, sugerindo uma questão mais ambígua. Esse filho deve ser um homem da natureza, como os jumentos selvagens, vivendo alegremente no deserto. Em outras palavras, comparar Ismael com um jumento selvagem está mais para um elogio do que um insulto. Ele sobreviverá e será um homem que aprecia a sua independência, que não precisa de outras pessoas para prosperar. Ele estará preparado para derrotar qualquer um e para se defender de qualquer um. Ismael não ficará amedrontado ou paralisado por pensar naquilo que as pessoas fazem para prejudicá-lo. Não desmoronará ou se deitará e morrerá, mas manterá a sua cabeça sempre erguida. Ele tem sua vida para viver e, sim, sobreviverá. E tem sido assim. Pode-se identificar, nessa descrição, o estilo de vida dos beduínos, dos quais Ismael é o ancestral (na tradição muçulmana e árabe, ele é o ancestral de muitos, se não de todos os povos árabes). Os beduínos vivem longe das pessoas que habitam em vilas ou cidades, ou mesmo de comitivas com ovelhas, como Abraão. E sobrevivem.

As palavras do ajudante a Hagar provocam uma resposta, quem sabe, diferente da esperada. Diz respeito não à promessa, mas à maneira com que Deus foi ao seu encontro. Hagar não poderia ser recriminada por duvidar do interesse de Deus por ela. Todavia, ela descobre que Deus foi ao seu encontro, e isso leva Hagar a dar um nome a Deus. Estamos acostumados com Deus dando nome às pessoas, mas ela faz o inverso. Dá um nome a Deus e, portanto, pode ser chamada de a primeira teóloga da Bíblia (assim, qualquer um pode ser um teólogo). Suas palavras são um tanto enigmáticas ou elípticas (outro sinal de que ela é uma teóloga), mas o nome e sua explicação possuem dois conjuntos complementares de implicações. *El-roi* significa, literalmente, "Deus da minha vista/do meu olhar", o que leva a subentender "O Deus que me vê/olha para mim/cuida de mim" ou "O Deus que eu vi/a quem procurei", e ambos estão corretos. Ela jamais imaginou encontrar Deus no deserto, mas isso ocorreu, porque Deus foi ao encontro dela. Esse é o Deus de Abraão e Sara (Gênesis também coloca nos lábios de Hagar o nome ***Yahweh***, o nome especial do Deus de Israel). Ela reconhece que, ao ir ao seu encontro, o ajudante divino realmente medeia a presença e o cuidado de Deus em pessoa.

"Assim, se você, por alguma razão, fizer essa jornada através do deserto, talvez por causa de assuntos comerciais com o Egito, ou por ser um descendente de Abraão em busca de alimento no Egito quando houver uma onda de fome", acrescenta o contador de histórias, "pare por um tempo no 'Poço Daquele que Vive e Me Vê' e lembre-se da história de Hagar."

Esse não é o fim da história de Hagar; para conhecê-lo, terá que continuar a leitura do livro de Gênesis, em *Gênesis para todos: parte 2*.

GLOSSÁRIO

Aliança. Contratos e tratados presumem um sistema jurídico de resolver disputas e ministrar justiça que pode ser usado no caso da quebra de compromisso por uma das partes envolvidas. Em um relacionamento que não funciona dentro de uma estrutura legal, porém, a pessoa que falha em manter o compromisso assumido não pode ser levada a uma corte. Assim, uma aliança envolve algum procedimento formal que confirme a seriedade do compromisso solene que as partes fazem uma à outra. Em Gênesis, Deus sela uma aliança com Noé ao dar uma significância específica ao arco-íris (Gênesis 6; 9). Abraão mantém uma relação de aliança com alguns moradores da mesma região (Gênesis 14). Deus sela uma aliança com Abraão por meio de um ritual e, mais tarde, exige que Abraão sele esta aliança pela aceitação do sinal da circuncisão (Gênesis 15; 17). Alianças podem, portanto, ser unilaterais ou bilaterais, sendo o compromisso solene a sua essência. Algumas tradições cristãs consideram o relacionamento entre Deus e os primeiros seres humanos como pactual, mas Gênesis não usa o termo nesse contexto. Não é necessário ter uma aliança quanto a relacionamentos "naturais", como as relações familiares, e, em Gênesis, o relacionamento original entre Deus e a humanidade é "natural", no sentido de não ter sido perturbado pela desobediência humana; não há, nesse estágio, necessidade da garantia que uma aliança fornece.

Altar. Uma estrutura para oferta de sacrifício (o termo vem da palavra para sacrifício), feita de terra ou pedra. Um altar pode ser relativamente pequeno, como uma mesa, e o ofertante devia ficar diante dele. Ou pode ser mais alto e maior, como uma plataforma, e o ofertante teria que subir nele.

Amorreus. Termo para um dos grupos étnicos originais em **Canaã**, embora também usado como referência ao povo daquele território como um todo. Gênesis 15:16,21 ilustram os dois usos da palavra em grande proximidade. Na verdade, fora do Antigo Testamento, "amorreus" se refere a um povo que vive em uma área muito mais extensa da **Mesopotâmia**. Portanto, "amorreus" é uma palavra semelhante a "América", uma referência comum aos Estados Unidos, mas que pode denotar uma área muito mais ampla do continente do qual os Estados Unidos fazem parte.

Assíria, assírios. A primeira grande superpotência do Oriente Médio, os assírios expandiram o seu império rumo ao Ocidente, até a Síria-Palestina, no século VIII a.C., no tempo de Amós e Isaías. Primeiro, eles anexaram **Efraim** ao seu império; então, quando Efraim persistiu tentando assegurar a sua independência, os assírios invadiram Efraim e destruíram a sua capital, Samaria, levando cativo grande parte de seu povo e substituindo-os por pessoas de outras partes do seu império. Invadiram também **Judá** e devastaram uma extensa área do país, mas não tomaram Jerusalém. Profetas como Amós e Isaías descrevem como *Yahweh* estava, portanto, usando a Assíria como um meio de disciplinar Israel.

Babilônia, babilônios. Um poder menor no contexto da história primitiva de Israel. No tempo de Jeremias, os babilônios assumiram a posição de superpotência da **Assíria**, mantendo-a por quase um século, até ser conquistada pela Pérsia. Profetas como Jeremias descrevem como ***Yahweh***

estava usando os babilônios como um meio de disciplinar Judá. Suas histórias sobre a criação, os códigos legais e os textos mais filosóficos nos ajudam a compreender aspectos de escritos equivalentes presentes no Antigo Testamento, embora sua religião astrológica também constitua o cenário para polêmicos aspectos nos profetas.

Canaã, cananeus. Como os termos bíblicos para a terra de Israel como um todo e para seus povos nativos, "cananeus" não constitui tanto o nome de um grupo étnico em particular, mas refere-se a todos os povos nativos daquele território. Veja também **amorreus**.

Efraim. Após os reinados de Davi e Salomão, a nação de Israel foi dividida. A maioria dos doze clãs israelitas estabeleceu um Estado independente ao norte, separado de Judá e Jerusalém, bem como da linhagem de Davi. Por ser o maior dos dois Estados, politicamente manteve o nome de Israel, o que é confuso porque Israel ainda é o nome do povo que pertence a Deus. Nos profetas, por vezes, é difícil dizer se "Israel" é uma referência ao povo de Deus como um todo ou apenas ao Estado do norte. No entanto, às vezes, o Estado é referido pelo nome de Efraim, por ser este o seu clã dominante. Assim, uso esse termo como referência ao Estado independente do norte, na tentativa de minimizar a confusão.

espírito. A palavra hebraica para espírito é a mesma para fôlego e vento, e o Antigo Testamento, às vezes, sugere uma ligação entre eles. Espírito sugere um poder dinâmico; o espírito de Deus sugere o poder dinâmico de Deus. O vento, em sua força e capacidade para derrubar árvores poderosas, constitui uma incorporação do poderoso espírito de Deus. O fôlego é essencial à vida; quando não há fôlego, inexiste vida. E a vida provém de Deus. Portanto, o fôlego de um ser humano, e mesmo o de um animal, é extensão do fôlego divino.

Exílio, exilado. No final do século VII a.C., a **Babilônia** se tornou o maior poder do mundo, mas Judá estava determinado a se rebelar contra a sua autoridade. Como parte de uma campanha vitoriosa para obter a submissão de Judá à sua autoridade em 597 a.C. e 587 a.C., os babilônios transportaram muitos israelitas de Jerusalém para a Babilônia. Eles adotaram uma estratégia especial de levar pessoas em posições de liderança, como membros da família real e da corte, sacerdotes e profetas (Ezequiel foi um deles). Essas pessoas foram, portanto, compelidas a viver na Babilônia durante os cinquenta anos seguintes ou mais. Pelo mesmo período, as pessoas deixadas em **Judá** também viviam sob a autoridade dos babilônios. Assim, não estavam fisicamente no exílio, mas também viveram *em* exílio por um período de tempo. Inúmeros livros do Antigo Testamento abordam a pressão que essa experiência traz ao povo.

Ferezeus. Um dos grupos em Canaã que os israelitas expulsaram ou vieram a controlar e assimilar, os ferezeus são citados em várias passagens do Antigo Testamento. O termo pode não ser tanto uma referência étnica, mas sociológica (como **hebreus**). O nome lembra a palavra para um "assentamento" não fortificado, em referência a pessoas que viviam em acampamentos em vez de em cidades, lembrando um pouco a palavra "aldeãos".

Fidelidade, fiel. Nas Bíblias do idioma inglês, as palavras hebraicas *sedaqah* ou *sedeq* são, usualmente, traduzidas por *righteousness*, e nas Bíblias em português, normalmente por "justiça" ou "retidão", mas isso denota uma tendência particular quanto ao que podemos exprimir com esse termo.

Elas sugerem fazer a coisa certa em relação à pessoa com quem alguém está se relacionando, aos membros de uma comunidade e a Deus. Portanto, a palavra "fidelidade", ou mesmo "salvação", está mais próxima do sentido original do que "justiça" ou "retidão". No hebraico mais contemporâneo, *sedaqah* pode referir-se a dar esmolas. Isso sugere algo próximo a generosidade ou graça.

Hebreu. Estranhamente, visto que essa palavra se tornou o termo para o idioma do povo judeu, esse não parece ser um termo étnico no Antigo Testamento. Embora Abraão tenha sido designado como um hebreu (Gênesis 14:13) e os israelitas também possam ser assim denominados, eles não eram os únicos hebreus. Outras línguas possuem palavras relacionadas, e todas parecem ser termos mais sociológicos do que étnicos, um pouco como a palavra "cigano". Elas sugerem pessoas que não pertencem a uma comunidade política regularmente reconhecida.

Israel, israelitas. Originariamente, Israel era o novo nome dado por Deus a Jacó, neto de Abraão. Seus doze filhos foram, então, os patriarcas das doze tribos que formam o povo de Israel. No tempo de Saul e Davi, essas doze tribos passaram a ser uma entidade política. Assim, Israel significava tanto o povo de Deus quanto uma nação ou Estado como as demais nações e Estados. Após Salomão, esse Estado foi dividido em dois Estados distintos, **Efraim** e **Judá**. Pelo fato de Efraim ser maior, manteve como referência o nome de Israel. Desse modo, se alguém estiver pensando em Israel como povo de Deus, Judá está incluído. Caso pense em Israel politicamente, Judá não faz parte. Uma vez que Efraim não existe mais, então, para todos os efeitos, Judá *é* Israel, como o povo de Deus.

Judá, judeus. Um dos doze filhos de Jacó, a tribo que traça a sua ancestralidade a ele e que se tornou dominante no sul do território, após o reinado de Salomão. Mais tarde, como província ou colônia persa, Judá ficou conhecido como Jeúde.

Mesopotâmia. Etimologicamente, a nação "entre rios", o Tigre e o Eufrates, embora, na prática, faça referência à região por onde eles correm. A área é, em grande parte, equivalente ao Iraque moderno. A **Babilônia** estava situada ao sul e Ur, no extremo sul. **Assíria** e Nínive, ao norte, e Elão e Pérsia, a leste.

Paz. A palavra *shalom* pode sugerir paz após um conflito, mas, com frequência, indica uma ideia mais rica, ou seja, da plenitude de vida. Algumas versões mais antigas, por vezes, a traduzem por "bem-estar", e as traduções modernas usam palavras como "segurança" e "prosperidade". De qualquer modo, a palavra sugere que tudo está indo bem para você.

Torá. A palavra hebraica para os cinco primeiros livros da Bíblia. Eles, em geral, são referidos como a "Lei", mas esse termo propicia uma impressão equivocada. No próprio livro de Gênesis, não há nada como "lei", assim como Êxodo e Deuteronômio não são livros "jurídicos". A palavra *torah*, em si, significa "ensino", o que fornece uma impressão mais correta da natureza da Torá.

***Yahweh*.** Na maioria das traduções bíblicas, a palavra "Senhor" aparece em letras maiúsculas ou em versalete, como ocorre, por vezes, a palavra "Deus". Na realidade, ambas representam o nome de Deus, *Yahweh*. Nos tempos do Antigo Testamento, os israelitas deixaram de usar o nome *Yahweh* e começaram a usar "o Senhor". Há duas razões possíveis. Os israelitas queriam que outros povos reconhecessem que *Yahweh* era o único e verdadeiro Deus, mas esse nome de pronúncia estranha poderia dar a impressão de que *Yahweh* fosse apenas o deus tribal de Israel. Um termo como "o Senhor" era mais facilmente reconhecível. Além disso, eles não queriam incorrer na quebra da advertência presente nos Dez Mandamentos sobre usar o nome de *Yahweh* em vão. Traduções em outros idiomas, então, seguiram o exemplo e substituíram o nome de *Yahweh* por "o Senhor". O lado negativo é que isso obscurece o fato de Deus querer ser conhecido por esse nome. Por essa razão, o texto utiliza *Yahweh*, com frequência, não algum outro nome (assim chamado) deus ou senhor. Essa prática dá a impressão de que Deus é muito mais "senhoril" e patriarcal do que ele o é na realidade. (A forma "Jeová" não é uma palavra real, mas uma mescla das consoantes de *Yahweh* e das vogais da palavra *Adonai* [Senhor, em hebraico], com o intuito de lembrar às pessoas que na leitura da Escritura elas deveriam dizer "o Senhor", não o nome real.)

SOBRE O AUTOR

John Goldingay é pastor, erudito e tradutor do Antigo Testamento. Ele é professor emérito David Allan Hubbard de Antigo Testamento no prestigiado Seminário Teológico Fuller em Pasadena, Califórnia. É um dos acadêmicos de Antigo Testamento mais respeitados do mundo com diversos livros e comentários bíblicos publicados. O autor possui o livro *Teologia bíblica* publicado pela Thomas Nelson Brasil.

Livros da série de comentários

O NOVO TESTAMENTO PARA TODOS

JÁ DISPONÍVEIS pela **Thomas Nelson Brasil**

Mateus para todos: Mateus 1—15 • Parte 1

Mateus para todos: Mateus 16—28 • Parte 2

Marcos para todos

Lucas para todos

João para todos: João 1—10 • Parte 1

João para todos: João 11—21 • Parte 2

Atos para todos: Atos 1—12 • Parte 1

Atos para todos: Atos 13—28 • Parte 2

Paulo para todos: Romanos 1—8 • Parte 1

Paulo para todos: Romanos 9—16 • Parte 2

Paulo para todos: 1Coríntios

Paulo para todos: 2Coríntios

Paulo para todos: Gálatas e Tessalonicenses

Paulo para todos: Cartas da prisão

Paulo para todos: Cartas pastorais

Hebreus para todos

Cartas para todos: Cartas cristãs primitivas

Apocalipse para todos